THÉATRE COMPLET

DE

ALEX. DUMAS

XVI

LA GUERRE DES FEMMES — LE COMTE HERMANN
TROIS ENTR'ACTES POUR L'AMOUR MÉDECIN

NOUVELLE ÉDITION

PARIS
MICHEL LÉVY FRÈRES, ÉDITEURS
RUE AUBER, 3, PLACE DE L'OPÉRA

LIBRAIRIE NOUVELLE
BOULEVARD DES ITALIENS, 15, AU COIN DE LA RUE DE GRAMMONT

1874

Droits de reproduction et de traduction réservés

COLLECTION MICHEL LÉVY

ŒUVRES COMPLÈTES

D'ALEXANDRE DUMAS

THÉATRE

XVI

OEUVRES COMPLÈTES D'ALEXANDRE DUMAS
PUBLIÉES DANS LA COLLECTION MICHEL LÉVY

Acté．	1
Amaury.	1
Ange Pitou.	2
Ascanio.	2
Une Aventure d'amour. . . .	1
Aventures de John Davys. . . .	2
Les Baleiniers.	2
Le Bâtard de Mauléon. . . .	3
Black.	1
Les Blancs et les Bleus. . .	3
La Bouillie de la comtesse Berthe.	1
La Boule de neige.	1
Bric-à-Brac.	2
Un Cadet de famille.	3
Le Capitaine Pamphile. . . .	1
Le Capitaine Paul.	1
Le Capitaine Rhino.	1
Le Capitaine Richard. . . .	1
Catherine Blum.	1
Causeries.	2
Cécile.	1
Charles le Téméraire. . . .	2
Le Chasseur de Sauvagine. . .	1
Le Château d'Eppstein. . . .	2
Le Chevalier d'Harmental. . .	2
Le Chevalier de Maison-Rouge. .	2
Le Collier de la reine. . . .	3
La Colombe. — Maître Adam le Calabrais,	1
Le Comte de Monte-Cristo. . .	6
La Comtesse de Charny. . .	6
La Comtesse de Salisbury. . .	2
Les Compagnons de Jéhu. . .	3
Les Confessions de la marquise.	2
Conscience l'Innocent. . . .	2
Création et Rédemption. — Le Docteur mystérieux.	
— La Fille du Marquis. . .	2
La Dame de Monsoreau. . . .	3
La Dame de Volupté.	2
Les Deux Diane.	3
Les Deux Reines.	2
Dieu dispose.	2
Le Drame de 93.	3
Les Drames de la mer. . . .	1
Les Drames galants. — La Marquise d'Escoman.	2
La Femme au collier de velours.	1
Fernande.	1
Une Fille du régent.	1
Filles, Lorettes et Courtisanes.	1
Le Fils du forçat.	1
Les Frères corses.	1
Gabriel Lambert.	1
Les Garibaldiens.	1
Gaule et France.	1
Georges.	1
Un Gil Blas en Californie. . .	1
Les Grands Hommes en robe de chambre : César.	2
— Henri IV, Louis XIII, Richelieu.	2
La Guerre des femmes. . . .	2
Histoire d'un casse-noisette. .	1
Les Hommes de fer.	1
L'Horoscope.	1
L'Ile de Feu.	2
Impressions de voyage : En Suisse.	3
— Une Année à Florence. . .	1
— L'Arabie Heureuse. . . .	3
— Les Bords du Rhin. . . .	2
— Le Capitaine Aréna. . . .	1
— Le Caucase.	3
— Le Corricolo.	2
— Le Midi de la France. . . .	2
— De Paris à Cadix.	2
— Quinze jours au Sinaï. . . .	1
— En Russie.	4
— Le Speronare.	2
— Le Véloce.	2
— La Villa Palmieri.	1
Ingénue.	2
Isabel de Bavière.	2
Italiens et Flamands.	2
Ivanhoe de Walter Scott (traduction)	2
Jacques Ortis.	1
Jacquot sans Oreilles. . . .	1
Jane.	1
Jehanne la Pucelle.	1
Louis XIV et son Siècle. . . .	4
Louis XV et sa Cour.	2
Louis XVI et la Révolution. . .	2
Les Louves de Machecoul. . .	3
Madame de Chamblay. . . .	2
La Maison de glace.	2
Le Maître d'armes.	1
Les Mariages du père Olifus. .	1
Les Médicis.	1
Mes Mémoires.	10
Mémoires de Garibaldi. . . .	2
Mémoires d'une aveugle. . . .	2
Mémoires d'un médecin : Balsamo.	5
Le Meneur de loups.	1
Les Mille et un Fantômes. . .	1
Les Mohicans de Paris. . . .	4
Les Morts vont vite.	2
Napoléon.	1
Une Nuit à Florence.	1
Olympe de Clèves.	3
Le Page du duc de Savoie. . .	2
Parisiens et Provinciaux. . .	1
Le Pasteur d'Ashbourn. . . .	2
Pauline et Pascal Bruno. . .	1
Un Pays inconnu.	2
Le Père Gigogne.	1
Le Père la Ruine.	2
Le Prince des Voleurs. . . .	2
La Princesse de Monaco. . .	2
La Princesse Flora.	1
Les Quarante-Cinq.	3
La Régence.	1
La Reine Margot.	2
Robin Hood le Proscrit. . . .	2
La Route de Varennes. . . .	1
Le Saltéador.	1
Salvator (suite des Mohicans de Paris).	5
Souvenirs d'Antony.	1
Les Stuarts.	1
Sultanetta.	1
Sylvandire.	1
La Terreur prussienne. . . .	2
Le Testament de M. Chauvelin. .	1
Théâtre complet.	25
Trois Maîtres.	1
Les Trois Mousquetaires. . .	1
Le Trou de l'enfer.	2
La Tulipe noire.	1
Le Vicomte de Bragelonne. . .	6
La Vie au Désert.	2
Une Vie d'artiste.	1
Vingt Ans après.	3

LA
GUERRE DES FEMMES

DRAME EN CINQ ACTES, EN DIX TABLEAUX

EN SOCIÉTÉ AVEC M. AUGUSTE MAQUET

Théâtre-Historique. — 1er octobre 1849.

DISTRIBUTION

LE BARON DE CANOLLES................................... MM.	MÉLINGUE.
LE DUC D'ÉPERNON...............................	ROGER.
LE DUC DE LA ROCHEFOUCAULD................	GEORGES.
RICHON...	PEUPIN.
CAUVIGNAC..	PIERRON.
RAVAILLY...	BONNET.
BARRABAS..	BOUTIN.
LENET, conseiller de la princesse de Condé..........	BOILEAU.
POMPÉE, écuyer de la vicomtesse de Cambes........	BARRÉ.
CASTORIN, laquais de M. de Canolles................	COLBRUN.
BISCARROS, cuisinier...................................	ALEXANDRE.
COURTANVAUX, écuyer de M. le duc d'Épernon.....	MOREL.
UN OFFICIER...	BERTHOLLET.
UN PASSEUR...	PAUL.
FERGUZON...	DÉSIRÉ.
FRICOTIN..	SERRES.
CARROTEL...	ARMAND.
LA VICOMTESSE DE CAMBES..................... Mmes	PERSON.
NANON DE LARTIGUES................................	REY.
LA PRINCESSE DE CONDÉ...........................	DAUBRUN.
LA DOUAIRIÈRE..	FONTENAY.
MADAME DE TOURVILLE.............................	ASTRUC.
FRANCINETTE, suivante de Nanon..................	RACINE.
UN BOURREAU, SOLDATS, HOMMES ET FEMMES DU PEUPLE.	

ACTE PREMIER

PREMIER TABLEAU

Le bac d'Ison. — Sur le devant du théâtre, le chemin qui mène au bac. A droite, un arbre avec des filets qui sèchent, et un banc. A gauche, la cabane du Passeur. Au deuxième plan, la Dordogne.

SCÈNE PREMIÈRE

CAUVIGNAC, BARRABAS, FERGUZON, CARROTEL, FRICOTIN, LE PASSEUR, dormant dans sa cabane.

FERGUZON, sur un arbre.

Rien sur la terre, rien sur l'eau ! quarante degrés de chaleur, et des cigales en masse, voilà tout... Vous pouvez venir, capitaine.

CAUVIGNAC, paraissant.

Bon !... (Il appelle à demi-voix.) Tu peux venir, Barrabas.

BARRABAS.

Voilà !

CAUVIGNAC.

Où est Carrotel ?

BARRABAS.

Il a trouvé un figuier, et il mange des figues.

CAUVIGNAC.

As-tu regardé par la fenêtre ?

BARRABAS.

J'y ai regardé.

CAUVIGNAC.

Que fait le passeur ?

BARRABAS.

Il dort.

CAUVIGNAC.

Eh bien, il nous manque un homme.

BARRABAS.

Fricotin ? Il ne manque pas.

CAUVIGNAC.

Où est-il, alors ?

BARRABAS.

Il visite la boutique au poisson ; mais il n'a pas la clef.

CAUVIGNAC.

Bien ! (Il va à la cabane et heurte.) Hé ! l'ami.

BARRABAS.

Vous allez le réveiller.

CAUVIGNAC.

J'ai à causer avec lui... Hé ! le passeur !

LE PASSEUR, grognant.

Hum !

CAUVIGNAC.

Allons, allons, un peu de bonne humeur !... de la bonne humeur pour un écu !

LE PASSEUR.

Un écu ?... Ah ! diable !

CAUVIGNAC.

Allons donc !

LE PASSEUR.

Vous voulez passer la rivière, monsieur ?

CAUVIGNAC.

Nous sommes au bac d'Ison, n'est-ce pas ?

(Barrabas est entré dans la cabane par la fenêtre, et en fait l'inventaire.)

LE PASSEUR.

Oui, monsieur.

CAUVIGNAC.

Et cette petite maison dans les arbres, n'est-elle pas habitée par une jeune dame de vingt à vingt-deux ans ?

LE PASSEUR.

Oui, justement ; et par une petite femme de chambre qui a des yeux...

CAUVIGNAC.

Sais-tu le nom de la dame ?

LE PASSEUR.

Non.

CAUVIGNAC.

Et le nom de la suivante ?

LE PASSEUR.

Oh ! celle-là, c'est autre chose : elle s'appelle mademoiselle Francinette.

CAUVIGNAC.

C'est cela!... Est-ce que c'est d'un bon rapport, le bac?

LE PASSEUR.

Si l'on n'avait pas la pêche...

CAUVIGNAC.

Ah! tu pêches?... Il me semble que tu ne péchais pas dans ta cabane.

LE PASSEUR.

Dame, quand il fait trop chaud, je dors!

CAUVIGNAC.

A propos de chaleur, est-ce qu'on est absolument forcé de se désaltérer à la rivière, quand on est au bac d'Ison et qu'on a soif.

LE PASSEUR.

Non... Si on a une langue, on demande du vin, et, si l'on a une bourse...

CAUVIGNAC.

Oui, on paye... Va chercher une bouteille, et du meilleur.

LE PASSEUR.

J'y vais!

(Il s'avance vers la cave, Cauvignac le suit; à peine est-il entré dans le caveau, que Cauvignac pousse la porte et la ferme au verrou.)

CAUVIGNAC.

La!

LE PASSEUR.

Eh bien, que faites-vous?

CAUVIGNAC.

Ce que fait M. de Mazarin quand il trouve un trésor.

LE PASSEUR.

Que fait-il?...

CAUVIGNAC.

Il le met sous clef.

LE PASSEUR.

Mais vous m'aviez promis un écu.

CAUVIGNAC.

Un honnête homme n'a que sa parole, et, dès que je l'aurai, tu l'auras.

SCÈNE II

Les Mêmes, hors le Passeur.

CAUVIGNAC.

Maintenant, messieurs, avancez à l'ordre, je vais faire l'appel... M. le lieutenant Barrabas.

BARRABAS.

Présent!

CAUVIGNAC.

M. l'enseigne Ferguzon.

FERGUZON.

Présent!

CAUVIGNAC.

M. le sergent Carrotel et M. l'anspessade Fricotin.

CARROTEL et FRICOTIN.

Présents!

CAUVIGNAC.

Messieurs, vous êtes l'état-major d'un corps qui n'existe pas encore, c'est vrai, mais qui ne peut manquer d'exister si vous me prêtez un concours intelligent et unanime.

BARRABAS.

Nous vous le prêterons, capitaine.

CAUVIGNAC.

Dès notre entrée en campagne, nous avons fait escorte au percepteur royal qui levait les contributions de Sa Majesté, et qui, ayant passé par ce bac ce matin pour aller à Libourne, doit nécessairement y repasser ce soir... N'oubliez pas ce détail.

BARRABAS.

Non, capitaine.

CAUVIGNAC.

Dans la prévision d'un événement qui peut être favorable à nos intérêts.

BARRABAS.

Celui du retour du percepteur?

CAUVIGNAC.

Oui! J'ai donc cru devoir occuper militairement le bac d'Ison sur la Dordogne, position qui commande le fleuve.

BARRABAS.

Très-bien!

CAUVIGNAC.

J'attends, en outre, un haut et puissant seigneur.

BARRABAS.

Un haut et puissant seigneur?... Ah!

CAUVIGNAC.

Avec lequel j'ai à régler des affaires de famille. Il amènera sans doute une escorte; je désire n'être pas inquiété pendant notre conférence... Surveillez l'escorte, et, au premier geste que je ferai, feu à la hauteur de la ceinture... Maintenant, à bas les chapeaux! dissimulons les armes; nous sommes les bateliers et les pêcheurs du bac d'Ison, et nous attendons...

BARRABAS.

Que le poisson morde, n'est-ce pas?

FERGUZON.

Ou que le gibier passe, compris!

CAUVIGNAC.

Ils sont pleins d'intelligence... A propos, une dernière recommandation. Vous voyez bien cette petite maison?

BARRABAS.

Là-bas, dans les arbres?

CAUVIGNAC.

Oui; il se pourrait que, dans vos courses, il vous prît envie d'y entrer, pour une chose ou pour une autre.

BARRABAS.

Dame!

CAUVIGNAC.

Eh bien, je désire qu'on n'y entre pas; elle est habitée par quelqu'un de ma famille... Et maintenant, prenez les airs les plus innocents que vous pourrez. J'ai dit!

BARRABAS.

Moi, je vais pêcher à la ligne.

FERGUZON.

Moi, je raccommode les filets.

CARROTEL.

Moi, je retourne à mon figuier.

FRICOTIN.

Et moi, je vais chercher la clef de la boutique.

CAUVIGNAC, dans le haut.

Ah! diable, voilà déjà quelqu'un qui nous arrive.

BARRABAS.

Gibier ou poisson?

CAUVIGNAC.

Gibier.

BARRABAS, regardant.

Oh! oh! il y a des gibiers qui parfois mangent les chasseurs.

FERGUZON.

Bah! un percepteur, cela s'avale; c'est doux comme miel.

SCÈNE III

Les Mêmes, le Percepteur.

LE PERCEPTEUR.

Passeur! ohé!

CAUVIGNAC.

Voilà, monsieur.

LE PERCEPTEUR.

Est-ce que vous êtes le passeur d'Ison?

CAUVIGNAC.

Mais oui!

LE PERCEPTEUR.

Allons donc! Vous êtes Ramoneau, vous, Ramoneau, qui me passe tous les jours?

CAUVIGNAC.

Je ne vous ai pas dit que je sois Ramoneau, je vous dis que je suis le passeur.

LE PERCEPTEUR.

Ouais! que veut dire ceci?... Oh! si j'avais encore ces cinq braves partisans qui m'ont fait si bonne escorte pendant ma tournée... Dites-moi, mon ami, est-ce que vous n'avez point vu cinq hommes armés?... (Apercevant Barrabas.) Oh! oh!

BARRABAS.

Quoi?

LE PERCEPTEUR.

Il me semble reconnaître...

BARRABAS.

Eh bien?

LE PERCEPTEUR.

Mais oui, mais oui...

(Ils entourent le Percepteur.)

LE PERCEPTEUR.

Comment se fait-il...? C'est vous qui m'accompagniez, n'est-ce pas?

CAUVIGNAC.

Mais oui, monsieur le percepteur.

LE PERCEPTEUR.

C'est vous qui m'avez prêté main-forte pendant trois jours, quand les manants refusaient l'impôt; c'est vous qui m'avez tiré de l'eau quand je suis tombé à la rivière, et vous m'avez rendu un fier service, car je ne sais pas nager; enfin, c'est vous qui m'avez aidé à remplir le sac du roi.

CAUVIGNAC.

Eh! mon Dieu, oui... C'est même ce que nous disions tout à l'heure.

LE PERCEPTEUR.

Ah! je suis sauvé, alors... Ah! mes chers amis!

CAUVIGNAC.

Sauvé! est-ce que vous couriez un danger, par hasard?

LE PERCEPTEUR.

Dame, voyez-vous, au premier aspect, l'absence de Ramoneau, et puis ce déguisement...

CAUVIGNAC.

Comment, ce déguisement?

LE PERCEPTEUR.

Oui, cette barbe... Hier, votre barbe était courte et noire...

CAUVIGNAC.

Et aujourd'hui, elle est longue et blanche; je vais vous expliquer cela, mon ami. (Il fait signe à ses Compagnons, tandis que le Percepteur s'apprête à écouter.) Voici : la chaleur d'une résolution que j'ai prise cette nuit m'a fait pousser la barbe plus vite qu'à l'ordinaire... et les angoisses qui ont suivi cette résolution...

LE PERCEPTEUR.

Eh bien?

CAUVIGNAC.

L'ont fait blanchir comme vous voyez.

LE PERCEPTEUR.

Et quelle résolution?

CAUVIGNAC.

J'ai réfléchi que la guerre civile est un horrible fléau; j'ai réfléchi que la reine avec son insolence, M. de Mazarin avec son avidité, le roi avec l'impuissance de son jeune âge, vont faire pleuvoir un déluge de malheurs sur la France.

BARRABAS.

Tiens! tiens! tiens!

LE PERCEPTEUR.

Ah! bah!

CAUVIGNAC.

J'ai réfléchi que M. de Condé, au contraire, ce héros, vainqueur à Rocroy, à Lens, à Fribourg, ce César qui a sauvé la France de l'Espagnol, peut encore, du fond de la prison où Mazarin le fait gémir, sauver le royaume de la misère et de l'anarchie.

LE PERCEPTEUR.

En sorte que...?

CAUVIGNAC.

En sorte que, après bien des luttes, après bien des débats, notre patriotisme et notre conscience l'ont emporté, et nous avons abandonné le parti du roi... N'est-ce pas, lieutenant?

BARRABAS.

Hélas! oui.

LE PERCEPTEUR.

Ah!... Eh bien, le roi perd de braves gens, et c'est un grand malheur pour lui et pour la France, un malheur dont je gémis. Passez-moi vite, messieurs.

CAUVIGNAC.

On va vous passer.

BARRABAS, à part.

Hein! que dit-il donc?

CAUVIGNAC.

Ainsi, mon ami, tout en gémissant, vous annoncerez, de l'autre côté de la rivière, que, moi et mon armée, nous sommes à MM. les princes.

LE PERCEPTEUR.

Je l'annoncerai; mais je suis sûr qu'on ne voudra pas me croire.

CAUVIGNAC.

Oh! moi, je suis sûr qu'on vous croira.

LE PERCEPTEUR.

Non.

1.

CAUVIGNAC.

Si, si fait... quand on vous verra revenir sans votre sacoche.

LE PERCEPTEUR.

Comment, sans ma sacoche?... Mais je l'ai, ma sacoche.

CAUVIGNAC.

Sans doute; mais, quand nous l'aurons prise, vous ne l'aurez plus.

LE PERCEPTEUR.

Comment! vous me prendrez mon argent?

CAUVIGNAC.

Votre argent? Jamais!... L'argent du roi, à la bonne heure.

LE PERCEPTEUR.

Mais, monsieur, cet argent...

CAUVIGNAC.

Nous devons le retenir, en notre qualité de serviteurs des princes... Allons, Barrabas, mon ami, enferme cette sacoche dans les coffres de M. de Condé.

LE PERCEPTEUR.

Mais c'est un vol!

CAUVIGNAC.

Non, c'est une saisie.

LE PERCEPTEUR.

Mais c'est du brigandage!

CAUVIGNAC.

Non, c'est la guerre.

LE PERCEPTEUR.

Je proteste.

CAUVIGNAC.

C'est votre droit. (On entend la cloche du bac.) Qu'est-ce que c'est que cela?

BARRABAS.

Monseigneur le duc d'Épernon.

LE PERCEPTEUR.

Au secours!

CAUVIGNAC.

Ferme-lui la bouche, Carrotel.

BARRABAS.

Où faut-il le mettre? dans la cave?

CAUVIGNAC.

Avec Ramoneau? Non pas! ils conspireraient ensemble contre les princes.

BARRABAS.

Où cela, alors?

CAUVIGNAC.

Où tu voudras... Que diable, invente!

FRICOTIN, une clef à la main.

Ah! je l'ai enfin trouvée!

BARRABAS.

Quoi?

FRICOTIN.

La clef de la boutique à poisson... Nous allons faire un fameux souper.

BARRABAS.

Ah! dans la boutique, c'est cela! Viens, Fricotin!

FERGUZON.

Alerte! alerte!

LE DUC, de l'autre côté.

Ohé! le passeur, n'entends-tu pas la cloche?

CAUVIGNAC.

Ferguzon, allez chercher les voyageurs.

FERGUZON.

J'y vais, capitaine. (Il sort.) Cinq hommes d'escorte, un manteau, un chapeau brodé, un air insolent... C'est le duc en personne.

CAUVIGNAC.

Attention, messieurs! chacun à son poste.

(Carrotel raccommode les filets; Barrabas et Fricotin, qui ont enfermé le Percepteur dans la boutique à poisson, pêchent à la ligne. Cauvignac, qui est rentré dans la maison, ajuste son masque par-dessus sa fausse barbe.)

SCÈNE IV

Les Mêmes, LE DUC D'ÉPERNON, cinq Hommes d'escorte.

LE DUC, aux cinq Hommes.

Tenez-vous là, vous autres!... (S'avançant.) Où est l'homme qui m'a écrit?

CAUVIGNAC, sortant.

Le voici!

LE DUC.

Masqué!... Et pourquoi êtes-vous masqué?

CAUVIGNAC.

Pour que vous ne voyiez pas mon visage.

LE DUC.

Je le connais donc, votre visage?

CAUVIGNAC.

Non; mais, l'ayant vu une fois, vous pourriez le reconnaître.

LE DUC.

Vous êtes franc!

CAUVIGNAC.

Oui, quand la franchise ne peut pas me faire tort.

LE DUC.

Et cette franchise va jusqu'à révéler les secrets des autres?

CAUVIGNAC.

Pourquoi pas, quand cette révélation peut me rapporter quelque chose?

LE DUC.

Singulier métier que vous faites là!

CAUVIGNAC.

Dame, on fait ce qu'on peut, monsieur; j'ai été tour à tour moine, avocat, médecin, partisan; vous voyez que je ne manquerai pas faute de profession.

LE DUC.

Et, pour le moment, vous êtes espion?

CAUVIGNAC.

Oh! comme vous interprétez mal mes services

LE DUC.

Il me semble...

CAUVIGNAC.

Monsieur, je suis un fidèle sujet de Sa Majesté.

LE DUC.

Eh bien, après?

CAUVIGNAC.

Et, comme M. le duc d'Épernon sert Sa Majesté, je me sens naturellement un grand faible pour M. d'Épernon.

LE DUC.

Après?

CAUVIGNAC.

Alors, je me suis dit : « Comment, M. le duc d'Épernon

qui est encore jeune, qui est encore un galant cavalier, qui est riche, qui est généreux, qui a toutes les qualités possibles, enfin... comment M. d'Épernon aime-t-il une femme à fair des sottises pour elle? »

LE DUC.

Monsieur!

CAUVIGNAC.

Il lui donne son argent; quand il n'en a plus, il lui donne celui du roi; il lui achète maison de ville à Bordeaux, maison de campagne à Libourne; il s'expose à être arrêté, assassiné même, en venant voir cette femme, et cette femme le trompe.

LE DUC.

Monsieur! monsieur! la preuve qu'on trompe M. le duc d'Épernon, vous avez promis de la donner à celui qui viendrait en son nom, et il m'a envoyé.

CAUVIGNAC.

Certainement, monsieur, et je suis prêt à vous la donner, cette preuve; mais vous savez contre quoi?

LE DUC.

Contre un blanc-seing; vous le disiez dans votre lettre.

CAUVIGNAC.

C'est cela, justement.

LE DUC.

Et, ce blanc-seing, qu'en ferez-vous, une fois que vous l'aurez?

CAUVIGNAC.

Ce que j'en ferai, le diable m'emporte si je m'en doute!... Mais j'ai demandé un blanc-seing, parce que c'est portatif, commode, élastique... Peut-être ne m'en servirai-je jamais; peut-être, avant huit jours, M. d'Épernon le verra-t-il revenir chargé de signatures comme un effet de commerce.

LE DUC, à part.

Voilà un drôle que je ferai pendre. (Haut.) Montrez-moi la lettre.

CAUVIGNAC.

Montrez-moi le blanc-seing.

LE DUC.

Est-ce bien la signature de M. le duc?

CAUVIGNAC.

Est-ce bien l'écriture de mademoiselle de Lartigues?

LE DUC.

Donnez !

CAUVIGNAC.

Donnez !

LE DUC.

Un moment ! Comment vous êtes-vous procuré cette lettre ?

CAUVIGNAC.

A quoi bon ?

LE DUC.

C'est qu'on imite si adroitement les écritures par le temps qui court !

CAUVIGNAC.

Allons donc ! un faux ? On est gentilhomme, monsieur.

LE DUC.

Alors, je te ferai rouer.

CAUVIGNAC.

Plaît-il ?

LE DUC.

Rien ; je demande comment cette lettre est tombée entre vos mains ?

CAUVIGNAC.

Vous y tenez ?

LE DUC.

J'y tiens !

CAUVIGNAC.

Je vais vous le dire. On m'avait signalé un marchand forain, qui fournit des étoffes à mademoiselle Nanon de Lartigues, comme un agent de MM. les princes ; ce marchand allait de la petite maison que vous voyez là-bas à Saint-Michel-la-Rivière, où habite M. de Canolles ; ceci vous explique comment il était chargé de ce billet.

LE DUC.

Oui ; mais cela ne m'explique point comment, de ses mains, il est passé dans les vôtres.

CAUVIGNAC.

Tout naturellement... Moi, en ma qualité de royaliste, — c'était mon opinion dans ce moment-là, — j'ai attendu le marchand, je l'ai invité à me montrer les différents objets dont il était porteur. Au nombre de ces objets était la lettre de mademoiselle Nanon à M. de Canolles. Je l'ai ouverte, je l'ai lue, j'ai été indigné, et j'ai écrit à M. d'Épernon, tout en prenant copie exacte de la lettre, que j'ai fait passer à M. de Canolles.

LE DUC.

De sorte que M. de Canolles doit venir ce soir?

CAUVIGNAC.

A moins que M. le duc n'ait commis quelque imprudence.

LE DUC.

Cependant, la lettre que M. de Canolles a reçue n'étant pas de la main de mademoiselle de Lartigues...

CAUVIGNAC.

J'ai ajouté dans le post-scriptum que, pour plus grande sûreté, mademoiselle de Lartigues employait une main étrangère.

LE DUC.

Je vois que vous avez tout prévu.

CAUVIGNAC.

Je suis très-prévoyant, c'est vrai.

LE DUC.

Je vous demande pardon si je continue à vous interroger.

CAUVIGNAC.

Comment donc, monsieur! mais c'est un très-grand honneur pour moi.

LE DUC.

Vous avez dit tout à l'heure un mot qui m'a donné à réfléchir.

CAUVIGNAC.

Quel mot, monsieur?

LE DUC.

Vous avez dit : « En ma qualité de royaliste, c'était mon opinion dans ce moment-là!... » Vous n'avez donc pas toujours la même opinion?

CAUVIGNAC.

Si fait!

LE DUC.

Mais, enfin, êtes-vous pour le roi ou pour les princes?

CAUVIGNAC.

Je ne suis ni pour les princes, ni pour le roi.

LE DUC.

Et pour qui êtes-vous?

CAUVIGNAC.

Je suis pour moi.

LE DUC.

Comment, pour vous?... Expliquez-moi un peu cela, je vous prie.

CAUVIGNAC.

Ah! c'est bien facile. M. de Mazarin fait, dans ce moment-ci, la guerre pour la reine; vous faites la guerre pour le roi; moi, je fais la guerre pour mon compte.

LE DUC.

C'est-à-dire que j'ai affaire tout bonnement à un chef de partisans?

CAUVIGNAC.

Oh! mon Dieu, oui.

LE DUC.

A un capitaine de bandits?

CAUVIGNAC.

Justement.

LE DUC.

Et vous n'avez pas pensé à une chose?

CAUVIGNAC.

Laquelle?

LE DUC.

C'est qu'à la suite d'un aveu pareil à celui que vous me faites...

CAUVIGNAC.

Eh bien?

LE DUC.

Il pouvait, me venir, à moi aussi, une idée...

CAUVIGNAC.

Quelle idée?

LE DUC.

Celle de vous faire arrêter.

CAUVIGNAC.

Si fait, j'y ai pensé.

LE DUC.

Et...?

CAUVIGNAC.

Et j'ai pris toutes mes précautions.

LE DUC.

Toutes vos précautions?

CAUVIGNAC.

Toutes ! Regardez par là... Hop !

(Barrabas, Carrotel, Ferguzon et Fricotin se lèvent et mettent en joue les cinq Hommes du Duc.)

LE DUC.

Ah !

CAUVIGNAC, tirant un pistolet de sa ceinture.

Maintenant, regardez par ici.

LE DUC.

Ah ! ah !

LES GENS DU DUC.

Eh ! les autres !... Eh ! que diable faites-vous donc ?

CAUVIGNAC.

Rien, rien ! Retirez-vous, mes enfants !

(Il fait un signe, chacun reprend sa place.)

LE DUC.

Voilà votre blanc-seing.

CAUVIGNAC.

Voici votre lettre.

LE DUC.

Merci, monsieur... Mais, si nous nous rencontrons, vous ne trouverez pas mauvais...

CAUVIGNAC.

Que vous me fassiez pendre ? Comment donc, monsieur le duc ! seulement, il faudra commencer par me mettre la main sur le collet, et je ferai tout au monde pour ne pas vous donner cette petite satisfaction.

LE DUC.

Venez, vous autres.

(Il sort ; les Gardes le suivent.)

CAUVIGNAC.

Bon voyage, monsieur le duc ! bon voyage, messieurs ! nous ne vous reconduisons pas.

SCÈNE V

LES MÊMES, hors LE DUC et SON ESCORTE.

CAUVIGNAC.

Arrivez ici, tout le monde !

TOUS.

Nous voilà !

CAUVIGNAC.

Que vous ai-je promis? De l'argent et une garantie... La garantie, la voici ! l'argent, le voilà !

TOUS.

Vive le capitaine !

CAUVIGNAC.

Et maintenant, comme M. le duc nous a promis de nous faire pendre partout où il nous rencontrerait, je crois qu'il n'y aurait pas de mal à détaler.

BARRABAS.

Détalons !

LE PASSEUR, dans la cave.

Dites donc, dites donc, et moi ?

CAUVIGNAC.

C'est vrai !

BARRABAS.

Ah ! et le percepteur ?

CAUVIGNAC.

C'est vrai, tire le percepteur de la boutique à poisson, tandis que je vais tirer le passeur de la cave. Allons, viens, toi !

LE PASSEUR, sortant.

Ah !

CAUVIGNAC.

Es-tu content ?

LE PASSEUR.

Je suis content... Et mon écu ?

CAUVIGNAC.

Le voilà !

LE PASSEUR.

C'est, ma foi, du bon argent.

CAUVIGNAC.

Je crois bien, de l'argent du roi !

BARRABAS.

Capitaine ! capitaine !

CAUVIGNAC.

Quoi ?

BARRABAS.

Le percepteur n'est plus dans la boutique à poisson.

LE PASSEUR.

Comment, dans la boutique?... vous avez mis le percepteur dans la boutique?

BARRABAS.

Et il n'y est plus.

LE PASSEUR.

Je crois bien! il n'y avait pas de fond, à la boutique!

CAUVIGNAC.

Nous avons noyé un percepteur!... Sauve qui peut!...

TOUS.

Sauve qui peut!

DEUXIÈME TABLEAU

Une salle d'auberge. — Dans un pan coupé à droite, une grande fenêtre donnant sur la route; dans l'autre pan coupé, un escalier conduisant à des chambres au premier étage. A gauche, une autre fenêtre.

SCÈNE PREMIÈRE

BISCARROS, FRANCINETTE, LA VICOMTESSE DE CAMBES.

La Vicomtesse est en haut de l'escalier; elle porte un élégant costume d'homme.

FRANCINETTE.

Vous avez entendu, maître Biscarros, un joli souper; tout ce que vous aurez de plus fin.... En un mot, comme le dernier, vous savez.

BISCARROS.

Et pour quelle heure, ma belle enfant?

FRANCINETTE.

Pour dix heures précises.

BISCARROS.

On sera prêt; qui demandera-t-on?

FRANCINETTE.

Mais il me semble que vous connaissez la maison, puisqu'on la voit d'ici... Apportez le souper, on vous le payera d'avance même, si vous le voulez.

BISCARROS.

Eh! mon Dieu, mademoiselle Francinette, vous savez bien que ce n'est pas pour l'argent; mais enfin...

FRANCINETTE.

Quoi?

BISCARROS.

On aime savoir qui l'on sert.

FRANCINETTE.

Eh bien, vous servez ma maîtresse, une jeune veuve, vingt ou vingt deux ans, blonde, jolie, riche, et donnant à souper deux fois par semaine; il me semble que c'est tout ce que vous avez besoin de savoir. Adieu, maître Biscarros.

BISCARROS.

Ah! mademoiselle Francinette!...

(Il court après elle.)

SCÈNE II

BISCARROS, LA VICOMTESSE.

LA VICOMTESSE, descendant l'escalier et allant à la fenêtre à droite du spectateur.

Personne encore! En vérité, je commence à craindre qu'il ne soit arrivé malheur à ce pauvre Richon.

BISCARROS.

Ah! pardon, mon gentilhomme, je ne vous avais pas vu.

LA VICOMTESSE.

C'est que je suis descendu tandis que vous causiez avec cette jolie fille.

BISCARROS.

Ah! jeune homme! jeune homme!

LA VICOMTESSE.

Hein?

BISCARROS, s'éloignant avec respect.

Votre couvert est prêt, monsieur.

(Il indique une table.)

LA VICOMTESSE, s'asseyant.

Vous savez bien que je ne soupe pas seul, et que j'attends un compagnon... Quand il sera arrivé, vous pourrez dresser votre repas.

BISCARROS.

Ah ! monsieur, ce n'est pas pour censurer votre ami, il est certainement libre de venir ou de ne pas venir, mais c'est une bien mauvaise habitude que de se faire attendre.

LA VICOMTESSE, se levant et allant à la fenêtre.

Moi-même, vous le voyez, je m'étonne qu'il tarde tant.

BISCARROS.

Et, moi, je fais plus que de m'en étonner, je m'en afflige.

LA VICOMTESSE.

Vous? et à quel propos ?

BISCARROS.

Le rôti va être brûlé.

LA VICOMTESSE.

Otez-le de la broche.

BISCARROS.

Alors, il sera froid.

LA VICOMTESSE.

Mettez-en un autre au feu.

BISCARROS.

L'autre ne sera pas cuit.

LA VICOMTESSE.

En ce cas, faites comme vous voudrez, mon ami; j'abandonne la chose à votre profonde sagesse.

BISCARROS.

Eh ! monsieur, il n'y a pas de sagesse, fût-ce celle du roi Salomon, qui puisse rendre mangeable un dîner réchauffé.

(Il sort désespéré.)

SCÈNE III

LA VICOMTESSE, seule, retournant du côté de la fenêtre.

Pauvre diable! je crois en vérité qu'il regarde cela comme un grand malheur... Ah ! je vois quelqu'un, ce me semble... Est-ce lui? Non... Richon doit venir seul, et je vois deux hommes... Oh ! oh ! que font-ils donc? Il entrent dans le bois, ils se cachent; à travers les branches, j'ai vu reluire un mousquet... En voudrait-on à mes deux mille pistoles? Non ; car, en supposant que Richon arrive ce soir et que je puisse partir ce soir, je vais à Libourne, c'est-à-dire du côté opposé à l'endroit où ces hommes sont embusqués.

SCÈNE IV

LA VICOMTESSE, POMPÉE, paraissant sur l'escalier.

POMPÉE.

Monsieur ! monsieur !

LA VICOMTESSE.

Ah ! c'est toi, Pompée.

POMPÉE.

Chut !

LA VICOMTESSE.

Qu'y a-t-il ?

POMPÉE.

Il y a que, pendant que vous êtes ici, je veille, moi.

LA VICOMTESSE.

Bien, Pompée, bien ! Et que vois-tu, en veillant ?

POMPÉE, lui faisant signe d'approcher.

Une embuscade qui se prépare.

LA VICOMTESSE.

Une embuscade ?

POMPÉE.

Croyez-en un vieux soldat.

LA VICOMTESSE.

Je te croirai d'autant mieux, mon brave Pompée, que ce que tu as vu, je l'ai vu comme toi.

POMPÉE.

Deux hommes, n'est-ce pas ?

LA VICOMTESSE.

Deux hommes, oui. En voici deux autres.

POMPÉE, descendant l'escalier.

Encore ?

LA VICOMTESSE.

Seulement, ceux-ci se cachent de l'autre côté du chemin.

POMPÉE.

Embuscade ! embuscade !... Je crois que nous ne ferions pas mal de nous barricader, monsieur, quoique la maison soit bien pauvrement disposée pour soutenir un siége... Pendant ce temps, nous enverrions demander du secours à Libourne.

LA VICOMTESSE.

Pompée !... mon cher Pompée, vous oubliez une chose,

c'est qu'à Libourne, sont les troupes de la reine, et que nous servons, nous, madame de Condé.

POMPÉE.

C'est juste.

LA VICOMTESSE.

Et puis qui vous dit que c'est à nous qu'on en veut ?

POMPÉE.

Monsieur le vicomte, lorsqu'on tient la campagne, il faut toujours avoir l'œil sur l'ennemi.

LA VICOMTESSE.

Attendez, nous allons savoir à qui l'ennemi en veut.

POMPÉE.

En tout cas, je vais me mettre en défense.

(Il prend un mousqueton, et se promène d'un air formidable au haut de l'escalier.)

LA VICOMTESSE, s'asseyant près de la table.

Maître Biscarros ! maître Biscarros !

SCÈNE V

BISCARROS, LA VICOMTESSE, POMPÉE, sur l'escalier.

BISCARROS, montrant sa tête à la porte.

Vous m'avez appelé, mon gentilhomme ? Est-ce que, par hasard, vous verriez venir votre compagnon ?

LA VICOMTESSE.

Non ; mais j'ai un renseignement à vous demander.

(Biscarros entre, tenant une poule plumée.)

POMPÉE.

Hum ! hum !...

BISCARROS.

Hein ?

LA VICOMTESSE.

Ne faites pas attention... Vous connaissez les environs n'est-ce pas ?

BISCARROS.

Parbleu ! je suis du pays.

LA VICOMTESSE.

Eh bien, je voulais vous demander, si toutefois il n'y a

pas d'indiscrétion dans ma demande, à qui appartient cette petite maison que l'on aperçoit là-bas.

BISCARROS.

Diable! diable!

LA VICOMTESSE.

Ah! il paraît...

BISCARROS.

Non, mais, voyez-vous, c'est que je ne puis vous en dire que ce que j'en sais moi-même.

LA VICOMTESSE.

C'est trop juste... En tout cas, elle doit appartenir à une femme; car, tout à l'heure, je l'ai vue apparaître à son balcon.

BISCARROS.

Et à une femme charmante, à une veuve.

LA VICOMTESSE.

A une veuve?

BISCARROS, avec mystère.

Que l'ombre de son premier mari, et même de son second mari, vient visiter de temps en temps... Seulement, il y a une chose à remarquer : c'est que les deux ombres s'entendent probablement entre elles, et ne reviennent jamais le même jour, ou plutôt la même nuit.

POMPÉE.

Hum! hum!...

LA VICOMTESSE.

Bien, Pompée, bien!... Est-ce qu'il y a apparition ce soir, maître Biscarros?

BISCARROS.

Je serais tenté de le croire, attendu que la femme de chambre, cette jolie fille que vous avez vue ici, tout à l'heure, est venue commander, pour dix heures, un petit souper fin.

LA VICOMTESSE.

Et à qui la dame veuve donne-t-elle à souper, ce soir?

BISCARROS.

A l'une des deux ombres, probablement.

LA VICOMTESSE.

Avez-vous vu parfois ces deux ombres?

BISCARROS.

L'une est une ombre de cinquante-cinq à soixante ans, et elle m'a tout l'air de celle du premier mari; car elle vient à découvert, comme une ombre sûre de l'antériorité de ses droits.

LA VICOMTESSE.

L'autre ?

BISCARROS.

L'autre est celle d'un jeune homme de vingt-quatre à vingt-cinq ans, et, je dois le dire, celle-là est plus timide ; celle-là a tout l'air d'une âme en peine ; je jurerais que c'est l'âme du second mari.

LA VICOMTESSE.

Et cela, parce que...?

BISCARROS.

Parce qu'elle arrive ici, qu'elle s'arrête, qu'elle regarde, qu'elle explore les bois, les ravins, les plaines ; enfin je m'entends.

LA VICOMTESSE.

Et laquelle des deux ombres croyez-vous qu'on attend aujourd'hui ?

BISCARROS.

Donnez-moi la main, monsieur le vicomte... (Il la conduit à l'autre fenêtre.) Regardez !... Chut !

(Il se retire en souriant.)

LA VICOMTESSE.

Ce jeune homme qui vient là-bas, à cheval...

BISCARROS.

Chut !

LA VICOMTESSE.

C'est l'ombre du second mari ?

BISCARROS, en sortant.

Chut !

LA VICOMTESSE.

Pompée !

POMPÉE, pris au dépourvu.

Hein ?

LA VICOMTESSE.

Fermez le portemanteau, et tenez toutes choses prêtes pour notre départ.

POMPÉE.

Et l'embuscade ?

LA VICOMTESSE.

Ce n'est pas à nous qu'elle en veut.

POMPÉE.

Ah! morbleu! vous avez bien fait de me dire cela : la moutarde me montait au nez, et, quoique ce fût une imprudence impardonnable, j'allais faire une sortie.

LA VICOMTESSE.

Eh bien, mon brave Pompée, faites tout au contraire une rentrée, et tenez-vous prêt.

(Pompée rentre dans la chambre.)

SCÈNE VI

LA VICOMTESSE, seule.

Maintenant, je comprends tout : la jeune dame du balcon attend ce cavalier qui vient de Libourne ; les quatre hommes du taillis se proposent d'aborder le visiteur... Ah! en voici un qui se découvre et qui se recache... Il fait signe aux autres... C'est bien cela. Ils l'ont vu, pauvre jeune homme! ils savent que son cœur est là-bas, et qu'il faut que le corps aille où le cœur l'attend. Il accourt, insouciant, joyeux, sans se douter qu'entre lui et celle qu'il aime, il y a un danger... Car cette embuscade, ces hommes armés de mousquets, c'est la mort peut-être... Oh! il est impossible de souffrir que, là, devant mes yeux... Mais comment faire?... Arrêter ce jeune homme que je ne connais pas?... Le voilà, il va passer... il passe. (Appelant.) Monsieur!...

SCÈNE VII

LA VICOMTESSE, CANOLLES, CASTORIN.

CANOLLES, du dehors.

Plaît-il?

LA VICOMTESSE.

Holà!... arrêtez-vous, s'il vous plaît... Oui, oui, approchez; c'est cela, ici, de ce côté. J'ai quelque chose d'important à vous dire...

CANOLLES.

Me voici à vos ordres, monsieur; qu'y a-t-il pour votre service?

LA VICOMTESSE.

Avancez, monsieur, avancez encore, toujours; car ce que j'ai à vous dire ne peut se dire tout haut!... Là! maintenant, remettez votre chapeau sur votre tête; car il faut que l'on croie que nous nous connaissons depuis longtemps, et que c'est moi que vous venez voir à cette auberge.

CANOLLES.

Mais, monsieur, je ne comprends pas.

LA VICOMTESSE.

Vous comprendrez tout à l'heure... Tendez-moi la main... C'est cela! Enchanté de vous voir, monsieur... Maintenant, ne dépassez pas cette auberge, où vous êtes perdu.

CANOLLES.

Oh! oh! qu'y a-t-il donc? seriez-vous placé sur mon passage par...?

LA VICOMTESSE.

Par la Providence, oui, monsieur!

CANOLLES.

Au moins, vous m'expliquerez...

LA VICOMTESSE.

Faites mettre les chevaux à l'écurie et venez me rejoindre ici.

CANOLLES.

Castorin, vous entendez!

(Il enjambe la fenêtre.)

LA VICOMTESSE.

Eh bien, que faites-vous?

CANOLLES.

Dame, vous paraissez pressé de me parler, je prends le plus court.

LA VICOMTESSE.

Oh! monsieur, monsieur, j'ai bien peur qu'avec toutes ces imprudences...

CANOLLES.

Moi, je fais des imprudences?... En vérité, je ne m'en doutais pas... Eh bien, maintenant, nous voilà seuls; dites, mon gentilhomme, qu'y a-t-il?

LA VICOMTESSE.

Il y a que vous vous rendez à cette petite maison, là-bas, où brille une lumière.

CANOLLES.

Moi?

LA VICOMTESSE.

Vous vous y rendez, ne le niez pas; mais, sur la route de cette maison, là, au coude du chemin, dans ce taillis sombre, quatre hommes sont embusqués...

CANOLLES.

Quatre hommes sont embusqués?... Et qui attendent-ils?

LA VICOMTESSE.

Vous!

CANOLLES.

Ah! et vous êtes sûr...?

LA VICOMTESSE.

Je les ai vus arriver deux à deux, se cacher, les uns derrière les rochers, les autres derrière les arbres. Enfin, quand tout à l'heure ils vous ont aperçu là-bas, sur la route, l'un d'eux a fait un signe, et...

CANOLLES.

Et...?

LA VICOMTESSE.

Et j'ai entendu armer les mousquets.

CANOLLES, riant.

Peste! les gaillards!

LA VICOMTESSE.

Vous riez: c'est cependant comme je vous le dis, et, si la nuit n'était pas sombre, peut-être pourriez-vous les voir et les reconnaître.

CANOLLES.

Ah! d'après ce que vous me dites, je n'ai pas besoin de les voir pour les reconnaître. Je sais à merveille qui ils sont... Mais, vous, monsieur, qui vous a dit que j'allais à cette petite maison et que c'était moi que l'on guettait ainsi?

LA VICOMTESSE.

Je l'ai deviné.

CANOLLES.

Vous êtes un Œdipe très-charmant, monsieur. Ah! l'on veut me fusiller! Et combien sont-ils pour cette aimable opération?

LA VICOMTESSE.

Quatre!

CANOLLES.

Oh ! il y a bien un chef ?

LA VICOMTESSE.

Plus vieux que les autres, cinquante-cinq à soixante ans, rond d'épaules, chapeau brodé, plume blanche.

CANOLLES.

Le duc d'Épernon.

LA VICOMTESSE.

Le gouverneur de la Guyenne ?

CANOLLES.

Bon ! voilà que je vous conte mes affaires ; je n'en fais jamais d'autres... Mais n'importe, vous me rendez un assez grand service pour que je n'y regarde pas de si près... Ainsi, c'est convenu (lui tendant la main), vous m'avez sauvé la vie !

LA VICOMTESSE.

Oh ! monsieur, vous exagérez sans doute le service que je vous ai rendu.

CANOLLES.

Non, d'honneur, c'est comme je vous le dis ; je connais le duc, il est brutal en diable ; quant à vous, mon jeune sauveur, vous êtes un modèle de perspicacité, un type de charité chrétienne... Mais, dites-moi, avez-vous poussé l'obligeance jusqu'à prévenir...?

LA VICOMTESSE.

Où ?

CANOLLES.

Là-bas, dans la petite maison.

LA VICOMTESSE.

Comment cela m'eût-il été possible ? Je suis depuis deux heures ici, je ne connais personne.

CANOLLES.

C'est qu'elle va m'attendre... Pauvre Nanon !

LA VICOMTESSE.

Nanon !... Nanon de Lartigues ?

CANOLLES.

Ah çà ! mais qu'est-ce que cela signifie ? vous voyez des hommes s'embusquer sur la route, vous devinez à qui ils en veulent ; je vous dis un nom de baptême, et vous dites le nom de famille ; vous êtes sorcier, avouez-moi la chose, ou sinon je vous dénonce et vous fais condamner au feu par le parlement de Bordeaux.

2.

LA VICOMTESSE.

Oh! cette fois, vous en conviendrez, il ne faut pas être bien malin pour vous avoir dépisté... Une fois que vous aviez dénoncé le duc d'Épernon pour votre rival, il était évident que, si vous nommiez une Nanon quelconque, c'était Nanon de Lartigues.

CANOLLES.

Vous la connaissez?

LA VICOMTESSE.

Par exemple!

CANOLLES.

Oh! ne vous effarouchez pas : Nanon est une charmante fille, pleine de fidélité à ses promesses, tant qu'elle trouve du plaisir à les garder, toute dévouée à celui qu'elle aime, tant qu'elle aime celui-là... Je devais souper avec elle ce soir; mais le duc a renversé la marmite, n'en parlons plus; demain, le duc sera parti, et, si vous le voulez, demain, je vous présenterai à elle.

LA VICOMTESSE.

Merci, monsieur, je ne connais mademoiselle de Lartigues, que de nom et ne désire pas la connaître autrement.

CANOLLES.

Et vous avez tort, morbleu! Nanon est une fille bonne à connaître de toute façon.

LA VICOMTESSE.

Mais, en attendant, monsieur, voilà une femme horriblement compromise, et qui, si elle n'est pas prévenue...

CANOLLES.

Vous avez raison, mon jeune Nestor, et j'oubliais, dans le charme de votre conversation, mes devoirs de gentilhomme. Voyons, vous savez qu'en bonne guerre, quand la force est inutile, il faut employer la ruse... Aidez-moi à ruser.

LA VICOMTESSE.

Je ne demande pas mieux; mais de quelle façon?

CANOLLES.

Attendez!... L'auberge a deux portes.

LA VICOMTESSE.

Je n'en sais rien.

CANOLLES.

Je le sais, moi : une qui donne sur la grande route, l'autre qui donne sur la campagne; je décris un demi-cercle et je vais frapper chez Nanon, dont la maison a aussi une porte de derrière.

LA VICOMTESSE.

Oui, pour que l'on vous surprenne dans la maison !

CANOLLES.

Je ne ferai qu'entrer et sortir.

LA VICOMTESSE.

Si vous entrez, vous ne sortirez plus.

CANOLLES.

Décidément, vous êtes magicien.

LA VICOMTESSE.

Alors, ce sera bien pis, car vous serez peut-être tué sous ses yeux.

CANOLLES.

Bah ! il y a des armoires.

LA VICOMTESSE.

Oh ! monsieur !...

CANOLLES.

Ah çà ! êtes-vous chevalier de Malte, ou par hasard vous destine-t-on à l'Église ?

LA VICOMTESSE.

Au fait, vous avez raison, monsieur, allez !... car, en vérité, moi, je ne sais pas de quoi je me mêle ; allez, mais cachez-vous bien.

CANOLLES.

Eh bien, moi, j'ai tort, et c'est vous qui avez raison. Mais comment la prévenir, mordieu ?

LA VICOMTESSE.

Il me semble qu'une lettre...

CANOLLES.

Sans doute, une lettre... Mais qui la portera ?

LA VICOMTESSE.

Je croyais vous avoir vu un laquais... Un laquais en pareille circonstance ne risque que des coups de bâton, tandis qu'un gentilhomme risque sa vie.

CANOLLES.

En vérité, je perds la tête, et Castorin, vous l'avez dit, fera la commission à merveille... (Il remonte et appelle.) Maître Biscarros ! maître Biscarros !... (Biscarros montre sa tête.) Du papier, de l'encre et une plume ; puis envoyez-moi mon laquais. (Biscarros sort.) Maintenant, mon gentilhomme, j'es-

père que vous me ferez la grâce de me dire à qui je dois des remercîments pour tant de bons avis.
LA VICOMTESSE.
Monsieur, je suis le vicomte de Cambes.
CANOLLES.
Ah! bon! j'ai entendu parler d'une charmante vicomtesse de Cambes, qui a bon nombre de terres aux environs du fort Saint-Georges, et qui est amie de madame la princesse.
LA VICOMTESSE.
C'est ma belle sœur, monsieur.
CANOLLES.
Ah! ma foi, je vous en fais mon compliment, vicomte; j'espère que, si l'occasion me favorise, vous me présenterez à elle... Moi, je suis le baron de Canolles, capitaine dans Navailles, et, de plus, votre bien reconnaissant serviteur!
LA VICOMTESSE.
Vous êtes le baron de Canolles?
CANOLLES.
Vous me connaissez?
LA VICOMTESSE.
De réputation seulement.
CANOLLES.
Et de mauvaise réputation, n'est-ce pas?
LA VICOMTESSE.
Oh!
CANOLLES.
Que voulez-vous! chacun suit sa nature; moi, j'aime la vie agitée.
LA VICOMTESSE.
Vous êtes parfaitement libre de vivre comme vous voulez, baron. (Biscarros entre avec papier, plume et encre.) Mais voilà qu'on vous apporte ce qu'il vous faut pour écrire.
CANOLLES, allant à la table.
Merci! (A part.) Le singulier petit bonhomme! (A Biscarros.) Et mon domestique?
BISCARROS.
Il vient, monsieur.
LA VICOMTESSE, faisant des signes à Biscarros, pendant que Canolles écrit.
Personne n'est venu?

BISCARROS.

Personne !

CANOLLES.

Hein ! que dites-vous, maître Biscarros ?

BISCARROS.

Rien ; je fais la carte du souper avec monsieur.

CANOLLES.

Bravo !... (Tout en écrivant.) Voulez-vous de moi pour convive, vicomte ?

LA VICOMTESSE.

Impossible, monsieur de Canolles : j'attends quelqu'un.

CANOLLES, à part.

Décidément, son respectable père l'aura élevé dans l'horreur des Canolles...

(Il écrit.)

LA VICOMTESSE.

Si la personne que j'attends arrive, ne la faites pas entrer, mais prévenez-moi.

BISCARROS.

Il sera fait comme vous le désirez... Mais qu'il se dépêche, ou le souper...

LA VICOMTESSE.

Allez, maître Biscarros.

(Biscarros sort. Pendant ce temps, Castorin est entré, et est allé se placer près de son maître.)

CANOLLES.

Ah ! vous êtes là !

CASTORIN.

Oui, monsieur.

CANOLLES.

Monsieur Castorin, vous savez que, pour ce soir, la campagne est finie.

CASTORIN.

Que dit donc monsieur ?

CANOLLES.

Pour moi, mais pas pour vous ; venez çà, et dites-moi où vous en êtes avec mademoiselle Francinette.

CASTORIN.

Mais, monsieur, je ne sais pas si je dois...

CANOLLES.

Soyez tranquille, maître fat, je n'ai aucune intention sur elle.

CASTORIN.

En ce cas, monsieur, c'est autre chose.

CANOLLES.

Parlez donc.

CASTORIN.

Mademoiselle Francinette a eu l'intelligence d'apprécier mes qualités.

CANOLLES.

Vous êtes au mieux avec elle, n'est-ce pas, monsieur le laquais? Fort bien; prenez ce billet, alors, et tournez par la prairie.

CASTORIN.

Je sais le chemin.

CANOLLES.

C'est juste! Allez heurter à la porte de service; vous connaissez sans doute cette porte?

CASTORIN.

Parfaitement!

CANOLLES.

Et remettez ce billet à mademoiselle Francinette.

CASTORIN, après une fausse sortie.

Ah! pardon, monsieur.

CANOLLES.

Quoi encore?

CASTORIN.

Si l'on ne m'ouvrait pas cette porte, par hasard?

CANOLLES.

C'est que vous seriez un sot, et, moi, je serais, dans ce cas, un gentilhomme bien à plaindre d'avoir à mon service un bélître tel que vous... Mais vous avez une manière de frapper, j'en suis sûr.

CASTORIN.

Oh! oui, monsieur, j'en ai une... Je frappe d'abord deux coups à intervalles égaux, puis...

CANOLLES.

Je ne vous demande pas comment vous frappez; peu m'importe, pourvu que l'on vous ouvre... Allez donc, et, si l'on vous surprend, mangez le papier, ou je vous coupe les oreilles à votre retour, si ce n'est pas déjà fait... Eh bien, vous n'êtes pas parti?

CASTORIN.

Si fait, monsieur, si fait.

CANOLLES.

Eh bien, que faites-vous?

CASTORIN.

Monsieur...

CANOLLES.

Vous savez bien que ce n'est pas par cette porte-là, mais par celle-ci.

CASTORIN.

C'est vrai!

(Il sort par la porte à droite; pendant ce temps, la Vicomtesse, qui a causé à la porte du fond avec Biscarros, revient en scène.)

LA VICOMTESSE.

Et maintenant, monsieur le baron...

CANOLLES.

Me voilà, vicomte. Avez-vous encore un conseil à me donner.

LA VICOMTESSE.

Non; mais j'ai une prière à vous faire.

CANOLLES.

Laquelle?

LA VICOMTESSE.

C'est de choisir l'endroit où vous désirez souper, attendu que, n'ayant point de préférence, si vous désirez rester ici...

CANOLLES.

Eh bien?

LA VICOMTESSE.

Moi, je passerai dans une autre chambre.

CANOLLES.

Ah! ah! c'est-à-dire que...?

LA VICOMTESSE.

C'est-à-dire que la personne que j'attends est arrivée, et...

CANOLLES.

Et que vous désirez vous débarrasser du baron de Canolles?

LA VICOMTESSE.

Oh! baron...

CANOLLES.

Vicomte, vous êtes le premier en date, la table est mise ici pour vous, il est juste que je me retire.

BISCARROS.

Le souper de M. le baron est servi dans la chambre à côté.

CANOLLES.

Mais c'est égal, ce n'est pas gentil, de me renvoyer, de me laisser souper seul comme un lépreux, à moins que votre compagnon, votre ami, votre inconnu ne soit une inconnue!... auquel cas, vous comprenez, quoique vous ayant offert de vous conduire chez Nanon, vous pouvez bien, à votre tour... Non?... Toute liberté, vicomte, n'en parlons plus... Maître Biscarros, combien coûtent tous les carreaux qui sont à cette fenêtre?

BISCARROS.

Mais trois pistoles.

CANOLLES.

Voici les trois pistoles; marche devant, et, s'il y a quelque chose à redire à ton souper, tu passeras par là!

(Il entre dans le cabinet.)

BISCARROS.

Oh! je ne crains rien, monsieur.

(Il sort.)

SCÈNE VIII

LA VICOMTESSE, RICHON.

LA VICOMTESSE, allant vivement à la porte.

Entrez, Richon!

RICHON.

Nous sommes observés, à ce qu'il paraît?

LA VICOMTESSE.

Non, pas précisément; mais, comme j'étais avec un gentilhomme qui me semble assez indiscret, j'ai pris mes précautions.

RICHON.

Et il est...?

LA VICOMTESSE.

Là, dans la chambre à côté.

RICHON.

Vous le nommez?

LA VICOMTESSE.

Le baron de Canolles.

RICHON.

Ah! c'est vrai, on m'a dit, en effet, que la belle Nanon de Lartigues demeurait dans les environs.

LA VICOMTESSE.

Ici, à cinq cents pas de cette auberge.

RICHON.

Cela explique la présence du baron de Canolles à l'auberge du *Veau d'or*.

LA VICOMTESSE.

Vous le connaissez?

RICHON.

Qui? le baron?... Oui, je pourrais même dire que je suis son ami, si M. de Canolles n'était pas d'excellente noblesse, tandis que, moi, je ne suis qu'un pauvre roturier.

LA VICOMTESSE.

Les roturiers comme vous, Richon, valent des princes, dans la situation où nous sommes.

RICHON.

Êtes-vous sûre de n'avoir pas été reconnue par lui?

LA VICOMTESSE.

On reconnaît mal ceux qu'on n'a jamais vus.

RICHON.

Aussi est-ce deviné que j'aurais dû dire.

(Biscarros entre avec un plat qu'il pose sur la table.)

LA VICOMTESSE.

En effet, il me regardait fort.

RICHON.

Je le crois bien! on ne rencontre pas tous les jours des gentilshommes de votre tournure... C'est bien, maître Biscarros, allez! si nous avons besoin de quelque chose, nous appellerons.

LA VICOMTESSE.

C'est un joyeux cavalier, à ce qu'il m'a semblé, que le baron de Canolles.

RICHON.

Joyeux et bon, un charmant esprit et un grand cœur. Le

Gascon, vous le savez, n'est point médiocre : il est tout bon ou tout mauvais. Celui-là est excellent en amour comme en guerre ; c'est à la fois un petit-maître et un brave capitaine. Je suis fâché qu'il tienne contre nous... En vérité, vous eussiez dû, puisque le hasard l'a mis en relation avec vous, essayer de le gagner à notre cause.

LA VICOMTESSE.

Comment ! cet écervelé ?

RICHON.

Eh ! mon Dieu, sommes-nous donc si sérieux et si raisonnables, nous autres qui manions de nos mains imprudentes la torche de la guerre civile, comme nous ferions d'un cierge d'église ? Est-ce un homme bien sérieux que M. de Mazarin, fils d'un pêcheur de Piscina, qui s'est fait premier ministre, non par ambition, mais par avarice ? Est-ce une femme bien sérieuse que madame de Condé, qui, encore hier, ne s'occupait que de robes, de bijoux et de diamants, et qui, aujourd'hui, commandé sa cavalerie et fait des coups d'État ? Est-ce un chef de parti bien sérieux que M. le duc d'Enghien, qui joue encore au polichinelle, et qui vient de mettre son premier haut-de-chausses, pour bouleverser toute la France ? Enfin, moi-même, suis-je donc un personnage bien grave, moi, le fils d'un meunier d'Angoulême, moi, l'ancien serviteur de M. de la Rochefoucauld, moi à qui, un jour, mon maître a donné une épée que je me suis bravement mise au côté en m'improvisant homme de guerre ? Et cependant, voilà le fils du meunier d'Angoulême devenu capitaine ; le voilà qui va être colonel, gouverneur de place ; qui sait ? le voilà qui arrivera peut-être à tenir, pendant dix minutes, une heure, un jour même, le destin d'un royaume entre ses mains ! Vous voyez, cela ressemble fort à un rêve, et cependant je le prendrai pour une réalité jusqu'au jour où quelque grande catastrophe me réveillera.

LA VICOMTESSE.

Et, ce jour-là, malheur à ceux qui vous réveilleront, Richon ! car vous serez un héros.

(Elle le conduit à la table.)

RICHON.

Un héros ou un traître, selon que nous serons les plus forts ou les plus faibles.

LA VICOMTESSE.

Ah çà! mais sûr quelle herbe avez-vous donc marché aujourd'hui, que vous mettiez ainsi tout au pis, mon cher Richon?... La guerre civile est une chose triste, je le sais; mais parfois nécessaire.

RICHON.

Oui, nécessaire... comme la peste!... Oh! vous ne comprenez pas la guerre, vous autres femmes; vous n'y voyez qu'un océan d'intrigues, et vous vous y plongez comme dans votre élément naturel. Et, tenez, je le disais l'autre jour à Son Altesse madame de Condé, et elle en convint avec moi, vous vivez dans une sphère d'où les feux d'artillerie qui nous tuent vous semblent de simples feux d'artifice.

LA VICOMTESSE.

En vérité, vous me faites peur, Richon, et, si je n'étais sûre de vous avoir là pour me protéger, je n'oserais plus me mettre en route... (Lui tendant la main.) Mais vous avez beau dire, sous votre escorte, je ne crains rien.

RICHON.

Ah! mon escorte, c'est juste, vous m'y faites penser : il faudra vous en passer, de mon escorte, monsieur le vicomte.

LA VICOMTESSE.

Comment cela?

RICHON.

La partie est rompue.

LA VICOMTESSE.

Mais ne deviez-vous pas revenir avec moi à Chantilly?

RICHON.

C'est vrai, je devais revenir dans le cas où je ne serais pas nécessaire ici. Mais, comme je vous le disais tout à l'heure, mon importance a tellement grandi, que j'ai reçu, de madame la princesse, l'ordre de ne pas quitter les environs du fort de Vayres, sur lequel il paraît que l'on a des projets.

LA VICOMTESSE.

Oh! mon Dieu, que me dites-vous là, Richon! partir sans vous, partir avec ce digne Pompée, qui, tout en faisant le brave, est cent fois plus poltron que moi, traverser ainsi la moitié de la France, seule, ou à peu près?... Oh! non, je ne partirai pas, j'en jure! Je mourrais de peur avant d'être arrivée.

RICHON.

A votre fantaisie, vicomtesse; cependant, prenez garde! on compte sur vous à Chantilly, et les princes ne sont pas longs à perdre patience, surtout quand ils attendent de l'argent. A propos d'argent, êtes-vous bien riche? Je vous demande pardon, mais c'est une question que l'on m'a fort recommandé de vous faire.

LA VICOMTESSE.

Mais non; j'ai à grand'peine recueilli chez mes fermiers une vingtaine de mille livres, que j'ai là, en or, voilà tout.

RICHON.

Voilà tout! Peste! comme vous y allez! parler avec un pareil mépris d'une pareille somme, dans un pareil moment, vingt mille livres... Vous êtes moins riche que M. de Mazarin, mais vous êtes plus riche que le roi.

LA VICOMTESSE.

Ainsi, vous croyez que cette humble offrande sera acceptée?

RICHON.

Avec reconnaissance! vous apportez à madame de Condé de quoi payer une armée.

LA VICOMTESSE.

Et vous dites que l'on attend cet argent avec impatience?

RICHON.

Oui; et, si j'ai un conseil à vous donner, c'est de partir ce soir même.

LA VICOMTESSE.

Ce soir? pendant la nuit?

RICHON.

Tant mieux! plus il fera obscur, moins on verra que vous avez peur, et vous rencontrerez plus poltrons que vous, que vous ferez fuir... D'ailleurs, il y a partout des soldats du roi, et nous ne sommes pas encore en guerre.

(La Vicomtesse et Richon se lèvent; Pompée entre et descend.)

SCÈNE IX

Les Mêmes, POMPÉE.

LA VICOMTESSE.

Vous avez raison, je pars. N'avez-vous pas quelques commissions particulières pour Son Altesse?

RICHON.

Ah! je le crois bien! vous me rappelez le plus important.

LA VICOMTESSE.

Vous lui avez écrit?

RICHON.

Non; il n'y a que deux mots à lui transmettre.

LA VICOMTESSE.

Lesquels?

RICHON.

Bordeaux! Oui!

LA VICOMTESSE.

Elle saura ce que cela veut dire?

RICHON.

Parfaitement! et, sur ces deux mots, elle peut partir en toute assurance.

LA VICOMTESSE, à Pompée, qui est descendu et qui écoute.

Allons, Pompée!

POMPÉE.

Quoi, monsieur le vicomte?

LA VICOMTESSE.

Il faut partir, mon ami.

POMPÉE.

Partir? Mais il va faire un orage affreux!

RICHON.

Que diable dites-vous donc là, Pompée? Il n'y a pas un nuage au ciel.

POMPÉE.

Mais, pendant la nuit, nous pouvons nous tromper de chemin.

RICHON.

Ce serait difficile : vous n'avez que la grande route à suivre, et, d'ailleurs, il fait un clair de lune magnifique.

POMPÉE.

Clair de lune, clair de lune... Vous comprenez que ce n'est pas pour moi ce que j'en dis, monsieur Richon.

RICHON.

Parbleu! un vieux soldat.

POMPÉE.

Quand on a fait la guerre aux Espagnols, et qu'on a été blessé à la bataille de Corbie...

RICHON.

On n'a plus peur de rien. Eh bien, cela tombe à merveille, attendu que le vicomte n'est pas rassuré du tout.

POMPÉE, à la Vicomtesse.

Oh! oh! vous avez peur?

LA VICOMTESSE.

Pas avec toi, mon brave Pompée; car je te connais, et je sais que tu te ferais tuer avant que l'on arrivât à moi.

POMPÉE.

Sans doute. Si cependant vous aviez trop peur, il faudrait attendre à demain.

LA VICOMTESSE.

Impossible, mon bon Pompée. Tiens, assure cet or sur la croupe de ton cheval; je te rejoins dans un instant.

POMPÉE.

C'est une grosse somme pour s'exposer la nuit.

LA VICOMTESSE.

Il n'y a point de danger; du moins, Richon le dit. Voyons, les pistolets sont-ils aux fontes, l'épée au fourreau, le mousqueton au crochet?

POMPÉE, se redressant.

Vous oubliez, monsieur le vicomte, que, lorsqu'on a été soldat toute sa vie, on ne se laisse pas prendre en défaut. Oui, monsieur, chaque chose est à sa place.

RICHON.

Voyez si l'on peut avoir peur avec un pareil compagnon!

POMPÉE, à la Vicomtesse.

Dites donc, et l'embuscade?

LA VICOMTESSE.

Nous lui tournons le dos... Et puis ils étaient à pied.

POMPÉE.

Et nous sommes à cheval... Je vais faire donner au mien double ration d'avoine.

(Il sort.)

SCÈNE X

RICHON, LA VICOMTESSE.

RICHON.

Bon voyage, vicomte!

LA VICOMTESSE.

Merci du souhait; mais la route est longue! Ah çà! notre baron ne va-t-il pas épier mon départ?

RICHON.

Oh! dans ce moment-ci, il fait ce que nous aurions dû faire, c'est-à-dire qu'il soupe, et, pour peu que son souper ait valu le nôtre, il est trop bon convive pour quitter la table sans un puissant motif; d'ailleurs, je reste ici, et je le retiens.

LA VICOMTESSE.

Alors, faites-lui mes excuses sur mon impolitesse envers lui. Je ne veux pas, si je le rencontre un jour en moins généreuses dispositions qu'il n'était aujourd'hui, qu'il me cherche une querelle; avec cela que ce doit être un véritable raffiné, votre baron.

RICHON.

Vous avez dit le mot, il serait homme à vous suivre au bout du monde, rien que pour croiser l'épée avec vous. Mais soyez tranquille, je lui ferai vos compliments.

LA VICOMTESSE.

Bien! Adieu, Richon... (Revenant.) Dites donc, je pense à ce que vous me disiez tout à l'heure : si ce Canolles est aussi brave capitaine et aussi bon gentilhomme que vous le dites...

RICHON.

Eh bien?

LA VICOMTESSE.

Pourquoi ne tenteriez-vous pas de l'embaucher dans notre parti?... Il pourrait nous rejoindre, soit à Chantilly, soit pendant le voyage... Le connaissant déjà un peu, je le présenterais... (Richon sourit.) Au reste, prenez que je n'ai rien dit, et faites ce que vous croirez devoir faire... Adieu! adieu!

SCÈNE XI

RICHON, seul.

Allez grossir ce conseil de femmes, auquel des hommes sont assez fous pour obéir! allez jeter un nouveau germe de haine ou d'amour au milieu de ce monde de passions! Guerre des femmes, guerre des femmes... Oh! que le peuple, dans sa souveraine sagesse, a bien baptisé l'étrange guerre que nous faisons!

SCÈNE XII

RICHON, CANOLLES.

CANOLLES, en gaieté.

Ah! voilà mon petit gentilhomme... Tiens, il me semble qu'il a grandi depuis notre séparation... Dites donc, vicomte... Ah! pardon, ce n'est pas vous... mais c'est... Mort de ma vie! mais c'est Richon! un ami de dix ans pour un ami de deux heures. Ah! pardieu! vous arrivez bien.

RICHON.

Bonjour, baron... En quoi suis-je le bienvenu?

CANOLLES.

J'avais besoin de trouver quelqu'un à qui faire l'éloge de maître Biscarros, n'ayant même pas là ce drôle de Castorin, que j'ai envoyé en commission, et qui se sera fait rompre les os... Avez-vous soupé comme nous, vous? Écoutez le menu : potage de bisques, hors-d'œuvre, huîtres marinées, anchois et petits pieds, chapon aux olives, avec une bouteille de médoc dont vous trouverez là-bas le cadavre sur le champ de bataille; un perdreau truffé, des pois au caramel, une gelée de merises; le tout arrosé d'une bouteille de chambertin, gisante comme le médoc. De plus, le dessert... Ah! mais il me semble que vous n'avez pas été mal traité, vous... Une bouteille de l'ermitage, à peine écornée, sarpejeu! (Il va à la table.) Richon, il faut qu'elle y passe comme les autres... Ah! que je suis de belle humeur, et que maître Biscarros est un grand maître!... (Il vient chercher Richon et le fait asseoir à la table.) Mettez-vous là, Richon. Vous avez soupé?... Eh bien, moi aussi, j'ai soupé. Qu'est-ce que cela prouve?... Nous recommencerons.

RICHON.

Merci, baron, je n'ai plus faim.

CANOLLES, versant à boire.

J'admets cela; à la rigueur, on peut n'avoir pas faim; mais on doit toujours avoir soif... Goûtez-moi cet ermitage... Ainsi, vous avez soupé, soupé avec le petit bélître de vicomte?... Non pas, je me trompe, cher ami; c'est un charmant garçon, au contraire, auquel je dois le plaisir de savourer la vie par son beau côté, au lieu de rendre l'âme par trois ou quatre trous que comptait faire à ma peau ce brave duc d'Épernon. Je lui suis donc reconnaissant, à ce joli vicomte, à ce ravissant Ganimède. Oh! Richon, Richon, vous m'avez bien l'air d'être ce que l'on dit, c'est-à-dire un véritable serviteur de M. de Condé.

RICHON.

Allons donc, baron! n'ayez pas de ces idées-là, vous me feriez mourir de rire.

CANOLLES, écoutant le bruit d'un galop de chevaux.

Eh! qu'est-ce que c'est que cela?

RICHON.

Je crois m'en douter.

CANOLLES.

Dites, alors.

RICHON.

C'est notre petit gentilhomme qui part.

CANOLLES.

Sans me dire adieu?... Décidément, c'est un croquant.

RICHON.

Non pas, mon cher baron, c'est un homme pressé, voilà tout.

CANOLLES.

Quelles singulières façons! Où a-t-on élevé ce garçon-là? Je serais capable d'aller tout casser chez son précepteur. Richon, mon ami, je vous préviens qu'il vous fait tort : on ne se conduit pas ainsi entre gentilshommes... Corbleu! je crois que, si je le tenais, je lui frotterais les oreilles...

RICHON.

Ne vous fâchez pas; le vicomte n'est pas si mal élevé que vous croyez; car il m'a, en partant, chargé de vous exprimer tous ses regrets, et de vous dire mille choses flatteuses.

CANOLLES.

Bon! bon! eau bénite de cour, qui d'une grande impertinence fait une petite impolitesse, voilà tout. Corbleu! je suis d'une humeur féroce; cherchez-moi donc querelle, Richon... Vous ne voulez pas? Sarpejeu! attendez; Richon, mon ami, je vous trouve fort laid.

RICHON.

Avec cette humeur-là, baron, vous seriez, si nous jouions,

3.

capable de me gagner cent pistoles, ce soir : le jeu favorise les grands chagrins, vous le savez.

CANOLLES, remontant au fond et criant.

Des cartes! Ah! pardieu! le jeu! oui, le jeu, vous avez raison, mon ami ; voilà une parole qui me réconcilie avec vous. Richon, vous êtes beau comme Adonis, et je pardonne à M. de Cambes. — Biscarros, des cartes !

RICHON.

Non, non, inutile, mon ami.

CANOLLES.

Comment, inutile?

RICHON.

Oui, je n'ai pas le temps de jouer.

CANOLLES.

Pas le temps de jouer, pas le temps de boire...

RICHON.

Cher baron, j'ai des affaires très-pressées.

CANOLLES.

Et vous me quittez?

RICHON.

Je vous quitte!

(Il va prendre son chapeau et son épée.)

CANOLLES.

Ah çà! mais je vais m'ennuyer horriblement ici, tout seul. Je n'ai pas la moindre envie de dormir, moi. Si je vous proposais de vous accompagner, Richon ?

RICHON.

Je refuserais cet honneur, baron ; les affaires du genre de celle dont je suis chargé se traitent sans témoins.

CANOLLES.

Fort bien ; vous allez de quel coté ?

RICHON.

J'allais vous prier de ne pas me faire cette question.

CANOLLES.

De quel côté est allé le vicomte?

RICHON.

Je dois vous répondre que je n'en sais rien.

CANOLLES.

Mon cher Richon, vous êtes, ce soir, tout confit de mystères ; mais liberté complète. Un dernier verre, et adieu !

RICHON.

A votre santé, et adieu !

(Il sort.)

SCÈNE XIII

CANOLLES, seul.

Bon voyage ! Ah çà ! mais... que diable y a-t-il donc contre moi dans ce damné pays ? Les uns courent après moi pour me tuer, les autres me fuient comme si j'avais la peste... Corbleu ! je n'ai plus faim ; je sens que je m'attriste, je suis capable de me griser ce soir comme un lansquenet... Holà ! Castorin, venez ici que je vous rosse... Que diable Richon peut-il avoir à faire avec ce petit impertinent de vicomte, et d'où viennent ces allées, ces venues, cet air de mystère ?... Ah ! double bœuf ! ils conspirent ! c'est cela ; voilà qui m'explique tout ! Maintenant, pour qui conspirent-ils ? est-ce pour le coadjuteur ? est-ce pour le parlement ? est-ce pour le roi ? est-ce pour la reine ? est-ce pour M. de Mazarin ? est-ce pour madame de Condé ?... Ma foi, cela m'est bien égal... La soif m'est revenue. (Il se verse à boire.) Mais Richon, conspirer avec un enfant de seize ans, avec... (Il aperçoit un gant que la Vicomtesse a laissé tomber.) Tiens, qu'est-ce que cela ? (Il ramasse le gant.) Son gant !... un joli petit gant, ma foi, musqué, élégant, brodé ; brodé comme un gant de femme. (Il essaye de le mettre.) Ouais ! qu'est-ce que cette main-là ? Il est impossible qu'un homme mette un pareil gant... Oh ! triple sot que tu es, Canolles ! cette rougeur, cette retenue, ce refus de souper avec moi, ces délicatesses à l'endroit de la pauvre Nanon... C'est une femme !... une femme !... Oh ! par exemple, madame, vous me permettrez... Que diable ! quand on sauve la vie aux gens, cela engage... Biscarros ! Castorin ! Biscarros !

SCÈNE XIV

CANOLLES, CASTORIN, puis BISCARROS.

CASTORIN, entrant par la porte de côté.

Ah ! monsieur ! à moi ! à l'assassinat ! au meurtre !

CANOLLES.

Castorin ! viens ici !

CASTORIN.

Oh! monsieur, les porte-bâton de M. d'Épernon m'ont roué de coups!

CANOLLES, écrivant.

Très-bien!

CASTORIN.

Comment, monsieur, très-bien? Mais je n'ai pas pu remettre la lettre.

CANOLLES.

Très-bien!

CASTORIN.

Mais mademoiselle Nanon n'est pas prévenue.

CANOLLES.

Très-bien!... Biscarros! Biscarros!

BISCARROS, entrant.

Monsieur?

CANOLLES.

Mon chapeau, mon manteau, mon épée! (A Castorin.) Ma lettre?

CASTORIN.

La voilà... Oh la la! monsieur, les côtes!... j'en ai pour quinze jours à rester au lit.

CANOLLES.

Selle les chevaux, nous partons.

CASTORIN.

Comment, nous partons?

CANOLLES.

Allons, dépêchons!

CASTORIN.

Mais, monsieur...

(Canolles frappe sur la table; Castorin, effrayé, se sauve.)

SCÈNE XV

BISCARROS, CANOLLES.

CANOLLES.

Cette lettre par un de tes garçons à mademoiselle Nanon de Lartigues, à elle, ou à mademoiselle Franciuette; tu comprends!

BISCARROS.

Pardieu !

CANOLLES.

Et maintenant, le vicomte ?

BISCARROS.

Comment, le vicomte ?

CANOLLES.

Oui, par où est-il parti ? par quelle route ?

BISCARROS.

Par la route de Paris.

CANOLLES.

Ce gant, c'était bien à elle, n'est-ce pas ?

BISCARROS.

A elle ?...

CANOLLES.

Oui, à lui ou à elle, peu importe. Oh ! je la rejoindrai ! oh ! je baiserai la main qui a servi de moule à ce gant !... (Saisissant Biscarros à la gorge.) Biscarros ! Biscarros, vous êtes un misérable de ne pas m'avoir dit que le vicomte était une femme.

BISCARROS.

Monsieur le baron ! monsieur le baron ! vous m'étranglez !

CANOLLES, lui jetant sa bourse.

Tiens, et tais-toi... Je te recommande le billet pour mademoiselle Francinette !... Mon cheval ! mon cheval !

BISCARROS.

Est-il Dieu possible qu'un gant mette un homme dans cet état-là !

ACTE DEUXIÈME

TROISIÈME TABLEAU

Chez Nanon. — Boudoir avec porte au fond. Grande fenêtre à balcon.

SCÈNE PREMIÈRE

NANON, FRANCINETTE.

NANON, assise sur le canapé.

Eh bien, mademoiselle, qu'est-ce que ces cris que nous avons entendus tout à l'heure? vous êtes-vous informée?

FRANCINETTE.

Oh! madame, c'est ce pauvre Castorin qui a voulu pénétrer ici par la petite porte de la prairie, et qui est tombé, à ce qu'il paraît, dans une embuscade.

NANON.

Dans une embuscade?

FRANCINETTE.

Madame, je crois que M. le duc a été prévenu que nous attendions ce soir M. de Canolles, et qu'il a placé des hommes armés de mousquets sur la route du maître, et des hommes armés de bâtons sur la route du valet.

NANON.

Ah! mon Dieu, que me dites-vous là!

FRANCINETTE.

Tenez, madame, tenez, voyez au clair de la lune...

NANON.

Quatre hommes armés, précédés d'un homme en manteau... L'homme au manteau, c'est le duc.

FRANCINETTE.

Le duc!

NANON, regardant la table.

Je suis perdue!... Ces deux couverts, ces deux fauteuils, cette table dressée... Jamais je n'aurai le temps...

FRANCINETTE.

Si j'ordonnais à Baptiste de ne point ouvrir?

NANON.

Non pas ! au contraire, allez ouvrir vous-même. C'est M. le duc que j'attendais, et non M. de Canolles... Servez !

(Francinette sort; on entend un coup sec frappé à la porte.)

SCÈNE II

NANON, seule.

Ce gobelet par la fenêtre ; celui du duc, à sa place ; ce couvert dans ce tiroir... Où est donc le couvert du duc ?... Ah ! le voici... Maintenant, le vin, le vin qu'il a l'habitude de boire... (Elle prend une bouteille de vin dans une armoire et la met sur la table.) Allons, allons, Nanon, le reste te regarde. (On entend le bruit des pas dans l'escalier. — Ouvrant la porte.) Mais venez donc, mon duc, venez donc ! Ah ! mon rêve ne m'a donc pas trompée, cher duc !

SCÈNE III

NANON, LE DUC.

LE DUC.

Un instant, mademoiselle, un instant ! et commençons par nous expliquer, s'il vous plaît.

(Il regarde de tous les côtés.)

NANON.

Qu'avez-vous donc, mon cher duc ? est-ce que vous avez oublié quelque chose la dernière fois que vous êtes venu, que vous regardez ainsi de tous côtés ?

LE DUC.

Oui, j'ai oublié de vous dire que je n'étais pas un sot, un Géronte, comme M. Cyrano de Bergerac en met dans ses comédies.

NANON.

Je ne vous comprends pas ; expliquez-vous, je vous en supplie.

LE DUC.

Hum ! hum !...

NANON, avec une révérence,

J'attends le bon plaisir de Votre Seigneurie.

LE DUC.

Le bon plaisir de Ma Seigneurie est que vous me disiez pourquoi ce souper.

NANON.

Parce que, comme je vous le répète, j'ai fait un rêve, lequel m'annonçait que, quoique vous m'eussiez quittée hier, vous reviendriez aujourd'hui.

LE DUC.

Et ce charmant négligé, madame?

NANON.

Mais il me semble que, lorsque j'attends monseigneur, je l'attends avec costume de guerre.

LE DUC.

Ainsi, vous m'attendiez?

NANON.

Ah çà! monseigneur, je crois, Dieu me pardonne, que vous avez envie de regarder dans les armoires. Seriez-vous jaloux, par hasard?

LE DUC, ôtant son manteau et s'asseyant sur le canapé.

Moi, jaloux? Oh! non, Dieu merci! je n'ai pas ce ridicule. Vieux et riche, je sais que je suis fait pour être trompé; mais je veux prouver au moins à ceux qui me trompent que je ne suis pas leur dupe.

NANON.

Et comment leur prouverez-vous cela? Je suis curieuse de le savoir.

LE DUC.

Oh! ce ne sera pas difficile... Je ne fais pas de rêves... A mon âge, on ne rêve plus, même éveillé; mais on reçoit des lettres; lisez celle-ci, elle est intéressante.

NANON prend la lettre et lit.

« Monseigneur le duc d'Épernon est prévenu que, ce soir, un homme qui a des familiarités avec mademoiselle Nanon de Lartigues, viendra chez elle, et qu'il y restera à souper et... et à coucher. Comme on ne veut laisser à M. le duc d'Épernon aucune incertitude, on le prévient que ce rival heureux se nomme M. le baron de Canolles. » (A part.) L'écriture de Cauvignac!... Ah! je croyais bien cependant être débarrassée de lui. (Au Duc.) Est-il possible qu'un homme de votre génie, qu'un profond politique comme vous se laisse prendre à une lettre anonyme! Tenez, la voilà, votre lettre.

LE DUC.
Pardon, mais vous n'avez pas lu le post-scriptum.
NANON.
Le post-scriptum?...
LE DUC.
Oui, lisez !
NANON, lisant.
« J'ai entre mes mains la lettre originale de mademoiselle Nanon de Lartigues à M. de Canolles. Je donnerai cette lettre en échange d'un blanc-seing que M. le duc me fera remettre aujourd'hui, à trois heures de l'après-midi, au bac d'Ison, où je l'attendrai. » (Parlé.) Et vous avez eu l'imprudence...?
LE DUC.
Votre écriture m'est si précieuse, chère dame, que je n'ai point pensé que je pusse payer trop cher une lettre de vous.
NANON.
Alors, vous avez ma lettre?
LE DUC.
La voici !... Oh ! lisez tout haut.
NANON, lisant.
« Je souperai à dix heures. Êtes-vous libre? Je le suis ; en ce cas, soyez exact, mon cher Canolles, et ne craignez rien pour notre secret. »
LE DUC.
Voilà qui est clair, ce me semble.
NANON, joyeuse.
Ah !
LE DUC.
Ah ! vous avez un secret avec M. de Canolles?
NANON.
Eh bien, oui.
LE DUC.
Vous l'avouez?
NANON.
Il le faut bien, puisqu'on ne peut rien vous cacher. Maintenant, savez-vous ce que c'est que M. de Canolles?
LE DUC.
C'est votre amant, madame.
NANON.
Vous vous trompez, monsieur le duc: c'est... mon frère.

LE DUC.

Votre frère?... Ceci demande une explication.

NANON.

Et je vais vous la donner... A quelle époque mon père est-il mort?

LE DUC.

Mais voilà quinze mois, à peu près.

NANON.

A quelle époque avez-vous signé ce brevet de capitaine, pour M. de Canolles?

LE DUC.

Vers le même temps.

NANON.

Quinze jours après, monsieur.

LE DUC.

Quinze jours après, c'est possible.

NANON.

Il est triste pour moi de révéler la honte d'une autre femme, de révéler ce qui est notre secret, et non le vôtre, entendez-vous! mais votre jalousie étrange m'y pousse, vos façons cruelles m'y obligent... Je vous imite, monsieur le duc, je manque de générosité.

LE DUC.

Continuez, continuez!

NANON.

Eh bien, mon père était un avocat qui ne manquait pas d'une certaine célébrité, quoiqu'il soit mort sans fortune. Il y a vingt-huit ans, mon père était jeune, mon père était beau. Il aimait la mère de M. de Canolles, qu'on lui avait refusée parce qu'elle était noble et qu'il était roturier. L'amour se chargea de réparer, comme cela arrive souvent, l'erreur de la nature... Et pendant un voyage de M. de Canolles... Vous comprenez, maintenant, n'est-ce pas?

LE DUC.

Oui; mais comment cette grande amitié pour M. de Canolles vous a-t-elle prise si tard?

NANON.

Parce qu'à la mort de mon père seulement, j'ai su le lien qui nous unissait.

LE DUC.

Ah! ah!

NANON.

Vingt fois, j'ai voulu vous raconter cette histoire, bien sûre que vous feriez tout pour celui que j'appelle mon frère... Mais il m'a toujours retenue, toujours suppliée d'épargner la réputation de sa mère, qui vit encore. J'ai respecté ses scrupules, attendu que je les comprenais.

LE DUC.

Ah! vraiment!

NANON.

Et cependant, c'était sa fortune qu'il refusait.

LE DUC.

C'est d'une âme délicate.

NANON.

Et moi qui avais fait le serment que jamais ce mystère ne serait révélé à qui que ce fût au monde... Malheur à moi qui ai trahi le secret de mon frère!

LE DUC.

Vous dites « Malheur à moi! » Nanon, dites donc : « Bonheur pour tous!... » Je veux qu'il répare le temps perdu, ce cher Canolles; je ne le connais pas, je veux faire sa connaissance.

NANON.

Eh bien, je vous le présenterai demain.

LE DUC.

Demain?... Pourquoi pas ce soir?

NANON.

Comment, ce soir?

LE DUC.

Oui, que ne vient-il souper avec nous, ce garçon? Tenez, je vais à l'instant même l'envoyer chercher au *Veau d'or*.

NANON.

Pour qu'il sache qu'au mépris de mes serments, je vous ai tout dit?

LE DUC.

Bon! je serai discret.

NANON.

Ah çà! monsieur le duc, savez-vous que je vais vous faire une querelle?

LE DUC.

Pourquoi cela?

NANON.

Parce que, autrefois, vous étiez plus friand de tête-à-tête. Voyons, croyez-moi, il sera temps de l'envoyer chercher demain.

LE DUC.

Nous le renverrons après le souper, chère amie... Francinette ! Francinette !...

NANON.

Que faites-vous ?

LE DUC, à Francinette, qui entre.

Francinette, demandez les ordres de votre maîtresse.

NANON, s'asseyant sur le canapé.

Donnez les vôtres, monsieur le duc; n'êtes-vous pas chez vous ?

LE DUC.

Francinette, allez jusqu'à l'hôtel du *Veau d'or*, et dites à M. de Canolles que mademoiselle Nanon de Lartigues l'attend pour souper.

NANON, à Francinette, qui l'interroge des yeux.

Allez !... (A part.) J'espère qu'il comprendra à demi-mot.

LE DUC, s'asseyant près de Nanon.

Savez-vous pourquoi je tiens à voir votre frère ce soir, chère amie ?

NANON.

Je ne sais ; à moins que ce ne soit pour vous assurer que M. de Canolles est bien mon frère.

LE DUC.

Est-ce que je doute quand vous avez dit une chose, chère amie ?... Non, c'est que, si cela lui convenait et à vous aussi, j'aurais justement une mission à lui donner pour la cour.

NANON.

Une mission ?

LE DUC.

Oui ; mais cela vous séparerait, et...

NANON.

Oh ! ne craignez pas, mon cher duc ; qu'importe la séparation, pourvu qu'elle lui soit profitable ! De près, je le servirais mal ; car je vois que vous en êtes jaloux ; mais, de loin, vous étendrez votre main puissante sur lui. Exilez-le, expatriez-le, si c'est pour son bien ; pourvu que l'amour de mon cher duc me reste, n'est-ce pas plus qu'il ne m'en faut pour me rendre heureuse ?

LE DUC.

Eh bien, c'est dit, nous l'envoyons à Paris, à la cour, nous faisons sa fortune... (On gratte à la porte.) Qui est là ?

SCÈNE IV

Les Mêmes, FRANCINETTE.

FRANCINETTE.

Madame, M. le baron de Canolles n'est plus à l'hôtel du *Veau d'or*.

NANON.

Ah !

LE DUC.

M. le baron de Canolles n'est plus à l'hôtel du *Veau d'or ?*

NANON.

Ah ! vous vous trompez sûrement.

FRANCINETTE.

Madame, je répète ce que vient de me dire M. Biscarros, qui est venu lui-même pour dresser le souper.

NANON, à part.

Ah ! ce cher Canolles, il aura tout deviné.

LE DUC.

Dites à maître Biscarros d'entrer.

NANON.

Voyons, mademoiselle, obéissez à M. le duc.

FRANCINETTE.

Venez, monsieur Biscarros, venez !

SCÈNE V

Les Mêmes, BISCARROS, puis COURTANVAUX.

NANON, assise.

Monsieur, vous aviez ce soir, chez vous, un jeune gentilhomme nommé le baron de Canolles, n'est-ce pas?

LE DUC, assis près de la table.

Oui ; qu'est-il devenu?

BISCARROS.

Monsieur, il est parti.

NANON.

Parti !

LE DUC.

Bien parti ? véritablement parti ?

BISCARROS.

Véritablement.

LE DUC.

Et où est-il parti ?

BISCARROS.

Cela, je ne saurais vous le dire, car je l'ignore.

LE DUC.

Vous savez du moins quelle route il a prise ?

BISCARROS.

Celle de Paris.

LE DUC.

Et à quelle heure a-t-il pris cette route ?

BISCARROS.

Mais voilà une demi-heure, à peu près.

NANON.

Comment ! il est parti ainsi, sans rien dire ?

BISCARROS.

Dame, il m'avait recommandé de faire remettre une lettre à mademoiselle Francinette.

LE DUC.

Et pourquoi ne la lui avez-vous pas fait remettre, maraud ?

BISCARROS.

J'ai mieux fait, je la lui ai remise moi-même.

LE DUC.

Francinette ! Francinette !

FRANCINETTE.

Voilà !

LE DUC.

Pourquoi n'avez-vous pas remis à votre maîtresse la lettre que M. de Canolles avait laissée pour elle ?

FRANCINETTE.

Monseigneur... !

BISCARROS.

Monseigneur, c'est quelque prince déguisé.

NANON.

Je ne la lui ai pas demandée, voilà pourquoi.

LE DUC.

Vous ne pouviez pas la lui demander, puisque vous ignoriez qu'elle eût été remise... Donnez cette lettre.

FRANCINETTE.

La voici !

LE DUC, prenant la lettre.

Hum !

FRANCINETTE, à Biscarros.

Imbécile !

LE DUC.

Qu'est-ce que ce grimoire ?

NANON.

Lisez !

LE DUC,

« Chère Nanon, je profite du congé que m'accorde M. d'Epernon, et je vais, pour me distraire, faire un temps de galop sur la route de Paris... Au revoir ! Je vous recommande ma fortune. » Mais il est fou, ce Canolles.

NANON, respirant.

Fou !... Et pourquoi ?... Comment ! vous ne devinez pas ce dont il s'agit ?

LE DUC.

Pas le moins du monde.

NANON.

Eh bien, mais Canolles a vingt-sept ans, il est jeune, il est beau, il est insouciant ; à quelle folie pensez-vous qu'il donne la préférence ? A l'amour ! Il aura vu, de l'hôtel de M. Biscarros, passer quelque belle voyageuse, et il l'aura suivie.

LE DUC.

Amoureux ! vous croyez Canolles amoureux ?

NANON.

Sans doute. Tenez, demandez à maître Biscarros ; n'est-ce pas, maître Biscarros, que j'ai deviné juste ?

(Francinette fait signe à Biscarros de dire oui.)

BISCARROS, à part.

Je crois que le moment est venu de réparer ma sottise. (Haut.) En effet, madame pourrait bien avoir raison.

NANON.

Vous le pensez?

BISCARROS.

Le fait est que vous m'ouvrez les yeux.

NANON.

Ah! contez-nous cela, maître Biscarros. Voyons, dites, quelles sont les voyageuses qui se sont arrêtées chez vous cette nuit?

LE DUC.

Oui, contez-nous cela.

BISCARROS.

Il n'est pas venu de voyageuses.

NANON, respirant.

Ah!

BISCARROS.

Mais seulement un petit gentilhomme châtain, mignon, potelé, qui ne mangeait pas, qui ne buvait pas, qui avait peur de se mettre en route la nuit... Un gentilhomme qui avait peur, comprenez-vous?

LE DUC.

Ah! ah! ah! oui, je comprends.

NANON.

Continuez, c'est charmant! Et sans doute le petit gentilhomme attendait M. de Canolles?

BISCARROS.

Non pas, non! Il attendait à souper un grand monsieur à moustaches; il a même quelque peu rudoyé M. de Canolles, quand M. de Canolles a voulu souper avec lui; mais il ne se démonta pas pour si peu de chose, le brave gentilhomme. Ah! c'est un compagnon entreprenant, et, ma foi, après le départ du grand, qui avait tourné à droite, il a couru après le petit, qui avait tourné à gauche.

LE DUC.

Vraiment!

NANON.

Oh! mais qui vous fait penser que le petit gentilhomme soit une femme, que M. de Canolles soit amoureux de cette femme, et qu'il ne coure pas le grand chemin par ennui ou par caprice?

BISCARROS.

Ce qui me le fait penser, je vais vous le dire.

LE DUC.

Oui, dites-nous-le, mon ami ; en vérité, vous êtes fort réjouissant.

BISCARROS.

Monseigneur est bien bon... Ce qui me le fait penser, voilà... c'est un gant.

NANON.

Comment, un gant?

BISCARROS.

Moi, je ne me doutais de rien, j'avais pris le petit cavalier châtain pour un homme, quand M. de Canolles m'appela tout furieux. Il tenait à la main un petit gant qu'il examinait et flairait passionnément.

NANON.

Un gant !... un gant dans le genre de celui-ci ?

(Elle lui donne un gant.)

BISCARROS.

Non pas, un gant d'homme.

NANON, le reprenant.

Un gant d'homme? Vous êtes fou !

BISCARROS.

Non ; car ce gant, c'était celui du petit gentilhomme, du joli cavalier châtain qui ne buvait pas, qui ne mangeait pas, qui avait peur ; un tout petit gant où la main de madame eût passé à peine, quoique madame ait certes une jolie main !

NANON.

Eh bien, monsieur le duc, j'espère que vous voilà suffisamment renseigné, et que vous savez tout ce que vous vouliez savoir.

FRANCINETTE, bas, à Biscarros.

Oh ! malheureux !

BISCARROS, bas.

Comment, malheureux ?

FRANCINETTE.

Oui, malheureux !

BISCARROS, haut.

Après tout, M. de Canolles est parti, c'est vrai ; mais, d'un moment à l'autre, il peut revenir.

LE DUC.

C'est vrai ; dans sa lettre, il ne parle que d'un temps de

galop... Allez voir, maître Biscarros, s'il est revenu, et amenez-nous-le.

BISCARROS.

Monseigneur...

(Il va pour sortir.)

NANON.

Mais vous n'y pensez pas! et le souper, monsieur le duc? Moi, d'abord, je meurs de faim.

LE DUC.

C'est juste; restez, maître Biscarros; Courtanvaux ira... Courtanvaux! Courtanvaux! venez çà... Courez jusqu'à l'hôtel de maître Biscarros, et voyez si M. de Canolles ne serait pas de retour... et s'il n'y était pas, informez-vous, courez aux environs, cherchez!... Je tiens à souper avec ce gentilhomme.

COURTANVAUX.

Ce sera fait, monseigneur.

FRANCINETTE, bas, à Biscarros.

Vous venez de faire de belle besogne, vous!

BISCARROS.

Moi?

FRANCINETTE.

Allons, venez, et, à l'avenir, tâchez de vous taire.

BISCARROS, sortant.

Si j'y comprends quelque chose...

SCÈNE VI

NANON, LE DUC.

NANON.

Quel malheur que l'étourderie de ce fou de Canolles le prive d'un honneur comme celui que vous alliez lui faire; s'il eût été là, son avenir était assuré. Attendez...

LE DUC.

Quoi?

NANON.

Ne vouliez-vous pas l'envoyer à la reine?

LE DUC.

Sans doute; mais puisqu'il n'est pas revenu...

NANON.

Eh bien, faites courir après lui... et puisqu'il est sur la route de Paris, le chemin qu'il aura fait sera fait.

LE DUC, se levant.

Vous avez pardieu raison !

NANON, se levant.

Chargez-moi de cela, et M. de Canolles aura l'ordre demain matin, je vous en réponds.

LE DUC.

Oh! la bonne tête de diplomate... Vous irez loin, Nanon.

NANON.

Que je reste éternellement à faire mon éducation avec un si bon maître, c'est tout ce que j'ambitionne.

LE DUC.

Hum!

NANON.

Quelle délicieuse plaisanterie à faire à notre céladon, hein ? Tenez, ne perdons pas de temps... Voyons, duc, préparez votre dépêche, je vais préparer la mienne.

LE DUC.

Oh! la mienne est courte.

NANON.

Et la mienne ne sera pas longue.

(Elle va écrire à la table près du canapé.)

LE DUC, écrivant.

« Bordeaux !... Non ! »

(Il cachette la lettre.)

NANON, écrivant.

« Mon cher baron, comme vous le voyez, la dépêche ci-jointe est pour Sa Majesté la reine; sur votre vie, portez-la à l'instant, il s'agit du salut du royaume. Votre bonne sœur, NANON. »

LE DUC, de même.

« A Sa Majesté la reine Anne d'Autriche, régente de France ! »

NANON, de même.

« A M. le baron de Canolles, sur la route de Paris ! » Tenez, duc !

LE DUC.

Tenez, chère!

COURTANVAUX, entrant.

M. de Canolles !

NANON.

Canolles !

LE DUC.

Le baron !

COURTANVAUX.

Je l'ai rencontré à cent pas d'ici.

NANON, tombant sur le canapé.

Il est dit que je ne l'éviterai pas !

SCÈNE VII

Les Mêmes, CAUVIGNAC, magnifiquement vêtu.

NANON, apercevant Cauvignac.

Lui !

CAUVIGNAC.

Eh ! sans doute, moi, bonne petite sœur...

NANON.

Cauvignac ! Cauvignac !

CAUVIGNAC, au Duc.

Pardon, je vous importune peut-être ?

LE DUC.

Soyez le bienvenu, monsieur de Canolles ; votre sœur et moi ne faisons que parler de vous depuis une heure, et, depuis une heure, nous vous désirons.

CAUVIGNAC.

Ah ! vous me désirez... vraiment ?

NANON.

Oui ; M. le duc a eu la bonté de vouloir que vous lui soyez présenté.

CAUVIGNAC.

Monsieur le duc, la crainte seule d'être importun m'a empêché de réclamer plus tôt cet honneur.

LE DUC.

En effet, baron, j'ai admiré votre délicatesse, et je vous en ferai un reproche.

CAUVIGNAC.

Un reproche de ma délicatesse, à moi, monsieur le duc ? Ah ! vous me confusionnez !

LE DUC.

Oui ; car, si votre bonne sœur n'avait pas soigné vos intérêts...

CAUVIGNAC.

Ah! ma bonne sœur a soigné les intérêts de...?

NANON, vivement.

Son frère... Quoi de plus naturel?

LE DUC.

Et, aujourd'hui même, à quoi dois-je le plaisir de vous voir?

CAUVIGNAC.

Oui, à quoi devez-vous le plaisir de me voir?

LE DUC.

Eh bien, au hasard... au simple hasard, qui fait que vous êtes revenu.

CAUVIGNAC, à Nanon.

Ah!

NANON.

Oui, vous étiez parti, mauvais frère! et sans me prévenir autrement que par deux mots qui n'ont fait que redoubler mon inquiétude.

LE DUC.

Que voulez-vous, chère Nanon! il faut bien passer quelque chose aux amoureux.

CAUVIGNAC, à Nanon.

Oh! oh! cela se complique. Amoureux, moi?

NANON.

Allons, avouez que vous l'êtes, mauvais sujet!

CAUVIGNAC.

Eh bien, je ne le nierai pas.

LE DUC.

Bien, bien... Mais soupons, vous nous conterez vos amours tout en soupant. Francinette, un couvert pour M. de Canolles. Nous pouvons donc le mettre sur le compte du petit gentilhomme?

NANON.

Parfaitement.

CAUVIGNAC.

Pardon, mais de quel gentilhomme?

NANON.

Du petit gentilhomme que vous avez rencontré ce soir...

4.

CAUVIGNAC.

Ah! c'est ma foi vrai... le petit gentilhomme.

NANON.

Ah! ah! vous l'avez donc réellement rencontré?...

CAUVIGNAC.

Le petit gentilhomme?... Parbleu!

NANON.

Comment était-il? Voyons, dites cela franchement.

CAUVIGNAC.

Ma foi, c'était un charmant petit compagnon châtain, svelte, élégant, quinze à seize ans peut-être, pas de moustaches encore, voyageant avec un vieil écuyer... (A part.) Dame, je leur donne ce que j'ai vu, moi; tant pis si cela ne leur va pas.

NANON.

C'est cela!

LE DUC.

C'est cela!

CAUVIGNAC, à part.

Tiens, cela leur va.

LE DUC.

Avez-vous toujours le petit gant gris-perle sur votre cœur?

CAUVIGNAC.

Le petit gant gris-perle?

LE DUC.

Oui, celui que vous baisiez et flairiez si passionnément, celui enfin qui vous a fait soupçonner la ruse, la métamorphose.

CAUVIGNAC.

Ah! c'était donc une femme? Eh bien, je m'en étais douté, parole d'honneur!

LE DUC.

Allons, allons, tout cela est fort bien, et, pourvu que les affaires du roi ne souffrent pas de cette aventure...

CAUVIGNAC.

Les affaires du roi en souffrir? Jamais! Les affaires du roi, c'est sacré!

LE DUC.

On peut donc compter sur votre dévouement, baron?

CAUVIGNAC.

Pour le roi ?... Mais, pour le roi, je me ferais couper en quatre.

NANON.

Et c'est tout simple, n'êtes-vous pas capitaine au service de Sa Majesté, grâce aux bontés de M. le duc?

CAUVIGNAC, se levant et mettant une main sur son cœur.

Et je ne l'oublierai jamais !

LE DUC.

Nous ferons mieux, baron, nous ferons mieux à l'avenir. En attendant, votre sœur va, en deux mots, vous mettre au courant de ce que nous avons fait déjà.

CAUVIGNAC, à part.

Ça ne fera pas de mal.

LE DUC.

Elle a une lettre à vous confier de ma part; peut-être votre fortune est-elle dans le message que je vous donne; sur ma recommandation, prenez les avis de votre sœur, jeune homme, prenez ses avis; c'est une bonne tête, un esprit distingué, un cœur généreux... Aimez votre sœur, baron, et vous aurez mes bonnes grâces.

CAUVIGNAC.

Monseigneur, ma sœur sait à quel point je l'aime; je ne désire rien tant que de la voir heureuse, puissante et riche, riche surtout!

(Nanon se lève.)

LE DUC.

Cette chaleur me plaît... (Il se lève.) Restez donc avec Nanon, tandis que je vais, moi, m'occuper de certain drôle.

CAUVIGNAC, à table.

Hein !

LE DUC.

A propos, baron, peut-être pourrez-vous me donner quelques renseignements sur ce bandit?

CAUVIGNAC.

Moi ?... Volontiers ! Seulement, il faut que je sache de quel bandit vous voulez parler. Il y en a beaucoup, et de toute sorte, par le temps qui court.

LE DUC.

Vous avez raison; mais celui-là est un des plus impudents que j'aie jamais rencontrés.

CAUVIGNAC.

Ah! vraiment?

LE DUC.

Imaginez-vous que ce misérable, en échange de la lettre que votre sœur vous avait écrite hier, et qu'il s'est procurée par une violence infâme, m'a extorqué un blanc-seing. Je voulais donc vous demander si vous aviez quelques soupçons sur celui qui a joué le rôle de délateur.

CAUVIGNAC.

Non, en vérité!

LE DUC.

N'importe, il aura bien du bonheur si son blanc-seing ne le fait pas pendre, celui-là.

CAUVIGNAC.

Vous avez retenu son signalement?

LE DUC.

Non; mais à son blanc-seing j'ai fait une marque.

NANON.

Une marque?

CAUVIGNAC.

Une marque? Et il ne s'en est pas aperçu, l'imbécile?

LE DUC.

Invisible, mon cher, invisible pour tous; mais visible pour moi à l'aide d'un procédé chimique.

CAUVIGNAC.

Ah! ah! oui... Tiens, tiens, tiens! mais c'est du plus grand ingénieux, ce que vous avez fait là, monseigneur; seulement, il faut prendre garde qu'il ne se doute du piége.

LE DUC.

Oh! il n'y a pas de danger; qui voulez-vous qui le lui dise?

CAUVIGNAC.

Au fait, ce ne sera pas Nanon, ce ne sera pas moi.

LE DUC.

Ni moi!

CAUVIGNAC.

Ni vous! Ainsi, vous avez raison, monseigneur, vous ne pouvez manquer de savoir un jour quel est cet homme, et alors...

LE DUC.

Alors, comme je serai quitte envers lui, attendu qu'en

échange du blanc-seing il aura reçu ce qu'il désirait, alors, je le ferai pendre !

CAUVIGNAC.

Amen !

LE DUC.

Maintenant, puisque vous ne pouvez me donner aucun renseignement sur ce drôle...

CAUVIGNAC.

Non, monseigneur, je ne puis pas.

LE DUC.

Eh bien, je vous laisse avec votre sœur... Nanon, donnez à ce garçon des instructions précises, et qu'il ne perde pas de temps surtout.

NANON.

Soyez tranquille, monseigneur.

LE DUC.

Ainsi, à vous deux !

(Nanon reconduit le Duc jusqu'à la porte.)

CAUVIGNAC.

Diable ! il a bien fait de me prévenir, le digne seigneur... Mais que ferai-je du blanc-seing ?... Dame, ce qu'on fait d'un billet, je l'escompterai. Madame de Condé, justement, avait écrit à Nanon... C'est une affaire à traiter à Chantilly.

SCÈNE VIII

NANON, CAUVIGNAC.

NANON.

Maintenant, monsieur, à nous deux, comme disait tout à l'heure M. d'Épernon.

CAUVIGNAC.

Oui, chère petite sœur ; car je suis venu pour causer avec vous.

(Il s'assied sur le canapé.)

NANON, avec colère.

Monsieur, dites-moi comment un frère, comblé de mes bontés, a froidement conçu le projet de perdre sa sœur ?

CAUVIGNAC.

Moi, chère Nanon ?... Jamais ! je perdrais trop en vous perdant.

NANON.

Nierez-vous que cette lettre anonyme soit de votre écriture?

CAUVIGNAC.

Non, puisque vous l'avez reconnue.

NANON.

Ainsi, vous avouez?

CAUVIGNAC.

Qu'avez-vous contre cette lettre? la trouveriez-vous mal tournée, par hasard? J'en serais fâché pour vous, cela prouverait que vous n'avez pas de littérature.

NANON.

Mais quel motif vous a fait écrire cette lettre?

CAUVIGNAC.

Quel motif? Nanon, c'est une petite vengeance.

NANON.

Une vengeance contre moi, malheureux! Mais que vous ai-je donc fait de mal pour que l'idée vous vienne de vous venger de moi?

(Elle s'assied sur le canapé.)

CAUVIGNAC.

Ce que vous m'avez fait?... Ah! Nanon, mettez-vous à ma place... Je quitte Paris parce que j'ai trop d'ennemis, c'est le malheur des hommes politiques; je viens à vous, je vous implore, vous en souvient-il? Vous avez reçu trois lettres, vous ne direz pas que vous n'avez pas reconnu mon écriture, c'était exactement celle du billet anonyme, et les lettres étaient signées. Je vous écris donc trois lettres pour vous demander cent malheureuses pistoles!... cent pistoles, à vous qui avez des millions!... (Il se lève.) Eh bien, ma sœur me repousse... Je me présente chez ma sœur; ma sœur me fait éconduire: naturellement, je m'informe... Peut-être est-elle dans la détresse, c'est le moment de lui prouver que ses bienfaits ne sont pas tombés sur une terre ingrate. Peut-être même n'est-elle plus libre; en ce cas, elle est pardonnable... Vous le voyez, mon cœur vous cherchait des excuses, et c'est alors que j'apprends que ma sœur est libre, heureuse, riche, richissime, et qu'un baron de Canolles, un étranger, usurpe mes priviléges et se fait protéger à ma place. Alors, la jalousie m'a tourné la tête.

NANON.

Dites la cupidité, monsieur! Que vous importait que j'eusse ou non des relations d'amitié avec M. de Canolles?

CAUVIGNAC.

A moi? Rien; je ne m'en fusse pas même inquiété si vous aviez continué à avoir avec moi des relations d'argent, ingrate!

NANON.

Comment, ingrate?

CAUVIGNAC.

Oui, ingrate, Nierez-vous que je viens de vous tirer d'une des positions les plus fausses où une femme puisse se trouver. Je profite de ce qu'il m'est rentré quelque argent pour me vêtir à neuf afin que vous n'ayez pas honte de moi... Regardez-moi un peu; il me semble que j'ai assez bon air comme ça; hein?

NANON.

Hum!

CAUVIGNAC.

Comment, *hum*? Chère amie, vous êtes difficile; mais n'importe. J'arrive ici et je comprends, au premier mot, au premier coup d'œil, que vous pataugez dans une fausse fraternité réelle. Je prends pour mon compte l'aventure du petit gentilhomme châtain; j'avoue avoir baisé un gant, au risque... Enfin, dès lors, et grâce à ce bon petit Cauvignac, votre roman de famille devient une histoire; ma présence sauve tout, votre frère n'est plus un mensonge, vous voilà libre comme le vent, vous allez dormir sur vos deux oreilles, toujours, grâce à ce bon petit Cauvignac... Moi, je m'installe à votre seuil; M. d'Épernon me fait nommer colonel; au lieu d'une escouade de cinq hommes, j'ai un régiment de deux mille; avec ces deux mille hommes, je renouvelle les travaux d'Hercule! On me nomme duc et pair; madame d'Épernon meurt, et M. d'Épernon vous épouse...

NANON.

Trêve de plaisanterie, monsieur.

CAUVIGNAC.

Oh! je ne plaisante pas.

NANON.

Deux choses.

CAUVIGNAC.

Lesquelles ? Dites !

NANON.

Primo : vous allez rendre le blanc-seing au duc; sans quoi, vous êtes pendu.

CAUVIGNAC.

Primo pendu !... Et *secundo* ?

NANON.

Secundo : vous allez sortir d'ici à l'instant même.

CAUVIGNAC.

Deux réponses, chère dame : *Primo* : le blanc-seing étant ma propriété, je le garde. Vous ne pouvez pas m'empêcher de me faire pendre si tel est mon bon plaisir.

NANON.

Oh ! qu'à cela ne tienne !

CAUVIGNAC.

Merci ! mais il n'en sera rien, soyez tranquille... Quant à me retirer, dans votre désir de vous débarrasser de moi, vous oubliez une chose.

NANON.

Laquelle ?

CAUVIGNAC.

C'est que, si je me retire, je ne pourrai pas remplir cette mission importante dont le duc m'a parlé tout à l'heure, et qui doit faire ma fortune.

NANON.

Mais, malheureux, vous savez bien que cette mission ne vous est pas destinée ; elle est destinée à M. de Canolles.

CAUVIGNAC.

Eh bien, mais est-ce que je ne m'appelle pas M. de Canolles?... Ainsi, croyez-moi, chère sœur, ce n'est point à vous de m'imposer vos conditions, c'est à moi de vous imposer les miennes.

NANON.

Voyons, quelles sont-elles ?

CAUVIGNAC.

D'abord, la première de toutes, amnistie générale.

NANON.

Après?

CAUVIGNAC.

Puis solde de nos comptes.

NANON.

Je vous redois quelque chose, à ce qu'il paraît.

CAUVIGNAC.

Vous me redevez les cent pistoles que je vous avais demandées et que vous m'avez inhumainement refusées.

NANON.

C'est bien, l'amnistie est accordée.

CAUVIGNAC.

Alors, votre main, chère petite sœur. (Il baise la main de Nanon.) Ah ! et les cent pistoles ?

NANON, allant au meuble.

En voilà deux cents.

CAUVIGNAC.

Deux cents ! à la bonne heure, Nanon, voilà où je reconnais ma sœur.

NANON.

Mais à une condition.

CAUVIGNAC.

Laquelle ?

NANON.

C'est que vous réparerez le mal que vous avez fait.

CAUVIGNAC.

Je ne suis venu que pour cela... Que faut-il faire ? Voyons !

NANON.

Vous allez monter à cheval et courir sur la route de Paris jusqu'à ce que vous ayez rencontré M. de Canolles.

CAUVIGNAC.

Que dois-je lui dire ?

NANON.

Vous lui remettrez cet ordre... Mais comment serai-je sûre que vous faites ma commission ? S'il y avait quelque chose de sacré pour vous, je vous demanderais un serment.

CAUVIGNAC.

Faites-mieux !

NANON.

Quoi ?

CAUVIGNAC.

Promettez-moi deux cents autres pistoles, une fois la commission faite.

NANON.

C'est conclu.

XVI.

CAUVIGNAC.

Eh bien, voyez, je ne vous demande pas de serment, moi; votre parole me suffit... Ainsi, c'est convenu, deux cents pistoles à la personne qui vous remettra le reçu de M. de Canolles.

NANON, joyeuse.

Vous parlez d'un tiers; comptez-vous ne pas revenir, par hasard?

CAUVIGNAC.

Qui sait? une affaire m'appelle moi-même aux environs de Paris.

NANON, respirant.

Ah!

CAUVIGNAC.

Ah! voilà un *ah!* qui n'est pas gentil... Mais n'importe, sans rancune, chère sœur.

NANON, allant chercher le manteau de Cauvignac et le lui mettant sur les épaules.

Sans rancune, mais à cheval!

CAUVIGNAC.

A l'instant même, le temps seulement de boire le coup de l'étrier... A la santé de M. d'Épernon, c'est un brave homme.

QUATRIÈME TABLEAU

Une chambre à coucher dans une hôtellerie du bourg de Jaulnay. — Porte vitrée à gauche, porte au fond. Alcôve à deux lits dans un pan coupé. Fenêtre à droite.

SCÈNE PREMIÈRE

CASTORIN, s'accommodant sur des chaises puis; L'HÔTE.

C'est étonnant! il me semble que je suis encore à cheval, et que le mouvement... Oh! la bonne chose que le sommeil, quand on peut dormir... Ah! M. le baron ferait bien de n'arriver que dans deux heures: j'aurais déjà pris un à-compte.

L'HÔTE, d'en bas.

Voilà, monsieur, voilà !

CASTORIN.

Hein ! plaît-il ?... Décidément, il n'y a que le lit...

L'HÔTE, entrant du côté gauche.

Par ici, monsieur, par ici... Voilà l'homme que vous cherchez, je crois.

CANOLLES.

Comment ! il dort, le drôle ! sans ma permission ?... Allez vite, mon cheval fond en eau.

L'HÔTE.

J'y vais !

SCÈNE II

CANOLLES, CASTORIN.

CANOLLES.

Allons, allons, Castorin, à cheval !

CASTORIN.

Mais, j'y suis, monsieur, à cheval !

(Il fait le mouvement d'un homme à cheval.)

CANOLLES.

Voyons, réveille-toi, et réponds, maraud !

CASTORIN, arrêtant la chaise.

Oh !...

CANOLLES.

Je vais te couper une oreille, cela te réveillera.

CASTORIN.

Je suis réveillé, monsieur. Tiens ! où sommes-nous donc ?

CANOLLES.

A l'auberge de Jaulnay, drôle, où je t'ai ordonné de me précéder.

CASTORIN.

Ah ! c'est vrai, et je vous ai même précédé d'un tel train, que mon cheval est tombé mort en arrivant dans la cour... Pauvre animal !... Eh bien, je suis sûr qu'il était moins fatigué que moi.

CANOLLES.

Imbécile !... Voyons, tu es sûr que le vicomte n'a pas dépassé le village où nous sommes ?

CASTORIN.

Pardieu! grâce au chemin de traverse que vous m'avez fait prendre, j'ai plus d'une heure sur lui.

CANOLLES.

Et, d'après mon ordre, tu as loué toutes les chambres de cette auberge?

CASTORIN.

Toutes!... Monsieur en a huit... Oh! monsieur sera bien couché cette nuit.

CANOLLES.

Et tu es sûr que M. le vicomte ne descendra pas à une autre auberge que la nôtre?

CASTORIN.

Oh! ça, j'en suis sûr, il n'y a qu'elle dans le village.

CANOLLES.

L'hôte n'a pas fait de difficultés?

CASTORIN.

Pour louer ses huit chambres? Au contraire... Seulement, il ne comprenait pas comment un maître seul pouvait avoir besoin de huit chambres; mais j'ai payé d'avance, et il a compris.

CANOLLES.

Très-bien!... On dirait que tu as envie de dormir?

CASTORIN.

On le dirait, oui, monsieur!

CANOLLES.

Eh bien, dans ces huit chambres, il y en a bien une qui t'a plu?

CASTORIN.

Elles me plaisent toutes; seulement, il y a le n° 7, qui est tout doré.

CANOLLES.

Prends le n° 7.

CASTORIN.

Pour moi?

CANOLLES.

Pour toi! et je t'ordonne d'y dormir douze heures.

CASTORIN.

Monsieur sera obéi.

(Il va pour sortir.)

CANOLLES.

Douze heures, tu comprends... sans remuer, quelque bruit que tu entendes dans la maison.

CASTORIN.

Ah! monsieur, on peut tirer le canon, ça m'est bien égal.

CANOLLES.

C'est bien!... Envoie-moi l'hôte, et va-t'en!

SCÈNE III

CANOLLES, seul.

J'avais bien pensé à rattraper mon petit vicomte sur la grande route, à renouer conversation avec lui, à partager son dîner, son souper... et à... Mais il est rusé, l'enfant; il m'eût joué un tour, il m'eût échappé une seconde fois... Ce qu'il y a d'affreux, c'est de ne pas savoir, au bout du compte, si je cours après un ou une... Si c'était un homme, il y aurait de quoi mourir écrasé sous une pareille bévue... Ah! Canolles, vous êtes abruti par le doute, comme Castorin par le sommeil... D'ailleurs, ce doute, dans une heure, j'en aurai raison. En attendant, examinons la chambre... Une porte vitrée qui donne dans une autre chambre... une alcôve à deux lits... Bon! plaçons ici le quartier général.

(Il sonne.)

SCÈNE IV

CANOLLES, l'Hôte.

L'HÔTE, entrant du fond.

Monsieur m'a fait appeler?

CANOLLES.

Oui. A quelle heure fermez-vous vos portes, d'habitude?

L'HÔTE.

A onze heures, monsieur... Mais, comme je n'attends plus personne, vu que monsieur a retenu tout l'hôtel, je fermerai quand monsieur voudra.

CANOLLES.

Eh bien au contraire, je désirerais que vos portes restassent ouvertes.

L'HÔTE.

Mais, monsieur, puisque je n'attends plus personne.

CANOLLES.

C'est possible; mais, moi, j'attends quelqu'un.

L'HÔTE.

Ah! (Regardant par la fenêtre.) Est-ce que ce seraient les personnes qui s'arrêtent?

CANOLLES.

Quelles sont ces personnes?

L'HÔTE.

Un petit jeune homme de seize ou dix-huit ans, et un vieil écuyer.

CANOLLES.

C'est cela?

L'HÔTE.

Je vais leur dire que monsieur les attend.

CANOLLES.

Chut!... au contraire, pas un mot.

L'HÔTE.

Je vais leur dire, alors, qu'il n'y a pas de place pour eux.

CANOLLES.

Tu vas les loger.

L'HÔTE.

Où cela?

CANOLLES.

Dans cette chambre.

L'HÔTE.

Ah! je comprends!... Monsieur prendra le n° 7.

CANOLLES.

Non, attendu que c'est mon domestique qui l'a pris.

L'HÔTE.

Mais...

CANOLLES.

Mon cher, vous êtes payé, n'est-ce pas?

L'HÔTE.

Oui, monsieur.

CANOLLES.

Eh bien, alors, de quoi vous inquiétez-vous

L'HÔTE.

Mais s'ils me payent?

CANOLLES.

Vous serez payé deux fois.

L'HÔTE.

Voilà tout?

CANOLLES.

Oui!... Seulement...

L'HÔTE.

Ah!

CANOLLES.

Une fois les étrangers entrés, fermez vos portes... (On parle dans la coulisse.) Allez vite, je crois que les voyageurs s'impatientent.

L'HÔTE.

J'y cours!

CANOLLES.

Tenez, encore ces trois pistoles... A propos, cette chambre a une porte donnant sur le corridor.

L'HÔTE.

Pareille à celle-ci, oui, monsieur!

(Bruit au dehors.)

CANOLLES.

Descendez donc vite! on vous appelle! (L'Hôte sort.) Je crois vraiment qu'il se fâche, foi de gentilhomme, c'est une voix de vicomte... Il monte l'escalier!... Il approche... Quand il marche, c'est un pas de vicomtesse!

(Il sort par la porte vitrée.)

SCÈNE V

LA VICOMTESSE, POMPÉE, L'HÔTE, avec une lumière.

LA VICOMTESSE, dans la coulisse.

Eh bien, y sommes-nous, enfin?

L'HÔTE, rentrant.

Par ici, monsieur, par ici!

LA VICOMTESSE.

Voilà ce que vous avez à m'offrir?

L'HÔTE.

Oh! la chambre est bonne; ce sera pour vous : celle d'à-côté, un peu moins élégante, sera pour votre écuyer.

LA VICOMTESSE.

Une porte vitrée? Oh! non, merci!

L'HÔTE.

Dame, c'est à prendre ou à laisser, mon gentilhomme.

LA VICOMTESSE.

C'est à laisser.

L'HÔTE.

Comme il vous plaira.

POMPÉE.

Monsieur le vicomte, je mettrai mon manteau sur le vitrage.

LA VICOMTESSE.

Non... Et vous n'avez pas un cabinet, une soupente, un...?

L'HÔTE.

J'ai un petit grenier au fond du corridor.

LA VICOMTESSE.

Oh! j'aime mieux cela. Excuse-moi, mon brave Pompée; tu sais que ne puis souffrir avoir quelqu'un près de moi quand je dors.

L'HÔTE.

Décidez-vous bien vite, monsieur, parce que, d'un moment à l'autre, il peut nous arriver quelqu'un... La chambre était occupée, même...

LA VICOMTESSE.

Comment, elle était occupée?

L'HÔTE.

Oui, par un gentilhomme; mais il l'a quittée en disant qu'il coucherait probablement chez un ami qu'il a aux environs.

LA VICOMTESSE.

Mais s'il revenait?

L'HÔTE.

Oh! à onze heures, ce n'est pas probable.

LA VICOMTESSE.

C'est bien, je prends votre chambre.

POMPÉE.

Bah! à la guerre comme à la guerre, monsieur le vicomte, et, quand on a fait seize lieues...

LA VICOMTESSE.

Tu es fatigué, mon brave Pompée?

POMPÉE.

Moi? Jamais!

(Il s'assied.)

L'HÔTE.

Vous n'avez besoin de rien?

LA VICOMTESSE.

De rien, non.

L'HÔTE, sur le pas de la porte.

De rien?

LA VICOMTESSE.

Non, de rien. (L'Hôte sort.) Pompée, ma valise

POMPÉE.

Voici!

LA VICOMTESSE.

Mon nécessaire! Bien, c'est cela... Attends!

POMPÉE.

Quoi?

LA VICOMTESSE.

Je voudrais visiter cette chambre. (Elle prend un flambeau.) Oh! comme elle est noire!

POMPÉE.

Attendez que j'aille en éclaireur... (Il entre.) Ah! ah! il y a une porte.

LA VICOMTESSE.

Une porte?

POMPÉE.

Oui, donnant sur le corridor.

LA VICOMTESSE.

Mais, alors, je ne suis plus chez moi.

POMPÉE.

Ah! si, elle ferme en dedans.

LA VICOMTESSE.

Donne un tour de clef, et ferme les verrous, s'il y en a.

POMPÉE, poussant les verrous.

Il y en a.

LA VICOMTESSE.

Et celle-ci?

POMPÉE, entrant.

Du moment que l'autre est fermée, et qu'il n'y a personne dans cette chambre...

5.

LA VICOMTESSE, *fermant la porte au verrou.*
C'est égal, ferme. Maintenant, visite la fenêtre...
POMPÉE.
Est-ce que vous croyez que, derrière les rideaux...?
(Il avance, le rideau remue, il s'arrête.)
LA VICOMTESSE.
Bon! ferme le contrevent.
POMPÉE.
Avec une barre?
LA VICOMTESSE.
Une barre de fer?
POMPÉE.
Oui.
LA VICOMTESSE.
Bien!... Maintenant, va, Pompée, va! et, demain, au point du jour...
POMPÉE, *redescendant.*
Voulez-vous que je vous laisse mon mousqueton?
LA VICOMTESSE.
Mais voulez-vous donc me faire mourir de peur, Pompée? Allez, et emportez votre mousqueton.
POMPÉE.
A demain!
(Il sort par la droite; la Vicomtesse va fermer la porte derrière lui.)

SCÈNE VI

LA VICOMTESSE, puis CANOLLES, en dehors.

LA VICOMTESSE.
En vérité, madame la princesse ne saura jamais ce qu'il m'en coûte pour courir ainsi les grands chemins... Oh! qu'est-ce que j'entends-là?... Rien... La porte de la rue se ferme probablement... Décidément, le ciel ne me destine pas à devenir un chef très-redoutable... Allons, tout va bien. Où donc est mon nécessaire?... (Elle met son chapeau sur une chaise.) J'ai toujours peur que mes cheveux ne passent sous ma perruque... Hier, M. de Canolles la regardait bien attentivement, ma perruque.

CANOLLES, dans l'escalier.

C'est bien ! c'est bien !

LA VICOMTESSE.

Hein !... Ce que c'est que d'avoir l'esprit frappé, il me semblait que cette voix... Ah ! mais... on monte l'escalier... on vient dans le corridor... on s'arrête à ma porte... on met la clef dans la serrure !... Qui est là ? qui est là ?

CANOLLES, de l'autre côté de la porte.

C'est moi qui demanderai qui est là.

LA VICOMTESSE.

Comment, vous ?

CANOLLES.

Sans doute, moi... Que diable ! j'ai bien le droit de demander qui est dans ma chambre.

LA VICOMTESSE.

Dans votre chambre ?... Oh ! mon Dieu, c'est sans doute ce gentilhomme qui ne devait pas revenir, et qui sera revenu. Monsieur, que voulez-vous ?

CANOLLES.

C'est bien simple, j'ai retenu une chambre, je désire l'occuper. L'hôte ne vous a-t-il pas prévenu que cette chambre était occupée par un gentilhomme qui est allé dîner chez un de ses amis ?

LA VICOMTESSE.

Oui, monsieur, c'est vrai ; mais il avait dit que, selon toute probabilité, ce gentilhomme ne reviendrait pas.

CANOLLES.

L'hôte s'est trompé, et le gentilhomme est revenu. (Après un temps.) Eh bien ?

LA VICOMTESSE.

Quoi, monsieur ?

CANOLLES.

J'attends que vous ayez la bonté de m'ouvrir, à moins que vous n'aimiez mieux que j'enfonce la porte.

LA VICOMTESSE.

Non pas, monsieur, j'ouvre ! j'ouvre !

(Elle ouvre.)

SCÈNE VII

CANOLLES, LA VICOMTESSE.

CANOLLES.
En vérité, voilà bien des façons.

LA VICOMTESSE.
M. de Canolles !

CANOLLES.
Le vicomte !... Ah ! tiens, c'est vous qui me prenez mon gîte ?... Bonsoir, vicomte... Comment va ?

LA VICOMTESSE.
Croyez, monsieur le baron, que je suis désespéré...
(Elle arrange son nécessaire.)

CANOLLES.
Il était déjà installé, Dieu me pardonne... Eh bien, que faites-vous donc là ?

LA VICOMTESSE.
Je rassemble mes effets, et je vais appeler l'hôte.

CANOLLES.
Pour quoi faire ?

LA VICOMTESSE.
Mais je ne veux pas vous faire coucher dehors, et, puisque c'est moi qui suis venu trop tard, je cède la place.

CANOLLES.
Mais où irez-vous ? Il n'y a pas d'autre hôtellerie à Jaulnay.

LA VICOMTESSE.
J'irai... Enfin, je ne sais pas où, mais je m'en irai.

CANOLLES.
Mais non, non. Vous êtes ici chez vous : restez-y... Vous êtes délicat, vous tombez de fatigue ; couchez-vous tranquillement et dormez... Moi, je vais chercher fortune ailleurs... C'est bien le diable si je ne trouve pas un coin dans cette maison !

LA VICOMTESSE.
Ah ! monsieur le baron, vous êtes d'une obligeance ! Oui, je suis délicat, je suis fatigué, je reste !

CANOLLES.
Et vous faites bien.

LA VICOMTESSE.

Merci ! merci !

CANOLLES.

Bonsoir, vicomte.

LA VICOMTESSE.

Bonsoir !

CANOLLES, revenant.

Ah ! mais qu'avez-vous donc là ?... Une chambre... une chambre vide ; voilà mon affaire !

LA VICOMTESSE.

Oh ! non, non... Pompée y couche... il dort.

CANOLLES.

Eh bien, mais il se réveillera, et il découchera.

LA VICOMTESSE.

Oh ! pardon, vous me trouvez bien incivil, mais Pompée est vieux, Pompée n'est pas un serviteur... c'est un ami.

CANOLLES.

Eh bien, soit ! dors tranquille, Pompée, je sais où trouver un lit.

LA VICOMTESSE.

Oh ! tant mieux !

CANOLLES.

Dormez sur les deux oreilles.

LA VICOMTESSE.

Je vous en réponds.

CANOLLES.

Une poignée de main, vicomte.

LA VICOMTESSE.

Bien volontiers.

(Canolles sort.)

SCÈNE VIII

LA VICOMTESSE, seule.

Oh ! mais c'est mon mauvais génie, que ce jeune homme ! il me fait trembler, il me fait mourir... Pauvre garçon ! au contraire, il est charmant ! il est d'une facilité, d'une complaisance... Car enfin, cette chambre, l'excuse était assez impertinente... Allons, je n'entends plus rien ; il aura trouvé fortune ailleurs, comme il dit... Encore ce danger passé...

(Elle ôte sa veste.) Pourquoi aurais-je peur? L'hôtel est bien tranquille, ce me semble; tout le monde dort, et, dans un quart d'heure, il dormira comme les autres... J'avoue que je ne serais pas fâchée d'en faire autant. (On frappe à la porte.) Ah! mon Dieu! qu'est-ce que cela?

SCÈNE IX

LA VICOMTESSE, CANOLLES.

CANOLLES, en dehors.

Vicomte!... vicomte!

LA VICOMTESSE.

Encore!... Baron, qu'y a-t-il?

CANOLLES.

Ouvrez, ouvrez, c'est très-sérieux.

LA VICOMTESSE, ouvrant.

Dites vite, voyons!

CANOLLES.

Ah! vous êtes encore habillé ou à peu près, tant mieux!

LA VICOMTESSE.

Que signifie cette agitation?

CANOLLES.

Asseyez-vous.

(Il lui donne une chaise.)

LA VICOMTESSE.

Non, non, inutile!

CANOLLES.

Oh! si fait, la chose en vaut la peine.

LA VICOMTESSE.

Vraiment!

(Elle s'assied.)

CANOLLES.

Il faut vous dire que la chambre sur laquelle j'avais jeté mon dévolu... la chambre n° 7... est occupée par deux officiers suisses.

LA VICOMTESSE.

Ah!

CANOLLES.

Oui, j'ai été leur demander l'hospitalité, je ne voulais pas vous déranger; vous me paraissiez avoir si grand besoin de sommeil.

LA VICOMTESSE.

C'est vrai, je suis très-fatiguée.

CANOLLES.

Savez-vous ce qu'ils m'ont répondu, vicomte? J'en suis vraiment encore exaspéré... Non, c'est une injure qui ne peut rester impunie! (Il se lève.) Vicomte, faites-moi le plaisir de prendre votre épée.

LA VICOMTESSE.

Mon épée! et pour quoi faire?

CANOLLES.

Eh! pardieu! pour venir avec moi faire lever ces drôles et les inviter à descendre au jardin... Il fait noir en diable, mais il y a une lanterne dans la cour... Allons, allons, vicomte, venez.

LA VICOMTESSE.

Mais...

CANOLLES, lui passant son épée.

Vous sentez bien que, si ces marauds savent qu'il y avait ici deux gentilshommes français, et qu'ils en sortent sans être roués de coups, la nation française est déshonorée.

LA VICOMTESSE.

Sans doute; mais...

CANOLLES.

Vous cherchez votre épée... La voici.

LA VICOMTESSE.

Non, je voulais vous faire comprendre...

CANOLLES.

Quoi?

LA VICOMTESSE.

Que vous n'êtes pas offensé, baron.

CANOLLES.

Comment cela?

LA VICOMTESSE.

Ces gens-là dormaient, et, quand on est dans le premier sommeil, on a parfois l'humeur difficile... Puis ce sont des Suisses, avez-vous dit?

CANOLLES.

Sans doute.

LA VICOMTESSE.

Eh bien, peut-être n'entendent-ils pas notre langue.

CANOLLES.

Si je vous répétais ce qu'ils m'ont répondu, vous verriez que c'est parfaitement français.

LA VICOMTESSE.

Voyons, baron, mettez-vous à leur place; des gens couchés, des gens qui dorment! mais il me semble qu'ils sont bien excusables.

CANOLLES.

En effet, vous qui êtes Français, vous qui êtes mon compatriote, vous m'avez un peu mis à la porte tout à l'heure; il est vrai que vous ne m'avez pas dit... enfin ce qu'ils m'ont dit.

LA VICOMTESSE.

Pardon, baron.

CANOLLES.

Vous croyez donc que je ne suis pas offensé?

LA VICOMTESSE.

Oh! pas le moins du monde.

CANOLLES.

De sorte qu'à ma place vous ne croiriez pas votre honneur engagé à demander une réparation.

LA VICOMTESSE.

Non, non, je vous jure.

CANOLLES.

Vous êtes plein de sens, parole d'honneur! Ah! vous n'êtes pas un jeune homme, vous!

LA VICOMTESSE.

Moi, je ne suis pas un jeune homme?

CANOLLES.

Pour la raison, vous êtes un Nestor... Eh bien, je rengaîne.

LA VICOMTESSE, respirant et s'asseyant.

Ah!

CANOLLES.

Comment deux gentilshommes français se seront laissé désarçonner par deux faquins? Non, non, tenez, mordieu! il faut que je chasse ces drôles de leur chambre, il le faut.

LA VICOMTESSE, se levant.

Allons, voilà que ça vous reprend?

CANOLLES.

Sans doute; si je ne les chasse pas, où voulez-vous que je couche? Si vous ne venez pas, j'irai seul, j'en tuerai toujours bien un... J'aurai son lit.

LA VICOMTESSE.

Mais, si l'on vous tue, vous?

CANOLLES.

Eh bien, alors, mon lit est tout trouvé.

LA VICOMTESSE.

Oh! non, non, je ne veux pas... Je vous en prie, baron, cause de moi; je ne m'en consolerais pas.

CANOLLES.

Dame, que voulez-vous que je fasse?

LA VICOMTESSE, montrant la chambre à côté.

Il y a bien cette chambre.

CANOLLES.

La chambre de Pompée?

LA VICOMTESSE.

Oui.

CANOLLES.

De Pompée qui dort?... Moi, déranger Pompée?... un vieux brave, votre ami? Non, j'aime mieux déranger mes Suisses!

LA VICOMTESSE.

Pompée n'est plus là.

CANOLLES.

Il n'est plus là?... Et où est-il donc?

LA VICOMTESSE.

Tout à l'heure, je l'ai envoyé coucher au fond du corridor.

CANOLLES.

Pauvre Pompée! et pourquoi donc?

LA VICOMTESSE.

Eh bien, il ronflait trop haut.

CANOLLES.

Oh! moi, j'ai un sommeil d'oiseau.

LA VICOMTESSE.

Eh bien, prenez cette chambre... Prenez!

CANOLLES.

Oh! merci, vicomte!

LA VICOMTESSE.

Oui, oui!

CANOLLES.

Voilà un trait que je n'oublierai pas.

LA VICOMTESSE.

Prenez et dormons vite !

CANOLLES.

Oh! je ne demande pas mieux, je tombe de sommeil.

LA VICOMTESSE.

Alors, bonsoir !

CANOLLES.

Bonsoir, cher ami... (Revenant.) Je ne sais pas pourquoi, j'ai idée que vous venez de me donner un conseil qui m'a sauvé la vie.

LA VICOMTESSE.

Oh!

CANOLLES.

Ces Suisses m'eussent tué, peut-être !

LA VICOMTESSE.

Dame, c'est très-possible !

CANOLLES.

Par ma foi ! cela vaut que je vous embrasse.

LA VICOMTESSE.

Oh! le beau service ! (Elle le repousse dans la chambre.) Allez ! allez !

CANOLLES.

Voulez-vous que je vous prête Castorin, pour délacer vos aiguillettes ?

LA VICOMTESSE.

Non, non, merci !

(Elle referme la porte derrière lui.)

CANOLLES, dans la chambre.

Ah çà! mais c'est un four que votre chambre; donnez-moi de la lumière, au moins.

LA VICOMTESSE, éteignant la lumière.

Oh! tant pis! j'ai éteint et je n'en ai plus pour moi-même. (Elle monte sur une chaise, et étend son manteau sur le vitrage.) Oh ! je donnerais les vingt mille livres que je porte à madame de Condé, pour être à demain... au jour... (Bruit chez Canolles.) Ah! mon Dieu, il va se briser les jambes contre les meubles !... Bon! on n'entend plus rien ; il aura trouvé son lit... Oh ! comme, demain, je partirai sans bruit ! comme, au lieu de suivre la route, je me jetterai dans la traverse... ah ! oui, par exemple !... Malheureuse perruque ! elle me serre la tête comme un étau... Ah ! je respire... (Elle secoue la tête, ses cheveux tombent. Bruit épouvantable.) Qu'est-il arrivé, mon Dieu ?

CANOLLES.

Oh ! vicomte ! oh ! vicomte !

LA VICOMTESSE.

Quoi ?

CANOLLES.

En voilà bien d'une autre !

LA VICOMTESSE.

Qu'y a-t-il ?

CANOLLES.

Ouvrez-moi donc, que je vous conte cela.

LA VICOMTESSE.

Lui ouvrir ?... Oui !... (Une vitre se casse.) Ah ! mon Dieu !

CANOLLES.

Bon ! voilà qu'en cherchant la serrure, j'ai cassé une vitre.

(Il passe sa main par le carreau cassé et ouvre la porte.)

LA VICOMTESSE, se cachant.

Monsieur ! monsieur !

CANOLLES.

Imaginez-vous, vicomte, qu'en tirant les rideaux... (Il va près du lit, la Vicomtesse est près de la fenêtre.) Patatras ! voilà le ciel du lit qui s'est abîmé... Hein ! comme c'est heureux que je n'aie pas été dedans. N'est-ce pas ? n'est-ce pas ?

LA VICOMTESSE.

Oui, oui, c'est bien heureux !

(Elle se sauve et se met derrière les rideaux de la fenêtre.)

CANOLLES.

Est-ce que nous jouons à colin-maillard ? (Il heurte une chaise.) Criez-moi casse-cou, alors... J'étais englouti dans la poussière, j'y nageais... Pourquoi diable aussi éteignez-vous votre lumière ?... Où êtes-vous ? Voyons ! Pareil à l'Orphée de Virgile, je n'embrasse que l'air.

LA VICOMTESSE.

Mon habit, grand Dieu ! mon habit !... Eh bien, que faites-vous donc par là ?

CANOLLES.

Mais je cherche un lit.

(Il s'assied.)

LA VICOMTESSE.

Quel lit?

CANOLLES.

Un des vôtres; vous n'allez pas coucher dans deux lits, j'espère?... N'y a-t-il donc pas moyen d'avoir de la lumière?

LA VICOMTESSE.

Oui, je cherche, je cherche.

CANOLLES.

Que cherchez-vous donc?

LA VICOMTESSE.

La clochette pour appeler Pompée.

CANOLLES, s'emparant de la clochette, qu'il a trouvée, en tâtonnant, sur la table.

La clochette, c'est cela... Pour quoi faire, Pompée? que lui voulez-vous, à Pompée?

LA VICOMTESSE.

Je veux, je veux qu'il fasse un lit dans notre chambre.

CANOLLES.

Pour qui?

LA VICOMTESSE.

Pour lui.

(Elle monte à l'alcôve.)

CANOLLES.

Pour lui?... Que dites-vous là, vicomte? des laquais dans notre chambre?... Allons donc! vous avez des habitudes de petite fille peureuse... Fi!... nous sommes assez grands garçons pour nous garder nous-mêmes; non, donnez-moi seulement la main, et guidez-moi vers mon lit, que je ne puis trouver... ou bien, rallumons la bougie.

LA VICOMTESSE.

Non! non! non!

CANOLLES.

Ah! je crois que j'y suis.

LA VICOMTESSE.

Oui, oui, vous y êtes.

CANOLLES.

Lequel des deux est le mien?

LA VICOMTESSE

Celui que vous voudrez.

(Elle court dans l'alcôve pour prendre sa veste.)

CANOLLES.

Comment cela ?

LA VICOMTESSE.

Non, je ne me coucherai pas, moi ; je passerai la nuit sur une chaise.

CANOLLES, se retournant.

Ah ! par exemple, voilà ce que je ne souffrirai jamais ; mais c'est de l'enfantillage... Venez, vicomte, venez.

(Il ouvre le volet. La clarté du réverbère de la cour inonde la chambre. Canolles s'avance les bras étendus vers la Vicomtesse.)

LA VICOMTESSE.

Baron, n'avancez pas, je vous en supplie !... pas un pas de plus si vous êtes gentilhomme... (A genoux.) Grâce ! grâce !

CANOLLES.

A mes pieds, vous ?... Oh !

(Il étend les bras.)

LA VICOMTESSE.

Par l'honneur de votre mère !

CAUVIGNAC, dans la rue.

Monsieur de Canolles ! monsieur de Canolles !

LA VICOMTESSE.

Je suis sauvée !

CANOLLES.

Mon nom ?

LA VICOMTESSE.

On vous appelle, monsieur !

CANOLLES.

Pardieu ! j'entends bien !

CAUVIGNAC.

Monsieur de Canolles ! monsieur de Canolles !

CASTORIN, derrière la porte.

Monsieur de Canolles ! monsieur de Canolles !

CANOLLES, ouvrant la fenêtre.

Monsieur le braillard ?

CAUVIGNAC.

Courrier d'État !

CANOLLES.

De la part de qui ?

CAUVIGNAC.

De monseigneur le duc d'Épernon... Ouvrez !

CASTORIN.

De monseigneur le duc d'Épernon... Ouvrez !

LA VICOMTESSE.

De monseigneur le duc d'Épernon... Ouvrez ! ouvrez !

(Canolles ouvre ; on apporte des lumières.)

SCÈNE X

Les Mêmes, CASTORIN, CAUVIGNAC.

CANOLLES, à Castorin.

De la part de monseigneur le duc d'Épernon ?... Et que me veut-il, double brute ?

(Il le prend par l'oreille et le jette de l'autre côté.)

CAUVIGNAC, entrant.

Service du roi !

CANOLLES.

Oh ! morbleu ! c'est dommage !

CAUVIGNAC.

Peste ! de quel train vous marchez, baron ! j'ai cru que je ne vous rejoindrais jamais, et cependant j'ai crevé deux chevaux.

CANOLLES.

Votre nom, monsieur ?

CAUVIGNAC.

Oh ! quand je vous dirais mon nom, il ne vous apprendrait pas grand'chose ; ce qui vous importe, c'est de savoir d'où je viens, et cette lettre vous le dira.

CANOLLES, lisant.

« Mon cher baron, comme vous le voyez, la dépêche ci-jointe est pour Sa Majesté la reine ; sur votre vie, portez-la à l'instant même, il y va du salut du royaume. — Votre bonne sœur, NANON. » Ah ! il paraît qu'elle s'est tirée d'embarras en me faisant passer pour son frère... La lettre pour Sa Majesté, monsieur ?

CAUVIGNAC.

La voici. Monseigneur le duc d'Épernon m'a chargé de vous dire que Sa Majesté était à Mantes.

CANOLLES.

C'est bien.

CAUVIGNAC.
Vous avez vu que la dépêche est pressée?
CANOLLES.
Je pars dans un instant, monsieur.
CAUVIGNAC.
Maintenant, veuillez me signer ce reçu, la lettre étant d'importance.
CANOLLES, signant.
Voici!
CAUVIGNAC.
Monsieur le baron, cette signature-là va me rapporter deux cents pistoles; je souhaite que chacune de celles que vous donnerez vous en rapporte autant. Vous n'avez rien de particulier à faire dire à mademoiselle de Lartigues?
CANOLLES.
Vous lui direz que son frère apprécie le sentiment qui la fait agir, et lui est fort obligé.
CAUVIGNAC, saluant Canolles et ensuite la Vicomtesse.
Il paraît qu'il était temps que j'arrivasse?

(Il sort.)

CANOLLES.
Castorin, selle les chevaux.
CASTORIN, sortant.
Ah! si j'avais su, comme je serais resté au n° 7!

SCÈNE XI

CANOLLES, LA VICOMTESSE, qui a remis son pourpoint et sa perruque.

CANOLLES.
Soyez contente, madame, vous allez être débarrassée de moi, je pars!
LA VICOMTESSE.
Et quand cela?
CANOLLES.
A l'instant même.
LA VICOMTESSE.
Adieu, monsieur!
CANOLLES.
Ainsi, nous voilà séparés, peut-être pour jamais!

LA VICOMTESSE.

Qui sait?

CANOLLES.

Promettez une chose à un homme qui gardera éternellement votre souvenir.

LA VICOMTESSE.

Laquelle?

CANOLLES.

C'est que vous penserez à lui quelquefois.

LA VICOMTESSE.

Je vous le promets!

CANOLLES.

Sans colère?

LA VICOMTESSE.

Oui!

CANOLLES.

Une preuve... votre main. (La Vicomtesse lui donne sa main; la portant à ses lèvres.) Adieu, madame, adieu!... Oh! souvenez-vous que vous avez promis de ne pas m'oublier!...

LA VICOMTESSE.

Hélas!

ACTE TROISIÈME

CINQUIÈME TABLEAU

Au château de Chantilly. — La chambre à coucher de madame de Condé.

SCÈNE PREMIÈRE

LA DOUAIRIÈRE, MADAME LA PRINCESSE, MADAME DE TOURVILLE.

LA DOUAIRIÈRE.

Nous échouerons, ma fille, nous échouerons, et nous serons humiliées.

MADAME DE TOURVILLE.

Il faut un peu payer beaucoup de gloire, et il n'y a pas de victoire sans combat.

LA PRINCESSE.

Et si nous échouons, et si nous sommes vaincues, nous nous vengerons.

LA DOUAIRIÈRE.

Et de qui?... De Dieu, car Dieu seul aura vaincu M. le prince... Ce n'est pas une chose facile, croyez-moi, que d'ouvrir, surtout de force, les portes des prisons de Vincennes.

MADAME DE TOURVILLE.

M. de Tourville, mon mari, en sa qualité de mestre de camp des armées du roi, avait fait de son vivant, et du temps que M. le grand prieur y était enfermé, un plan pour prendre Vincennes; ce plan, il m'en parla souvent, je me le rappelle, et je puis vous le communiquer.

LA DOUAIRIÈRE.

Merci, ma bonne madame de Tourville; mais, ayant pour nous M. de Turenne, M. de Bouillon et M. de la Rochefoucauld, j'espère qu'à eux trois ils trouveront quelque moyen de tirer mon pauvre fils de captivité.

LA PRINCESSE.

Ah! M. de la Rochefoucauld, M. de Bouillon et M. de Turenne nous oublient... Claire elle-même n'arrive pas.

LA DOUAIRIÈRE.

Ma fille, il faut que quelque obstacle arrête madame de Cambes; car, vous le savez, son dévouement à notre maison est inaltérable.

LA PRINCESSE.

En attendant, elle n'arrive pas.

LA DOUAIRIÈRE.

Madame de Cambes aura été obligée de faire des détours; les chemins de Bordeaux, où l'on se doute que nous voulons nous retirer, sont gardés par l'armée de M. de Saint-Aignan, et, comme madame de Cambes vient de Bordeaux...

MADAME DE TOURVILLE.

Elle pouvait écrire, au moins.

LA DOUAIRIÈRE.

Ah! chère Tourville, pour un stratégiste de votre force! écrire, confier au papier l'adhésion d'une ville comme Bordeaux au parti de MM. les princes, ce serait fort imprudent, vous en conviendrez.

MADAME DE TOURVILLE.

Un des trois plans que j'ai eu l'honneur de remettre à Votre Altesse avait pour but immanquable de soulever la Guienne, et, si on l'eût adopté...

LA PRINCESSE.

Bon! bon! chère Tourville, nous y reviendrons s'il est besoin... Mais, en attendant, je me range à l'avis de madame ma mère, et je commence à croire que Claire aura essuyé quelque disgrâce; autrement, elle serait déjà ici... Peut-être ses fermiers lui ont-ils manqué de parole...

MADAME DE TOURVILLE.

Et tout cela, quand on pense que, si M. Lenet, M. Pierre Lenet, cet opiniâtre conseiller que vous vous obstinez à garder, et qui n'est bon qu'à contrarier tous nos projets; quand on pense, dis-je, que, si M. Lenet n'eût pas repoussé mon second plan, nous tiendrions maintenant Bordeaux assiégé, et il faudrait bien que Bordeaux capitulât!

SCÈNE II

Les Mêmes, LENET.

LENET, entrant du fond.

J'aime mieux, sauf l'avis de Leurs Altesses, que Bordeaux s'offre de plein gré. Ville qui capitule cède à la force et ne s'engage à rien... Ville qui s'offre se compromet et est obligée de suivre jusqu'au bout la fortune de ceux à qui elle s'est offerte.

LA PRINCESSE.

Oh! vous avez beau dire, mon cher Lenet, tout va de mal en pis, et j'aimerais mieux un bon courrier que toutes ces maximes.

LENET.

Votre Altesse sera donc satisfaite, car elle en recevra trois aujourd'hui.

LES TROIS FEMMES.

Comment, trois?

LENET.

Oui, madame; le premier a été vu sur la route de Bordeaux,

le second vient de Stenay, et le troisième arrive de la Rochefoucauld.

LA DOUAIRIÈRE et LA PRINCESSE.

Oh!

MADAME DE TOURVILLE.

Il me semble, mon cher monsieur Lenet, qu'un habile nécromancien comme vous ne devrait pas rester en si beau chemin, et qu'après nous avoir annoncé les courriers, il devrait vous dire le contenu des dépêches.

LENET.

Ma science ne va pas si loin que vous croyez, madame; je me borne à être un serviteur fidèle, j'annonce et je ne devine pas.

UN HUISSIER.

Un cavalier arrivant en toute hâte de Bordeaux, réclame l'honneur d'être introduit près de Son Altesse.

LENET.

Premier courrier, madame.

LA PRINCESSE.

Vous êtes sorcier, mon cher Lenet... Faites entrer.

SCÈNE III

LES MÊMES, LA VICOMTESSE.

LA VICOMTESSE.

Madame!...

LA PRINCESSE.

Claire! ma chère Claire... sous ce déguisement?

LA VICOMTESSE.

Oui, madame, et qui vous supplie d'agréer ses respectueux hommages... Mais que me dit-on, mon Dieu! qu'en tombant de cheval, Votre Altesse s'est cassé la jambe?

LA PRINCESSE.

Chut! on dit cela; mais rassure-toi, chère vicomtesse, il n'en est rien... C'est pour nos ennemis seulement que je me suis cassé la jambe... Il faut que le Mazarin me croie hors d'état de remuer pour qu'il ne se doute pas que je veux fuir.

LA VICOMTESSE.

Ah! Votre Altesse me rassure! (Elle veut s'agenouiller.) Que Votre Altesse permette donc...

LA PRINCESSE.

Dans mes bras, chère vicomtesse, dans mes bras... (Elle l'embrasse.) Et maintenant, parle, parle vite!

LA DOUAIRIÈRE.

Oh! oui, parlez vite, chère vicomtesse! Avez-vous vu Richon?

LA VICOMTESSE.

Oui; il m'a chargé d'une mission pour Son Altesse.

LA PRINCESSE.

Bonne ou mauvaise?

LA VICOMTESSE.

Je l'ignore... Elle se compose de deux mots.

LA PRINCESSE.

Lesquels? Je meurs d'impatience.

LA VICOMTESSE.

Bordeaux!... Oui!

LA PRINCESSE.

Oh! bravo! chère Claire, quel bonheur, quel triomphe! Venez, Lenet! Savez-vous quelle bonne nouvelle nous apporte cette chère vicomtesse!

LENET.

Bordeaux! Oui! n'est-ce pas?

LA DOUAIRIÈRE.

Oui; décidément, Lenet, vous êtes sorcier.

MADAME DE TOURVILLE.

Mais, si vous le saviez, pourquoi ne le disiez-vous pas?

LENET.

Parce que je voulais laisser à madame la vicomtesse de Cambes la récompense de ses fatigues.

LA PRINCESSE.

Et vous avez raison, Pierre, mon bon Pierre, toujours raison. C'est pourtant à ce brave Richon que nous devons cela... Que ferons-nous pour lui?

LA DOUAIRIÈRE.

Il faudra lui donner quelque poste important; vous a-t-il dit ce qu'il désirait?

LA VICOMTESSE.

Oui; il désirerait qu'on obtînt pour lui le commandement d'une place forte comme Vayres ou le fort Saint-Georges.

LA PRINCESSE.

Hélas! nous sommes trop mal en cour maintenant, pour recommander quelqu'un...

LA VICOMTESSE.

Il nous faudrait un blanc-seing dont nous ferions un brevet pour Richon.

LENET.

C'est fait, madame.

LES PRINCESSES.

Comment, c'est fait?

LENET.

Une lettre a été adressée par moi à mademoiselle Nanon de Lartigues; on dit que cette femme vend tout ce qu'on lui achète, et, comme elle dispose de la signature de M. d'Épernon...

LA DOUAIRIÈRE.

En vérité, mon cher Lenet, vous êtes un homme miraculeux! seulement, supposez que mademoiselle de Lartigues mette un prix un peu élevé au blanc-seing du duc, je ne vois pas trop comment, avec l'état de notre caisse...

LENET, à la Vicomtesse.

Voici le moment, madame, de prouver à Leurs Altesses que vous avez pensé à tout.

LA PRINCESSE.

Que voulez-vous dire, Lenet?

LA VICOMTESSE.

Que je suis assez heureuse pour vous offrir une pauvre somme de vingt mille livres, que, toute misérable qu'elle est, j'ai eu grand'peine à obtenir de mes fermiers.

LA PRINCESSE.

Vingt mille livres?

LA DOUAIRIÈRE.

Mais c'est une fortune dans des temps comme les nôtres!... Et cette somme, chère vicomtesse...?

LA VICOMTESSE.

Est dans votre chambre, madame, si toutefois Pompée a exécuté l'ordre que je lui ai donné.

LA PRINCESSE.

Quel est ce bruit?

LENET.

Probablement notre second courrier.

LA PRINCESSE.

Et de quelle part vient celui-ci?

LENET.

Probablement de la part de M. de la Rochefoucauld, dont le père vient de mourir à Verteuil.

SCÈNE IV

Les Mêmes, un Huissier.

L'HUISSIER.

Un envoyé de M. de la Rochefoucauld sollicite l'honneur de présenter ses hommages à Leurs Altesses.

LA PRINCESSE.

Faites entrer.

LA VICOMTESSE.

Vous permettez que je quitte ce costume?

LA PRINCESSE.

Allez! et revenez-nous bien vite!

(La Vicomtesse sort.)

L'HUISSIER, annonçant.

M. de Gourville!

SCÈNE V

LA DOUAIRIÈRE, MADAME LA PRINCESSE, MADAME DE TOURVILLE, LA ROCHEFOUCAULD, puis CAUVIGNAC.

LA PRINCESSE.

Vous venez de la part de M. de la Rochefoucauld, monsieur? Quelle nouvelle apportez-vous?... Mais c'est M. de la Rochefoucauld lui-même!

LA ROCHEFOUCAULD.

Oui, madame; j'ai pris le prétexte des funérailles de mon père pour occuper la route d'Orléans, avec trois cents gentilhommes, et me mettre ainsi aux ordres de Vos Altesses.

LA DOUAIRIÈRE.

Mais ne craignez-vous pas qu'une si forte troupe n'éveille les soupçons?

LA ROCHEFOUCAULD.

Ces gentilshommes, Votre Altesse, sont censés aller à l'enterrement du feu duc de la Rochefoucauld.

LA PRINCESSE.

Mais nous, monsieur le duc, n'aurons-nous pas une escorte pour vous rejoindre?

LA ROCHEFOUCAULD.

Je laisserai à la disposition de Son Altesse tout le monde dont elle pourra avoir besoin.

LA PRINCESSE.

Merci, monsieur le duc.

L'HUISSIER.

Un gentilhomme arrivant de Guyenne demande instamment à parler à M. Lenet; c'est pour affaire de la plus haute importance.

LENET.

J'y vais.

LA PRINCESSE.

Non pas, recevez ici. Un gentilhomme arrivant de Guyenne pour affaire de la plus haute importance, il est peut-être essentiel que M. le duc sache ce qu'il va vous dire. Venez, monsieur le duc; et vous, Lenet...

LENET.

Soyez tranquille, madame, j'ai compris.

(La Rochefoucauld s'éloigne avec les dames. La Princesse rentre bientôt, écoutant la scène entre Lenet et Cauvignac.)

CAUVIGNAC, entrant.

Ah! monsieur Lenet!... Votre très-humble serviteur, monsieur Lenet.

LENET.

Vous avez demandé à me parler, monsieur?

CAUVIGNAC.

Oui, monsieur.

LENET.

J'attends, monsieur que vous ayez la bonté de me dire de quelle part vous venez.

CAUVIGNAC.

Je viens de votre part, monsieur.

(Il lui remet une lettre.)

LENET.

Ma lettre à mademoiselle Nanon de Lartigues.

CAUVIGNAC.

Cette lettre, elle est bien de vous, monsieur?

LENET.

Parfaitement! mais cette lettre avait un but.

CAUVIGNAC.

Oui, de vous procurer un blanc-seing de M. le duc d'Épernon; voici ce blanc-seing.

LA PRINCESSE.

Oh! merci, trois fois, monsieur! merci pour mon époux, merci pour mon fils, merci pour moi!

CAUVIGNAC.

Cette dame est...?

LENET.

Madame la princesse, monsieur.

CAUVIGNAC.

Votre Altesse...

LENET.

Monsieur, une pareille pièce est trop précieuse pour que vous consentiez à nous l'abandonner sans conditions; d'ailleurs, ce n'est pas sans conditions qu'elle a été demandée. Seulement, ce blanc-seing est bien à vous, n'est-ce pas?

CAUVIGNAC.

Il est à celui qui le possède, puisque, comme vous pouvez le voir, il n'y a d'autre nom dessus que celui de M. d'Épernon.

LENET.

A-t-on pris avec M. d'Épernon l'obligation de faire une chose plutôt qu'une autre?

CAUVIGNAC.

On n'a pris avec M. le duc aucun engagement.

LENET.

Maintenant, monsieur, ma lettre à mademoiselle de Lartigues disait qu'on traiterait des conditions avec le porteur de ce blanc-seing.

CAUVIGNAC.

Eh bien, me voilà, monsieur : traitons!

LENET.

Que désirez-vous?

CAUVIGNAC.

Deux choses.

LENET.

Lesquelles?

CAUVIGNAC.

De l'argent d'abord.

LENET.

Nous n'en avons guère.

CAUVIGNAC.

Je serai raisonnable.

LENET.

Et la seconde?

CAUVIGNAC.

Un grade dans l'armée de MM. les princes.

LENET.

MM. les princes n'ont pas d'armée.

CAUVIGNAC.

Ils vont en avoir une.

LENET.

Un grade dans l'armée vous met en contact avec des inférieurs et des supérieurs; vous ne pourriez pas vous entendre. Que diriez-vous de quelques mille livres ajoutées à la somme que nous vous devons et d'un brevet pour lever une compagnie?

CAUVIGNAC.

J'allais vous proposer cet arrangement

LENET.

Reste donc l'argent.

CAUVIGNAC.

Oui, reste l'argent.

LENET.

Quelle somme désirez-vous?

CAUVIGNAC.

Quinze mille livres... Je vous ai dit que je serais raisonnable!

LENET.

Quinze mille livres?

CAUVIGNAC.

Ou dix mille livres et un grade, les cinq mille livres étant destinées à armer et équiper ma compagnie.

LENET.

Nous préférons quinze mille livres et un brevet.

CAUVIGNAC.

Ainsi, vous consentez?

LENET.

C'est marché fait... Venez, monsieur, je vais sceller votre brevet et vous compter votre argent.

LA PRINCESSE.

Lenet...

CAUVIGNAC, saluant.

Madame la princesse...

LENET.

Vous m'excusez ?

CAUVIGNAC.

Comment donc, monsieur Lenet !... faites !

LENET.

Attendez-moi dans cette salle, je vous y rejoins !

(Cauvignac sort par le fond.)

LA PRINCESSE.

Lenet, qu'allez-vous faire de ce blanc-seing ?

LENET.

Vous ne comprenez pas, madame? J'en fais une commission de gouverneur du fort de Vayres, je l'envoie à Richon, il est introduit avec les trois cents hommes qu'il a levés, et, une fois entré dans la place, eh bien, il en referme les portes; pour le reste, rapportez-vous-en à lui.

LA PRINCESSE.

Bien ! Et nous ?...(A la Douairière, qui rentre avec madame de Tourville.) Venez, madame, venez ! il s'agit de notre départ qui approche.

LENET.

Nous, à dix heures précises, nous quittons le château par la petite porte du parc; une heure après notre départ, nous quittons l'escorte, qui nous rejoint sur la route; demain, nous nous joignons aux trois cents gentilshommes de M. de la Rochefoucauld, notre marche se grossit de tous les mécontents, et nous arrivons à Bordeaux avec une armée.

LA DOUAIRIÈRE.

Mais, si l'on nous inquiète en chemin, Lenet, que ferons-nous ?... Les hommes de M. de Saint-Aignan sont sur la route, et il est impossible que nous n'en rencontrions pas quelques-uns.

MADAME DE TOURVILLE.

C'est une affaire de stratégie, et je me charge de diriger notre marche de telle façon...

LA PRINCESSE.

Et puis, d'ailleurs, s'il nous faut combattre, nous combattrons... L'esprit de M. de Condé marchera avec nous, et nous serons vainqueurs.

LENET.

Au nom du ciel, mesdames, écoutez votre vieux serviteur ; sortez de Chantilly comme des femmes que l'on persécute, et non comme des hommes qui se révoltent !... Notre plan est concerté, ne le faites pas faillir... Nous sommes sûrs d'une bonne escorte, avec laquelle nous éviterons les insultes du chemin ; car, aujourd'hui, vingt partis différents tiennent la campagne, et vivent indistinctement sur l'ami et sur l'ennemi... Voilà dix heures qui sonnent... Consentez, tout est prêt.

SCÈNE VI

Les Mêmes, LA VICOMTESSE.

LA VICOMTESSE, entrant vivement.

Madame la princesse ! madame la princesse !

LA PRINCESSE.

Qu'y a-t-il, mon Dieu ? et comme tu es pâle !

LA VICOMTESSE.

Il y a, madame, qu'un gentilhomme vient d'arriver à Chantilly, et demande à vous parler de la part de la reine.

LA PRINCESSE.

Grand Dieu ! nous sommes perdues !

LENET.

Non pas, vous êtes sauvées, au contraire.

LA PRINCESSE.

Mais ce messager de la reine, ce n'est qu'un surveillant, un espion peut-être !

LENET.

Votre Altesse l'a dit.

LA PRINCESSE.

Alors, sa consigne est de nous garder à vue ?

LENET.

Qu'importe, si ce n'est pas vous qu'il garde !

LA PRINCESSE.

Je ne comprends pas.

LENET, à la Vicomtesse, lui montrant le lit.

Comprenez-vous, vous, madame?

LA VICOMTESSE.

Oh! oui!... Oh! madame, je vais donc pouvoir vous rendre un véritable service!

LA PRINCESSE.

Comment! chère vicomtesse, tu consens?...

LA VICOMTESSE.

Partez, madame!... partez sans retard, partez sans bruit; l'accident à la réalité duquel chacun croit, me sera un prétexte pour recevoir le gentilhomme couchée; on laissera brûler une seule lumière, et, à moins qu'il n'ait l'honneur de connaître particulièrement Votre Altesse, on gagnera le temps nécessaire à votre fuite.

LA PRINCESSE.

Et tu nous rejoins?

LA VICOMTESSE.

Aussitôt que je suis libre.

LENET, à l'Huissier.

Madame la princesse recevra ce gentilhomme dès qu'il se présentera.

L'HUISSIER.

Il est en bas, à la porte de la galerie.

LENET.

Allez le querir.

LA PRINCESSE.

Mais le blanc-seing de M. d'Épernon, c'est chose précieuse, ne l'oublions pas.

LENET.

Cela me regarde... Que madame la vicomtesse nous gagne une demi-heure, et c'est tout ce qu'il nous faut.

LA VICOMTESSE.

Soyez tranquille... Allez! allez!

(Tandis que les Princesses se sauvent, madame de Cambes se couche sur le lit; Lenet souffle les bougies, à l'exception d'une seule.)

SCÈNE VII

LA VICOMTESSE, L'HUISSIER, CANOLLES.

L'HUISSIER.

Qui annoncerai-je à Son Altesse, monsieur?

CANOLLES.

Annoncez M. le baron de Canolles, de la part de Sa Majesté la reine régente.

L'HUISSIER.

M. le baron de Canolles.

LA VICOMTESSE.

M. de Canolles?... Oh! mon Dieu!

(Elle tire le rideau.)

SCÈNE VIII

LA VICOMTESSE, CANOLLES.

CANOLLES, s'approchant.

Madame, j'ai eu l'honneur de demander, de la part de Sa Majesté la reine régente, une audience à Votre Altesse; Votre Altesse daigne me l'accorder. Veut-elle, maintenant, mettre le comble à ses bontés en me faisant connaître, par un mot, par un signe, qu'elle a bien voulu s'apercevoir de ma présence, et qu'elle est prête à m'entendre?

LA VICOMTESSE.

Parlez, monsieur, je vous écoute.

CANOLLES.

Sa Majesté la reine m'envoie vers vous, madame, pour assurer Votre Altesse du désir qu'elle a de continuer avec elle ses bonnes relations d'amitié.

LA VICOMTESSE.

Monsieur, ne parlez plus de la bonne amitié qui règne entre Sa Majesté la reine et la maison de Condé. Il y a des preuves du contraire dans les cachots du donjon de Vincennes... Mais, au fait, monsieur, que voulez-vous?

CANOLLES.

Moi, madame, je ne veux rien; c'est la reine qui veut, et non pas moi... Je serais même au désespoir que Votre Altesse me jugeât par la mission que je remplis. Avant-hier, j'arrivai à Mantes, porteur d'un message pour la reine; le post-scriptum du message recommandait le messager à Sa Majesté. La reine m'ordonna de rester près d'elle, et, hier, elle m'appela pour m'envoyer ici. Force a été pour moi d'obéir, madame; mais, tout en acceptant, comme c'était mon devoir, la mission dont Sa Majesté daignait me charger, j'oserai dire que je ne l'avais pas sollicitée, et que je l'eusse réfusée même si les rois étaient personnes qui pussent essuyer un refus.

LA VICOMTESSE.

Mais, enfin, que veut la reine?

CANOLLES.

Elle veut que je demeure dans ce château, et que j'y tienne, si indigne que je sois de cet honneur, compagnie à Votre Altesse.

LA VICOMTESSE.

C'est-à-dire, soyez franc, monsieur, c'est-à-dire que la reine nous fait espionner, n'est-ce pas?

CANOLLES.

Si la reine fait espionner Votre Altesse, alors, moi, je suis un espion?... Je remercie Votre Altesse de sa franchise.

LA VICOMTESSE.

Monsieur!

CANOLLES.

Non pas, j'accepte le mot... Faites-moi traiter comme on traite de pareils misérables, madame; oubliez que je ne suis qu'un atome obéissant au souffle d'une reine, faites-moi chasser par vos laquais, faites-moi tuer par vos gentilshommes, mettez-moi en face de gens auxquels je puisse répondre avec le bâton ou avec l'épée; mais veuillez ne pas insulter aussi cruellement un gentilhomme qui remplit son devoir de soldat et de sujet, vous, madame, qui êtes si haut placée par la naissance, le mérite et le malheur!

LA VICOMTESSE.

Oh! excusez-moi, monsieur, pardonnez-moi; à Dieu ne plaise que mon intention soit d'insulter un aussi brave officier que vous! Non, monsieur de Canolles, je ne suspecte pas votre loyauté; je retire mes paroles, elles sont blessantes, j'en conviens. Non, non, vous êtes un noble cœur, monsieur le baron, et je vous rends justice pleine et entière.

CANOLLES, à part.

Oh! mais je ne me trompe pas! cette voix, je l'ai déjà entendue... Cette voix, ce n'est pas celle de madame de Condé! cette voix...

(Il va à la bougie.)

LA VICOMTESSE.

Que faites-vous?

CANOLLES.

Pardon, madame, je supplie Votre Altesse de ne pas oublier, dans cette circonstance surtout, que je ne suis que l'instrument passif d'une auguste volonté... Madame, je suis chargé par le roi de garder Votre Altesse ; je dois, par conséquent, pour être sûr que c'est bien madame de Condé que je garde, je dois constater votre identité, et, pour constater votre identité, je réclame l'honneur de voir votre visage.

LA VICOMTESSE.

Oh ! mais c'est une insupportable inquisition, monsieur ! Si le roi vous a donné de pareils ordres, c'est que le roi n'est qu'un enfant, et ne connaît pas encore les devoirs d'un gentilhomme... Forcer une femme à montrer son visage, monsieur, c'est la même insulte que si on lui arrachait son masque.

CANOLLES.

Madame, j'ignore encore, heureusement, comment on persécute une femme, et, à plus forte raison, comment on offense une princesse. Il y a un mot devant lequel se courbent les hommes quand ce mot vient des rois, et les rois quand ce mot vient du destin, madame : il le faut !

LA VICOMTESSE.

Monsieur, vous oubliez que j'ai là vingt-cinq gentilshommes et un domestique nombreux et armé... et que, si vous me poussez aux dernières extrémités...

CANOLLES, allant à la fenêtre et l'ouvrant.

Madame, vous ne savez pas que j'ai là, à cinq cents pas, cachés dans les bois qui environnent Chantilly, deux cents cavaliers que je puis réunir en cinq secondes, et qu'il me suffira d'un signal...

LA VICOMTESSE.

Oh! alors, monsieur, ce n'est plus une inquisition, c'est une violence, et cette poursuite obstinée...

CANOLLES.

Madame, c'est Son Altesse madame de Condé que je poursuis, et non pas vous, qui n'êtes pas madame de Condé.

LA VICOMTESSE.

Que voulez-vous dire ?

CANOLLES.

Je veux dire qu'il ne me reste plus qu'à retourner à Paris, avouer à la reine que, pour ne pas déplaire à une femme que j'aimais, — je ne nomme personne, madame, ainsi n'armez pas vos yeux de colère, — j'ai violé ses ordres, j'ai permis la fuite à son ennemie ; car madame de Condé a profité, pour fuir, du temps que je viens de vous consacrer ; elle court à cette heure sur un bon cheval, entre M. de la Rochefoucauld, son champion, et M. Lenet, son conseiller, avec ses gentilshommes et ses capitaines, avec toute sa maison, enfin, sur la route de Bordeaux, et n'a rien à faire dans ce qui se passe à cette heure entre le baron de Canolles et le vicomte ou la vicomtesse de Cambes ! Mais je puis changer cette scène de mystification en une scène de deuil, je vous l'ai dit, madame ; je n'ai qu'à ouvrir cette fenêtre, siffler trois fois avec ce sifflet d'argent, et, dans cinq minutes, deux cents cavaliers auront joint et arrêté madame la princesse, garrotté ses officiers, qui, à cette heure, fuient et me raillent, ignorant, les insensés, que je les tiens entre mes mains.

LA VICOMTESSE.

Monsieur, par toutes les choses saintes, par tous les principes sacrés, monsieur, ne faites pas cela ! ne le faites pas pour l'honneur du roi, pour l'honneur de la reine, pour votre honneur ! ne le faites point par grâce pour moi qui vous prie, pour moi qui vous supplie, pour moi qui vous honore... pour moi qui vous estime, pour moi, pour moi qui vous aime !

CANOLLES, laissant tomber le sifflet.

Oh ! je suis perdu !

LA VICOMTESSE.

Que dites-vous ?

CANOLLES.

Je dis que, du moment que je vous ai reconnue, je dis que, du moment qu'en vous reconnaissant, j'ai laissé fuir madame de Condé, je dis... je dis que je suis un traître !

LA VICOMTESSE.

Mais que faire, alors ?

CANOLLES.

Répétez-moi que vous m'aimez !... à chaque remords, redites-moi ce mot magique que vous venez de me dire, et j'oublierai tout ! tout ! tout !... oui, car vous me rendez fou de bonheur.

LA VICOMTESSE, dans les bras de Canolles.

Eh bien, oui, oui, je vous aime !

CANOLLES.

Oh! M. de Mazarin est assez riche pour perdre toutes ces princesses ; mais je ne suis pas assez riche, moi, pour perdre le seul trésor que j'aie jamais rencontré.

SCÈNE IX

Les Mêmes, CAUVIGNAC, BARRABAS.

CAUVIGNAC.

Monsieur le baron de Canolles, au nom du roi, je vous arrête !

CANOLLES.

Monsieur !

CAUVIGNAC.

Votre épée!

CANOLLES.

L'ordre ?

CAUVIGNAC.

Le voici !

CANOLLES.

Vous le voyez, madame, l'illusion n'a pas été longue!... Avec le jour, ce grand chasseur de fantômes, tous mes rêves dorés ont disparu. Voici mon épée, monsieur... Mais je vous connais, ce me semble.

CAUVIGNAC.

Parbleu ! si vous me connaissez! c'est moi qui, à Jaulnay, vous ai apporté, de la part de M. le duc d'Épernon, commission de partir pour la cour, et qui viens de recevoir celle de vous arrêter... Ah ! mon gentilhomme, votre fortune était dans cette commission, vous l'avez manquée; tant pis pour vous ! Allons, monsieur, partons !

CANOLLES.

Puis-je vous demander, monsieur, où vous avez ordre de me conduire, et vous est-il défendu de me donner cette satisfaction de savoir où je vais?

CAUVIGNAC.

Non, monsieur, je puis vous le dire. Nous vous conduisons à la forteresse de l'île Saint-Georges.

LA VICOMTESSE.

A l'île Saint-Georges ?

CANOLLES.

Adieu, madame, adieu !

LA VICOMTESSE.

Et moi, où me conduit-on ? car, si le baron est coupable, je suis bien autrement coupable, moi !

CAUVIGNAC.

Vous, madame, vous pouvez vous retirer, vous êtes libre !

LA VICOMTESSE.

Libre !... Je pourrai donc veiller sur lui !

(Elle sort d'un côté, tandis que Canolles sort de l'autre.)

CAUVIGNAC.

Lieutenant Barrabas, c'est vous qui conduirez le prisonnier au fort Saint-Georges... Vous en répondez sur votre tête !

BARRABAS.

Mais nous sommes donc pour le parti du roi ?

CAUVIGNAC.

Parbleu !

SIXIÈME TABLEAU

L'intérieur du fort Saint-Georges. — Galerie au fond. A droite, les appartements du Gouverneur.

SCÈNE PREMIÈRE

CANOLLES, BARRABAS.

BARRABAS.

Eh bien, monsieur, la route a été longue, mais nous voilà arrivés.

CANOLLES.

Il paraît que l'on me traite en homme d'importance.

BARRABAS.

Oui, ma foi, toute la garnison est sur pied.

CANOLLES.

Croyez-vous que je reste longtemps prisonnier, monsieur ?

BARRABAS.

Je l'ignore, monsieur le baron; mais, à la façon dont vous m'êtes recommandé, je pense que oui.

CANOLLES.

Pensez-vous qu'on m'interroge?

BARRABAS.

C'est assez la coutume.

CANOLLES.

Et si je ne réponds pas?

BARRABAS.

Diable! dans ce cas, vous savez...

CANOLLES.

Non, je ne sais pas.

BARRABAS.

Dame, il y a... il y a la question.

CANOLLES.

Ah! ah! ordinaire?

BARRABAS.

Ordinaire ou extraordinaire... C'est selon l'accusation. De quoi êtes-vous accusé, monsieur?

CANOLLES.

J'ai bien peur d'être accusé de crime d'État.

BARRABAS.

Dans ce cas, vous jouirez de la question extraordinaire : dix pots!

CANOLLES.

Comment, dix pots?...

BARRABAS.

Oui, vous aurez dix coquemars.

CANOLLES.

C'est donc l'eau qui est en vigueur à l'île Saint-Georges?

BARRABAS.

Vous comprenez, monsieur : sur la Garonne...

CANOLLES.

C'est juste; on a la chose sous la main. Et combien de seaux font dix coquemars?

BARRABAS.

Trois seaux, trois seaux et demi.

CANOLLES.

Oh! oh! je ne contiendrai jamais tout cela.

BARRABAS.

Mais, si vous avez le soin de vous faire bien venir du geôlier...

CANOLLES.

Du geôlier?

BARRABAS.

Oui, vous aurez bonne composition.

CANOLLES.

Et en quoi consiste, s'il vous plaît, le service que le geôlier peut me rendre?

BARRABAS.

Il peut vous faire boire de l'huile.

CANOLLES.

L'huile est donc un spécifique?

BARRABAS.

Souverain, monsieur!

CANOLLES.

Vous croyez?

BARRABAS.

J'en parle par expérience : j'ai bu...

CANOLLES.

Comment, vous avez bu?

BARRABAS.

Pardon, l'habitude de vivre avec des Gascons fait que je prononce parfois les *v* comme les *b*; je voulais dire : j'ai vu...

CANOLLES.

Bien!

BARRABAS.

Oui, monsieur, j'ai vu un homme moins grand que vous boire les dix coquemars avec une facilité extrême, grâce à l'huile qui avait préparé les voies... Il est vrai qu'il enfla, comme c'est l'habitude; mais, avec un bon feu, on le fit désenfler sans trop d'avaries; c'est l'essentiel de la seconde partie de l'opération... Retenez bien ces deux mots : chauffer sans brûler.

CANOLLES.

Je comprends... Monsieur était exécuteur des hautes œuvres, peut-être?

BARRABAS.

Non, monsieur, non, je n'ai jamais eu cet honneur.

CANOLLES.

Aide, alors?

BARRABAS.

Non, monsieur : curieux, amateur seulement.

CANOLLES.

Et monsieur s'appelle...?

BARRABAS.

Barrabas!

CANOLLES.

Beau nom, vieux nom! avantageusement connu dans les Écritures.

BARRABAS.

Dans la Passion, oui, monsieur?

CANOLLES.

C'est cela même; mais, par habitude, j'ai dit les Écritures.

BARRABAS.

Monsieur est huguenot?

CANOLLES.

Très-huguenot... On a été fort pendu et fort brûlé dans ma famille.

BARRABAS.

J'espère que pareil sort n'est pas réservé à monsieur.

CANOLLES.

Non, l'on se contentera de me submerger... Mais on tarde bien, ce me semble.

BARRABAS.

Ne vous impatientez pas, monsieur; car je vois un officier qui m'a bien l'air d'avoir affaire à vous.

CANOLLES.

Le commandant de la place, sans doute; il vient reconnaître son nouveau locataire.

BARRABAS.

En effet, il paraît que vous ne languirez pas comme certaines personnes qu'on laisse huit jours entiers dans les vestibules; vous serez écroué tout de suite.

CANOLLES.

Tant mieux!

SCÈNE II

Les Mêmes, un Officier.

L'OFFICIER.

Monsieur, c'est à M. le baron de Canolles, capitaine dans Navaille, que j'ai l'honneur de parler?

CANOLLES.

Monsieur, je suis en vérité confus de votre politesse; oui, je suis le baron de Canolles... Maintenant, traitez-moi avec la courtoisie d'un officier envers un autre officier, et logez-moi le moins mal que vous pourrez.

L'OFFICIER.

Monsieur, la demeure est toute spéciale; mais, pour prévenir vos désirs, on y a fait toutes les améliorations possibles.

CANOLLES.

Et qui dois-je remercier de ces prévenances inusitées, monsieur?

L'OFFICIER.

Le roi, monsieur, qui fait bien tout ce qu'il fait.

CANOLLES.

Sans doute, monsieur, sans doute; Dieu me garde de calomnier Sa Majesté, en cette occasion surtout! cependant je ne serais pas fâché d'obtenir certains renseignements.

L'OFFICIER.

Je suis à votre disposition, monsieur; mais je prendrai la liberté de vous faire observer que la garnison vous attend.

CANOLLES.

Pour quoi faire, monsieur?

L'OFFICIER.

Pour vous reconnaître.

CANOLLES, à part.

Peste! une garnison tout entière pour reconnaître un prisonnier; voilà bien des façons, ce me semble... (Haut.) Monsieur, je suis à vos ordres, et tout prêt à vous suivre où vous voudrez bien me conduire.

BARRABAS.

Je crois que vous en serez quitte pour la question ordinaire.

CANOLLES.

Tant mieux! j'enflerai moitié moins!

L'OFFICIER.

Mais, d'abord, permettez-moi de vous remettre les clefs de la forteresse.

CANOLLES.

Les clefs?

L'OFFICIER.

Nous accomplissons le cérémonial habituel, selon les plus rigoureuses lois de l'étiquette.

CANOLLES.

Mais pour qui me prenez-vous donc?

L'OFFICIER.

Pour ce que vous êtes, ce me semble : pour M. le baron de Canolles.

CANOLLES.

Après?

L'OFFICIER.

Gouverneur du fort et de l'île Saint-Georges.

CANOLLES.

Gouverneur du fort et de l'île Saint-Georges? (A Barrabas.) Non, n'est-ce pas?

(Barrabas fait signe que non.)

L'OFFICIER.

J'aurai l'honneur de remettre, dans un instant, à M. le gouverneur les provisions que j'ai reçues et qui m'annoncent l'arrivée de monsieur pour aujourd'hui.

CANOLLES.

Ainsi, je suis gouverneur du fort et de l'île Saint-Georges?

L'OFFICIER.

Oui, monsieur, et Sa Majesté nous a rendus heureux par un tel choix.

CANOLLES.

Vous êtes sûr qu'il n'y a pas erreur?

L'OFFICIER.

Parfaitement sûr. D'ailleurs, monsieur, le brevet et la lettre sont chez moi.

CANOLLES.

Signés?

L'OFFICIER.

Sans doute.

CANOLLES.

Et je puis avoir ce brevet, lire cette lettre?

L'OFFICIER.

A l'instant même.

CANOLLES.

Eh bien, monsieur, rendez-moi le service de les aller chercher, je vous prie.

L'OFFICIER.

Comment donc! j'y vais, monsieur.

(Il sort.)

SCÈNE III

CANOLLES, BARRABAS

BARRABAS.

Eh bien, monsieur le gouverneur?

CANOLLES.

M'expliquerez-vous ce qui vient de se passer? J'avoue que j'ai peine à ne pas prendre tout ce qui m'arrive pour un rêve.

BARRABAS.

Ma foi, monsieur, le rêve est agréable; d'autant plus agréable que vous ne vous y attendiez pas. Quant à moi, je l'avoue, lorsque je vous parlais des dix coquemars, foi de Barrabas, je croyais vous dorer la pillule.

CANOLLES.

Vous étiez donc convaincu...?

BARRABAS.

Que je vous amenais ici pour être roué; oui, monsieur.

CANOLLES.

Merci! Maintenant, avez-vous quelque opinion arrêtée sur ce qui m'arrive?

BARRABAS.

Eh! eh! peut-être!

CANOLLES.

Faites-moi la grâce de me l'exposer, alors.

BARRABAS.

Monsieur, voici : La reine aura compris combien était difficile la mission dont elle vous avait chargé. Le premier mouvement de colère passé, elle se sera repentie, et, comme, à tout prendre, vous n'êtes pas un homme haïssable, Sa gracieuse Majesté aura voulu vous récompenser de ce qu'elle vous avait trop puni.

CANOLLES.

Inadmissible, monsieur Barrabas!

BARRABAS.

Inadmissible?

CANOLLES.

Invraisemblable, du moins.

BARRABAS.

Invraisemblable?

CANOLLES.

Oui.

BARRABAS.

En ce cas, monsieur, il ne me reste plus qu'à vous présenter mes très-humbles salutations. Vous pouvez être heureux comme un roi à l'île Saint-Georges... Bon vin, beau gibier, poisson frais... Et les femmes, monsieur, les femmes des environs de Bordeaux... Ah! voilà qui est miraculeux, par exemple!

CANOLLES.

Très-bien!

BARRABAS, remontant la scène.

J'ai donc l'honneur, monsieur...

CANOLLES.

Attendez!

(Il fouille dans ses poches.)

BARRABAS, redescendant.

Que cherche monsieur?

CANOLLES.

Ma bourse, pardieu!

BARRABAS.

Inutile!

CANOLLES.

Comment, inutile?

BARRABAS.

Oui, monsieur ne la trouvera pas.

CANOLLES.

En effet, ma bourse a disparu... Mais qui diable m'a donc pris ma bourse?

BARRABAS.

Moi, monsieur.

CANOLLES.

Vous! Et pourquoi cela?

BARRABAS.

Pour que monsieur ne puisse pas me corrompre.

CANOLLES.

Ah! ah! comme c'est bien imaginé! Alors, vous m'avez pris mon argent?

BARRABAS.

Et j'ai bien fait, monsieur; car enfin, si vous m'aviez corrompu, ce qui était possible, vous auriez fui, et, si vous aviez fui, vous auriez perdu tout naturellement la position élevée à laquelle vous voilà parvenu, ce dont je ne me serais jamais consolé.

CANOLLES.

En vérité, monsieur Barrabas, vous m'étonnez, et je regrette de n'avoir pas une seconde bourse... Mais, tenez, j'ai envie de faire un essai pour savoir si je suis véritablement gouverneur de l'île Saint-Georges.

BARRABAS.

Lequel?

CANOLLES.

J'ai envie de vous donner un bon de vingt pistoles sur le payeur.

BARRABAS.

Inutile, monsieur.

CANOLLES.

Comment! vous refusez mes vingt pistoles?

BARRABAS.

Dieu m'en garde! je n'ai jamais eu, grâce au ciel, de ces fausses fiertés.

CANOLLES.

A la bonne heure!

BARRABAS.

Mais j'aperçois, sortant d'un coffre placé sur cette table, certains cordons qui me font l'effet de cordons de bourse.

CANOLLES.

Vos prévisions pourraient bien être justes, maître Barrabas; car vous paraissez vous connaître en cordons.

BARRABAS.

Mais, oui, monsieur.

CANOLLES.

En effet! (Lisant un petit papier attaché à une bourse.) « Mille pistoles pour la caisse particulière de M. le gouverneur de Saint-Georges. »

BARRABAS.

Recevez mes compliments, monsieur ; la reine fait bien les choses ; malheureusement, elle a vingt ans de plus que du temps de Buckingham.

SCÈNE IV

Les Mêmes, l'Officier.

L'OFFICIER.

Voici votre brevet, monsieur ; voici votre lettre.

CANOLLES.

En effet, il n'y a plus de doute. Et maintenant que me voilà gouverneur du fort Saint-Georges, que je suis forcé de le reconnaître moi-même, quand vous voudrez, je passe la revue.

L'OFFICIER.

Congédiez monsieur.

CANOLLES.

Mon cher monsieur Barrabas, je ne vous chasse pas ; mais...

BARRABAS.

Oui ; mais vous aimez autant que je m'en aille ? Cela me va à merveille... et quand vous m'aurez donné...

CANOLLES.

Ah ! c'est vrai ; pardon, mon cher monsieur.., Ainsi, vous nous quittez ?

BARRABAS.

Oui, monsieur ; je suis recommandé à M. Richon.

CANOLLES.

En quelle qualité ?

BARRABAS.

Comme officier-major de la garnison de Vayres.

CANOLLES.

Ainsi, vous servez le roi ?

BARRABAS.

Je crois que oui !

CANOLLES.

Comment ! vous n'en êtes pas sûr ?

BARRABAS.

On n'est sûr de rien dans ce monde ; vous voyez bien que vous m'aviez promis vingt pistoles, et que...

CANOLLES.

C'est juste ! les voici... Allez, allez, mon cher Barrabas, et que Dieu vous conduise !

BARRABAS.

Monsieur, je vous suis bien reconnaissant. Vous n'avez rien à faire dire à M. Richon?

CANOLLES.

Mille amitiés... Mais nous sommes voisins, et nous aurons occasion de nous voir.

BARRABAS.

Monsieur...

(Il sort.)

SCÈNE V

CANOLLES, L'OFFICIER, puis NANON.

L'OFFICIER.

Monsieur, j'ai pensé qu'avant d'accomplir un devoir de soldat, vous ne seriez point fâché d'accomplir un devoir de galant homme.

CANOLLES.

Un devoir de galant homme?... Parlez, monsieur.

L'OFFICIER.

Vous ne vous doutez pas de ce que je veux dire?

CANOLLES.

Non, le diable m'emporte !

L'OFFICIER.

Vous savez qu'il est arrivé ici quelqu'un ce matin?

CANOLLES.

Quelqu'un?

L'OFFICIER.

Quelqu'un dont la chambre est là.

CANOLLES.

Dont la chambre est là?

L'OFFICIER.

Et, comme je présume que vous aurez plaisir à revoir ce quelqu'un...

CANOLLES, l'arrêtant.

Pardon, monsieur; je suis très-fatigué d'avoir voyagé nuit et jour; je n'ai pas la tête bien saine ce matin; expliquez-moi donc, je vous prie...

NANON, paraissant.

Comment! vous ne devinez pas?

CANOLLES.

Nanon!

NANON.

Mauvais frère, qui a besoin de voir sa sœur pour se souvenir d'elle!... (A l'Officier.) Merci, monsieur, de m'avoir ménagé ces quelques instants; comme vous l'avez dit, M. de Canolles passera la revue demain matin.

(L'Officier sort.)

SCÈNE VI

CANOLLES, NANON.

CANOLLES.

Nanon! Nanon!... Nanon! vous?

NANON.

Oui, moi!

CANOLLES.

Ah! je comprends, c'est vous qui m'avez sauvé, tandis que je me perdais comme un insensé... Vous veillez sur moi, vous! vous êtes mon ange tutélaire, Nanon!

NANON.

Ne m'appelez pas votre ange, mon ami, car je ne suis qu'un démon; seulement, je n'apparais qu'au bon moment, avouez-le!

CANOLLES.

Vous avez raison, et, cette fois surtout, il était temps, Nanon : vous m'avez sauvé de l'échafaud.

NANON.

En vérité? Eh bien, je le pense aussi, s'il faut vous parler avec franchise. Mais comment fîtes-vous donc, vous si clairvoyant, si fin, pour vous laisser tromper par cette mijaurée de princesse?

CANOLLES.

Ma foi, je ne sais, je ne comprends pas moi-même.

NANON.

C'est qu'elles sont rusées, voyez-vous, mon cher Canolles ! Ah ! messieurs, vous voulez faire la guerre aux femmes ! Que m'a-t-on conté ? on vous a fait voir, à la place de la princesse, une fille d'honneur, une femme de chambre, un soliveau.

CANOLLES.

J'ai cru voir la princesse, je ne la connaissais pas.

NANON.

Et qui était-ce donc ?

CANOLLES.

Mais, comme vous l'avez dit, une dame d'honneur, une femme de chambre, que sais-je ?

NANON.

Et c'est la faute aussi de ce traître de Mazarin, que diable ! Quand on charge les gens d'une mission aussi difficile que celle-là, on leur donne un portrait. (Canolles va s'asseoir.) Si vous eussiez eu un portrait de madame la princesse, ou si vous en eussiez trouvé un dans le château, vous eussiez bien reconnu que ce n'était pas elle que vous gardiez... Heureusement, je vous avais suivi, j'avais d'avance fait signer à M. d'Épernon, pour mon frère, le gouvernement de Saint-Georges ; car vous savez que vous êtes mon frère, mon pauvre Canolles ?

CANOLLES.

J'ai cru le deviner en lisant votre lettre.

NANON.

Eh ! oui, nous avions été trahis par un autre frère que j'ai, et qui malheureusement est bien mon frère, celui-là ; le duc est arrivé furieux, je lui ai fait la belle histoire que vous savez ; il y a cru, ce pauvre M. d'Épernon !... il a une trop grande réputation de diplomate pour n'être pas un peu niais, de sorte que, maintenant, vous voilà protégé par la plus légitime des unions.

CANOLLES.

Et vous êtes venue m'attendre ici ?

NANON.

Oui, vous comprenez : ces braves Gascons, ils me font l'honneur de m'exécrer ; ils ont voulu me lapider, me brûler, que sais-je ?... J'ai choisi pour retraite le fort Saint-Georges, pour défenseur Canolles... Il n'y a que vous au monde qui m'aimiez un peu, mon ami, n'est-ce pas ? Voyons, dites-moi donc que vous m'aimez, ne fût-ce que comme une sœur.

CANOLLES.

Oh! en effet, je serais bien ingrat si je ne vous aimais point.

NANON.

Eh bien, j'ai donc choisi le fort Saint-Georges pour y mettre en sûreté mon argent, mes pierreries et ma personne. Tout est entre vos mains, cher ami : existence et richesse. Veillerez-vous soigneusement sur tout cela? dites, serez-vous ami sûr, gardien fidèle?

CANOLLES, se levant.

Eh bien, oui, Nanon, oui! vos biens et votre personne sont en sûreté près de moi, et je mourrai, je vous le jure, pour vous sauver du moindre danger.

NANON, se levant.

Merci, mon noble chevalier... Oh! j'étais bien sûre de votre générosité et de votre courage. Hélas! je voudrais être aussi sûre de votre amour!

CANOLLES.

Oh! soyez certaine...

NANON.

Mon ami, l'amour ne se prouve pas par des serments, il se prouve par des actions. Par ce que vous ferez, Canolles, je jugerai de votre amour.

CANOLLES, l'embrassant.

Eh bien, tu en jugeras.

(Tambours et clairons.)

NANON, à part.

Maintenant, il faut qu'il oublie, et il oubliera.

CANOLLES.

Qu'est ceci?

NANON.

N'est-ce point quelque honneur que la garnison s'apprête à vous rendre?

CANOLLES.

Non, non, ce sont des nouvelles du dehors qui nous arrivent. Arrêté depuis plus de quinze jours, je ne sais pas ce qui s'est passé.

NANON.

Oh! en deux mots, je vais vous mettre au courant. M. Richon, avec un blanc-seing signé de M. d'Épernon, s'est emparé du fort de Vayres, sur lequel l'armée royale se dirige en ce moment.

CANOLLES.

Je me doutais que Richon tenait pour les princes... Mais comment ce blanc-seing est-il tombé entre ses mains?

NANON.

Hélas! j'ai bien peur, mon cher Canolles, que cela ne soit encore un tour de mon vrai frère... Il a appris, je ne sais comment, le besoin qu'on avait à Chantilly d'un blanc-seing; en échange de ma lettre, — vous savez, cette fameuse lettre où je vous invitais à souper, — il a exigé de M. d'Épernon ce blanc-seing, dont il aura traité avec madame de Condé.

CANOLLES.

Mais madame de Condé, où est-elle?

NANON.

A Bordeaux, où elle a été reçue avec enthousiasme!

CANOLLES.

De sorte que nous nous trouvons à six lieues de distance seulement?

NANON.

Oui.

CANOLLES.

Et que, d'un moment à l'autre, nous pouvons être attaqués par l'armée des princes?

NANON.

Oui.

CANOLLES.

Bon! voilà tout ce que je voulais savoir.

SCÈNE VII

LES MÊMES, L'OFFICIER.

L'OFFICIER, dans le haut.

Pardon, monsieur le gouverneur.

CANOLLES.

Ah! c'est vous, monsieur; qu'y a-t-il?

L'OFFICIER.

Un parlementaire est à la porte.

CANOLLES.

Un parlementaire?... Et de la part de qui?

L'OFFICIER.

De la part des princes.

CANOLLES.

Venant d'où ?

L'OFFICIER.

De Bordeaux.

CANOLLES.

Ah ! ah ! la guerre est sérieusement déclarée, à ce qu'il paraît.

L'OFFICIER.

L'armée bordelaise n'est qu'à une lieue d'ici, on la voit de l'esplanade, et, si vous refusez les propositions que le parlementaire est chargé de vous faire, vous serez attaqué ce soir.

CANOLLES.

Et par qui est accompagné ce parlementaire?

L'OFFICIER.

Par deux gardes de la milice bourgeoise de Bordeaux.

CANOLLES.

Quel est-il lui-même?

L'OFFICIER.

Un jeune homme, autant qu'on en peut juger.

CANOLLES.

Comment cela, autant qu'on en peut juger?

L'OFFICIER.

Oui, il porte un large feutre et est enveloppé d'un grand manteau, de sorte que j'ai pu à peine le voir.

CANOLLES.

Et il attend?

L'OFFICIER.

Dans la salle d'armes.

CANOLLES.

C'est bien, monsieur ; une seconde !... Vous avez entendu, chère Nanon?

NANON.

Un parlementaire? que veut dire cela?

CANOLLES.

Cela veut dire que MM. les Bordelais veulent m'effrayer ou me séduire.

NANON.

Et vous le recevez?

CANOLLES.
Je ne puis m'en dispenser.

NANON.
Oh! mon Dieu!

CANOLLES.
Quoi?

NANON.
J'ai peur!... Ne m'avez-vous pas dit que ce parlementaire venait pour vous effrayer ou pour vous séduire?

CANOLLES.
Avez-vous peur qu'il ne m'effraye?

NANON.
Non; mais il vous séduira peut-être.

CANOLLES.
Oh! vous doutez de moi à ce point!

NANON.
Ami, une grâce!

CANOLLES.
Laquelle?

NANON.
Permettez-moi d'assister à cette entrevue.

CANOLLES.
Un parlementaire ne dira pas un seul mot devant vous.

NANON.
Cachée!

CANOLLES.
Où?

NANON.
Derrière ces rideaux... Laissez-moi demeurer près de vous, Canolles; j'ai foi dans mon étoile, je vous porterai bonheur.

CANOLLES.
Mais, si ce parlementaire venait pour me confier quelque secret d'État?...

NANON.
Ne pouvez-vous confier un secret d'État à celle qui vous a confié sa vie et sa fortune?

CANOLLES, souriant et la conduisant.
Eh bien, puisque vous le voulez absolument... Introduisez ce parlementaire, monsieur.

(L'Officier sort.)

NANON.
Soyez béni pour le bien que vous me faites !
CANOLLES.
Oui ; mais pas un seul mot qui trahisse votre présence !
NANON.
Je vous le jure !
CANOLLES.
Allez !

(Nanon se cache.)

SCÈNE VIII

Les Mêmes, LA VICOMTESSE, NANON, cachée.

L'OFFICIER, annonçant.
L'envoyé des princes.
CANOLLES.
Faites entrer.

(L'Officier sort.)

LA VICOMTESSE, en homme.
C'est moi, monsieur ; me reconnaissez-vous ?
CANOLLES.
Vous, madame ! Oh ! que venez-vous faire ici ?
NANON, à part.
Ah !...
LA VICOMTESSE.
Je viens vous demander, monsieur, si, depuis quinze jours que nous nous sommes quittés, vous vous souvenez encore de moi ?
CANOLLES.
Oh ! silence, silence, madame !
LA VICOMTESSE.
Ne sommes-nous pas seuls ici ?
CANOLLES.
Si fait ; mais, à travers ces murailles, quelqu'un ne peut-il pas nous entendre ?
LA VICOMTESSE.
Je croyais les murailles du fort Saint-Georges plus épaisses et plus sourdes que cela.
CANOLLES.
Enfin, vous aviez un but en venant ici ?

LA VICOMTESSE.

D'après ce qui s'était passé à Chantilly entre nous, monsieur, j'ai dû croire que vous passeriez facilement au parti des princes.

CANOLLES.

Hélas! ce qui se pouvait alors, ne se peut plus aujourd'hui.

LA VICOMTESSE.

Et pourquoi cela?

CANOLLES.

Parce que, depuis ce temps, bien des événements inattendus sont arrivés, bien des liens que je croyais rompus se sont renoués! A la punition que je croyais avoir méritée pour avoir laissé fuir madame la princesse, la reine a substitué une récompense dont j'étais indigne. Aujourd'hui, je suis lié au parti de Sa Majesté par la reconnaissance.

NANON, à part.

Hélas!...

LA VICOMTESSE.

Dites par l'ambition, monsieur, et je comprendrai cela; vous êtes noble, de haute naissance; on vous a fait, à votre âge, lieutenant-colonel, gouverneur d'une place forte, c'est beau, je le sais; mais ce n'est que la récompense naturelle de votre mérite, et ce mérite, M. de Mazarin n'est pas le seul qui l'apprécie.

CANOLLES.

Pas un mot de plus, je vous prie!

LA VICOMTESSE.

Vous oubliez, monsieur, que ce n'est point la vicomtesse de Cambes qui vous parle, mais l'envoyé de madame la princesse. Je me suis chargée d'une mission pour vous. Cette mission, il faut que je l'accomplisse.

CANOLLES.

Parlez. Mais pourquoi est-ce vous justement que madame la princesse a choisie?

LA VICOMTESSE.

Ce n'est pas madame la princesse qui m'a choisie, monsieur; c'est moi qui me suis offerte. Les sentiments que vous m'avez manifestés à Jaulnay d'abord, à Chantilly ensuite, m'avaient fait croire que j'étais le plus agréable parlementaire que l'on pût vous envoyer.

CANOLLES.

Merci, madame la vicomtesse.

LA VICOMTESSE.

Voici donc ce que je vous propose au nom de madame la princesse; vous entendez bien? au nom de madame la princesse, pas au mien.

CANOLLES.

J'écoute.

LA VICOMTESSE.

Vous rendrez l'île Saint-Georges, à l'une des trois conditions que je vais vous offrir.

CANOLLES.

Parlez.

LA VICOMTESSE.

Une somme de trois cent mille livres...

CANOLLES.

Aller plus loin serait m'offenser, madame... J'ai été chargé par la reine de la défense du fort Saint-Georges, et, pour or ni pour argent, je ne le rendrai.

LA VICOMTESSE.

Écoutez ma seconde proposition.

CANOLLES.

A quoi bon? Ne vous ai-je pas répété que j'étais inébranlable dans ma résolution? Ne me tentez donc pas, ce serait inutile.

LA VICOMTESSE.

Pardon, monsieur, mais je dois continuer mes offres; toute liberté de les refuser ne vous est-elle pas laissée?

CANOLLES.

Faites; mais, en vérité, vous êtes bien cruelle!

LA VICOMTESSE.

Vous donnerez votre démission, vous vous retirerez du service, et, dans un an, vous accepterez, sous M. le prince, le grade de brigadier, dont le brevet vous sera signé d'avance.

CANOLLES.

Merci de ce que l'idée ne vient pas de vous; merci encore de l'embarras avec lequel vous avez abordé la proposition; non pas que ma conscience se révolte à servir tel ou tel parti, non, je n'ai pas de conviction, moi... Qui donc en a dans cette guerre, à part les intéressés? Quand l'épée sera sortie du fourreau, que le coup vienne d'ici ou de là, que m'importe! Indépendant, sans ambition, je n'attends rien, ni des uns ni des autres; je suis officier, voilà tout. Mais, ne l'oubliez pas, madame, un transfuge est toujours un traître : le premier nom est plus doux, mais les deux sont équivalents.

LA VICOMTESSE.

Eh bien, monsieur, écoutez ma dernière proposition : c'était celle par laquelle j'eusse commencé, si leur ordre ne m'eût pas été prescrit, car je savais que vous refuseriez les deux premières; les avantages matériels, et je suis heureuse d'avoir deviné cela, ne sont point choses qui tentent un cœur comme le vôtre... Il vous faut, à vous, d'autres espérances que celles de l'ambition et de la fortune; il faut aux nobles instincts de nobles récompenses... Écoutez donc.

CANOLLES.

Au nom du ciel, ayez pitié de moi!...

LA VICOMTESSE.

Si, au lieu d'un intérêt vil, on vous offrait un intérêt pur et honorable? si l'on payait votre démission, cette démission que vous pouvez donner sans blâme, — car, les hostilités n'étant point commencées, cette démission n'est ni une défection ni une perfidie, c'est un choix pur et simple; — si, dis-je, on payait cette démission d'une alliance? si une femme à laquelle vous avez dit que vous l'aimiez, à laquelle vous avez juré de l'aimer toujours, si cette femme venait à son tour vous dire : « Monsieur de Canolles, je suis libre, je suis riche, je vous aime, devenez mon mari, partons ensemble, allons où vous voudrez, hors de toutes les dissensions civiles, hors de France!... » cette fois, n'accepteriez-vous pas?

CANOLLES.

Oh! mon Dieu! mon Dieu!

LA VICOMTESSE.

Mais répondez-moi donc, monsieur, au nom du ciel! car, en vérité, je ne comprends rien à votre silence. Me suis-je trompée? n'êtes-vous pas M. de Canolles? n'êtes-vous pas le même homme qui m'a dit à Jaulnay qu'il m'aimait, qui me l'a répété à Chantilly? Dites, dites, au nom du ciel! répondez, mais répondez donc!

NANON, tombant évanouie.

Ah! je meurs!... je meurs!...

LA VICOMTESSE.

Une femme!

CANOLLES.

Nanon !...

(Il va à elle.)

LA VICOMTESSE, tombant sur une chaise.

Monsieur, je comprends maintenant ce que vous appelez le devoir, la reconnaissance... (Elle se lève.) Je comprends qu'il est des sentiments inaccessibles à toutes les séductions, et je vous laisse tout entier à ces sentiments, à ce devoir, à cette reconnaissance. Adieu, monsieur, adieu ! (Revenant.) Monsieur de Canolles...

CANOLLES.

Allez, madame, allez !

LA VICOMTESSE.

Oh ! il ne m'aime pas !... Et moi, malheureuse que je suis... Oh ! je l'aime !... je l'aime !

(Elle sort.)

CANOLLES.

Ah ! mon Dieu ! mon Dieu ! je crois que ce que je souffre en ce moment est pire que la mort !

ACTE QUATRIÈME

SEPTIÈME TABLEAU

Une chambre de la maison de Nanon, à Libourne. — A droite, une table servie. A gauche, un meuble.

SCÈNE PREMIÈRE

CASTORIN, FRANCINETTE.

CASTORIN, la bouche pleine, servi par Francinette.

Oh ! mon Dieu, oui, mademoiselle Francinette, c'est comme j'ai l'honneur de vous le dire, vous voyez en moi une victime du devoir.

FRANCINETTE, lui versant à boire.

Une victime ! pauvre garçon !

CASTORIN.

C'est le mot. C'est-à-dire, mademoiselle, que, depuis le jour où les porte-bâtons de M. d'Épernon m'ont attrapé sur la route de Libourne, je suis devenu un symbole du mouvement perpétuel. Je ne suis plus un homme, je suis un centaure. Je ne descends de mon cheval que pour donner le temps d'en seller un autre. Je ne me couche plus que sur des chaises, et je ne dors plus que d'un œil... (Francinette lui passe son bras autour du cou.) Ah !

FRANCINETTE.

Eh bien, qu'avez-vous ? Voyons !

CASTORIN.

Oh !... ne me touchez qu'avec les plus grandes précautions, comme si j'étais de porcelaine. Je vous disais donc que, depuis que j'ai eu l'honneur de vous voir, ou plutôt, depuis que j'ai eu le regret de ne pas vous voir, puisqu'il m'a été impossible de pénétrer jusqu'à vous, j'ai fait quelque chose comme cinq cents lieues, et je vous assure que c'est très-long à avaler, cinq cents lieues les unes au bout des autres. Encore, si j'avais le loisir de me reposer, ce ne serait rien ; mais je me repose juste comme un volant, le temps de toucher la raquette ; on m'envoie et l'on me renvoie.

FRANCINETTE.

Ce n'est pas moi qui vous renvoie, monsieur Castorin, vous me rendrez cette justice.

CASTORIN.

Non, c'est mon maître. « Va te coucher, mon pauvre Castorin. — Merci, monsieur. — Dors bien, mon ami. — Merci, monsieur. » Cinq minutes après : « Castorin ! — Monsieur ? — Allons, en route pour Jaulnay ! — Oui, monsieur. » A Jaulnay : « En route pour Mantes. — Oui, monsieur. » A Mantes, enfin, il a pitié de moi. Il me laisse à Mantes. J'étais roide comme un pendu !... « Je pars pour Chantilly, Castorin. — Oui, monsieur. — Repose-toi, Castorin. — Oui, monsieur. — Et pourvu que tu m'aies rejoint demain matin... (vingt-quatre lieues à faire en douze heures!) — Oui, monsieur. » J'arrive à Chantilly : « Où est monsieur ? — Monsieur est parti. — Pour aller où ? — Pour le fort Saint-Georges. » Cent quatre-vingts lieues, bagatelle ! J'arrive au

.ort Saint-Georges; le fort Saint-Georges est pris. « Où est monsieur? — A Bordeaux! » J'arrive à Bordeaux : « C'est toi, Castorin? — Oui, monsieur. — Castorin, tu vas partir — Pour quel endroit? — Pour Libourne. — Oui, monsieur. — Tu remettras cette lettre à mademoiselle Nanon. — Oui, monsieur. » J'arrive à Libourne... Ah! cette fois, heureusement, mademoiselle Nanon n'y est pas, et mademoiselle Francinette y est. J'ai bien bu, j'ai bien mangé, je vais bien dormir... Tiens, qu'est-ce que cela? Il me semble qu'on frappe.

FRANCINETTE, à la fenêtre.

Une litière, des chevaux, des officiers!

NANON, dans la rue.

Francinette, ouvrez vite, c'est moi!

FRANCINETTE.

Ah! c'est madame!

CASTORIN.

Bon!

FRANCINETTE.

Restez ici, vous lui donnerez la lettre que vous apportez cela la mettra de belle humeur.

(Elle enlève la serviette, tout ce qu'il y a dessus, et sort par le fond.)

SCÈNE II

CASTORIN, seul.

Je vous demande un peu, puisqu'elle était en route, si elle ne pouvait pas marcher plus doucement et n'arriver que demain. Je ne sais pas quelle rage ont les maîtres d'être toujours comme cela par vaux et par chemins! C'est si bon de se reposer! (Il s'assied.) Ah!...

(Il s'endort.)

SCÈNE III

CASTORIN, NANON, FRANCINETTE.

NANON.

Une lettre de M. de Canolles, dites-vous?

FRANCINETTE.

Oui, madame.

8.

NANON.

Et qui l'apporte?

FRANCINETTE.

Castorin.

CASTORIN, se réveillant, se levant et donnant la lettre à Nanon.

Voici, madame.

NANON.

Ah! merci!

FRANCINETTE, à Nanon.

Et il n'est pas arrivé d'accident, pas arrivé de malheur à madame, à la prise du fort Saint-Georges?

NANON.

Non, rien.

FRANCINETTE.

C'est que, dans une ville prise d'assaut, on dit qu'il arrive quelquefois...

CASTORIN, dormant debout.

Qu'est-ce qui arrive?

NANON, lisant.

« Chère Nanon, prisonnier, mais libre dans Bordeaux, sur ma parole d'honneur de ne pas fuir et de ne pas avoir de correspondance extérieure, avant de donner cette parole, je m'empresse de vous écrire pour vous assurer de mon amitié, dont pourrait vous faire douter mon silence. Je m'en rapporte à vous pour défendre mon honneur près du roi et de la reine. Votre frère, baron de CANOLLES. » Votre frère! voilà de la prudence, j'espère; trop de prudence, hélas! (A Francinette.) Est-ce que M. d'Épernon est à Libourne?

FRANCINETTE.

Oui, madame, près du roi et de la reine; mais il a donné l'ordre qu'on le prévînt de votre arrivée, et je suis sûre que Courtanvaux a déjà fait la commission, et que M. le duc sera ici dans dix minutes.

NANON.

Alors, il n'y a pas de temps à perdre. Du papier, des plumes, de l'encre! (Francinette prend tout cela sur le meuble, ainsi que le timbre qu'elle met sur la table. A Castorin.) On dirait que tu es fatigué, mon pauvre garçon!

(Elle écrit.)

CASTORIN.

Oui, madame, on le dirait. (A part.) Tiens ! juste comme mon maître.

NANON.

Tu vas te reposer... à Bordeaux. (Lui donnant la lettre.) Tiens ! voici pour ton maître.

CASTORIN, tristement.

Merci, madame !

NANON, lui donnant une bourse.

Et voilà pour toi !

CASTORIN, gaiement.

Oh ! l'on m'avait bien dit que madame était généreuse.

NANON.

Va, mon ami, va ! Dis à ton maître qu'il peut compter sur moi, et qu'il ne sera pas longtemps prisonnier.

CASTORIN, à part.

C'est égal ! après la guerre, je pourrai demander une place de coureur chez le roi. J'aurai fait mes preuves.

SCÈNE IV

NANON, FRANCINETTE.

NANON.

Çà, maintenant que nous sommes seules, mademoiselle, le duc n'a-t-il aucun soupçon ?

FRANCINETTE.

Ah bien, oui, madame ! M. le duc est plus affolé que jamais. Quand il a su la prise du fort Saint-Georges, il a été comme un fou. Puis, quand il a reçu la lettre dans laquelle vous lui disiez que, par les soins de votre frère, M. de Canolles, il ne vous était rien arrivé, il a répété plus de dix fois : « Cher Canolles ! brave Canolles ! je te ferai général. »

NANON.

Pauvre duc ! Et tu dis qu'il va nous arriver ?

FRANCINETTE.

Tenez, je suis sûre que c'est lui que j'entends sur l'escalier. Par ici, par ici, monsieur le duc !

(Elle sort après l'entrée du Duc.)

SCÈNE V

NANON, LE DUC, puis COURTANVAUX.

NANON.

Oh! cher duc, c'est vous? Vous n'avez aucune idée de l'impatience avec laquelle je vous attendais.

LE DUC.

Et moi donc!

NANON.

Vous savez tout ce qui nous est arrivé? Vous savez que M. de Canolles...?

LE DUC.

S'est défendu comme un tigre, comme un lion.

NANON.

Ah! vous savez cela?...

LE DUC.

Est-ce que je ne sais pas tout? Enfin, je sais qu'il ne s'est pas rendu, mais qu'on l'a surpris par un souterrain dont l'existence était ignorée de tout le monde.

NANON.

Alors, vous ne lui en voulez pas de sa défaite, à ce pauvre frère? Et la reine lui en veut-elle?

LE DUC.

Pas le moins du monde; le sort des armes est journalier. Paul-Émile a été battu à Cannes, Annibal à Zama, et Pompée à Pharsale.

NANON.

Alors, vous ne vous opposerez pas à ce qu'on le rachète, à ce qu'on l'échange?

LE DUC.

Au contraire, j'y pousserai de toute ma force, et même, attendez donc, Nanon, votre frère sera libre...

NANON.

Quand cela?

LE DUC.

Demain.

NANON.

Oh! demain! Et comment?

LE DUC.

C'est bien simple. Je viens d'apprendre à l'instant que le gouverneur de Vayres...

NANON.

Richon?

LE DUC.

Oui, s'est laissé prendre. Eh bien, mais on l'échangera pour ce brave Canolles.

NANON.

Oh! voilà une grâce du ciel, mon cher duc!

LE DUC.

Vous aimez donc bien votre frère?

NANON.

Plus que ma vie!

LE DUC.

Quelle étrange chose! vous ne m'en aviez jamais parlé avant le jour où j'eus la sottise...

NANON, l'interrompant.

Ainsi, monsieur le duc...?

LE DUC.

Ainsi, je renvoie le gouverneur de Vayres à madame de Condé, qui nous renvoie Canolles; et, quand notre brave commandant de l'île Saint-Georges rentrera à Libourne, eh bien, nous lui ferons un triomphe!... Qui vient là?

COURTANVAUX.

La reine régente fait demander monseigneur.

LE DUC.

Sait-on pourquoi?

COURTANVAUX.

M. Richon, le gouverneur de Vayres est arrivé.

(Il salue et sort.)

LE DUC.

Vous voyez, chère Nanon, cela tombe à merveille. Je passe chez la reine, et vous rapporte le cartel d'échange.

NANON.

De sorte que mon frère pourra être ici...?

LE DUC.

Demain! peut-être ce soir même, en se hâtant.

NANON.

Oh! ne perdez pas un instant. Demain, ce soir même,.. Oh! Dieu le veuille!

LE DUC.

Adieu, chère, je reviens.

NANON.

Allez, duc ! allez !

(Le Duc sort.)

SCÈNE VI

NANON, seule.

Oui, qu'il revienne ! et alors, je lui dis tout ; alors, j'entraîne Canolles loin de tous ces dangers terribles qui passent sans cesse autour de lui comme des fantômes. Oh ! c'est trop souffrir que de craindre pour celui qu'on aime ! aujourd'hui, l'échafaud ; demain, la balle ou le boulet...

SCÈNE VII

NANON, CAUVIGNAC.

CAUVIGNAC, entr'ouvrant la porte.

Eh ! bonjour, chère petite sœur !

NANON.

Encore vous, monsieur ?

CAUVIGNAC.

Encore !... oh ! le mot n'est pas gracieux. Je veux vous faire part des bonheurs qui m'arrivent, je monte sans façon, Francinette m'apprend que le duc est avec vous, je me cache, j'entre quand il est parti, et voilà comme vous me recevez... Ah !

NANON.

C'est que, toutes les fois que je vous vois, monsieur, il m'arrive un malheur.

CAUVIGNAC.

Oh ! par exemple ! est-ce que votre dernière commission n'a pas été bien faite ? est-ce que je ne suis pas arrivé à temps à Jaulnay, à temps à Chantilly ?

NANON.

Assez !...

CAUVIGNAC.

Vous avez raison ! parlons un peu de moi.

NANON.

Oui! qu'est-ce que cette écharpe? qu'est-ce que ce chapeau brodé?

CAUVIGNAC.

Mais ce sont les insignes de ma charge. Je suis gouverneur.

NANON.

Gouverneur de quoi?

CAUVIGNAC.

D'un fort!

NANON.

Vous?

CAUVIGNAC.

Pourquoi pas? On a bien fait votre faux frère gouverneur du fort Saint-Georges, on peut bien faire votre vrai frère gouverneur du fort de Branne.

NANON.

Et qui vous a fait gouverneur du fort de Branne?

CAUVIGNAC.

La reine, que je quitte, et avec laquelle je suis au mieux.

NANON.

Quelque trahison nouvelle.

CAUVIGNAC.

Oh! par exemple!

NANON.

Enfin, pourquoi êtes-vous venu?

CAUVIGNAC.

Parce que vous vous êtes engagée à me payer deux cents pistoles si je rejoignais M. de Canolles sur la route de Paris, et je l'ai rejoint.

NANON, allant au meuble.

C'est juste! et voilà vos deux cents pistoles.

CAUVIGNAC.

Et voilà votre reçu.

NANON.

Inutile.

CAUVIGNAC.

Oh! il faut de la régularité dans les comptes, et, comme ce n'est peut-être pas la dernière affaire que nous ferons ensemble...

NANON.

La dernière !

CAUVIGNAC.

Oh! non; car enfin, si vous continuez à mener de front cette noble fraternité des Canolles, il vous sera difficile de vous passer de moi.

NANON.

J'y compte pourtant bien, et cela dès demain, quand la reine aura signé l'échange de M. de Canolles, gouverneur de Saint-Georges, contre M. Richon, gouverneur de Vayres.

CAUVIGNAC.

Ah! vous comptez sur cet échange?

NANON.

Eh bien, ai-je tort?

CAUVIGNAC.

Je crois que oui.

NANON.

Pourquoi?

CAUVIGNAC.

Parce que l'on ne rendra pas la liberté à M. Richon; parce qu'on va lui faire un bel et bon procès.

NANON.

A quel propos?

CAUVIGNAC.

A propos de ce qu'il est entré dans Vayres avec une fausse commission.

NANON.

Avec une fausse commission?... Impossible.

CAUVIGNAC.

Ne me dites pas cela, à moi.

NANON.

A vous?

CAUVIGNAC.

Sans doute. C'est moi qui l'ai nommé gouverneur de Vayres.

NANON.

Vous êtes fou!

CAUVIGNAC.

Vous rappelez-vous ce blanc-seing?

NANON.

Le blanc-seing du duc?

CAUVIGNAC.

Oui! celui-là même sur lequel il avait fait cette fameuse marque.

NANON.

Eh bien?

CAUVIGNAC.

Eh bien, je m'en suis défait en faveur de Richon; de sorte que...

NANON.

Ah! mon Dieu!

CAUVIGNAC.

De sorte que, comme M. d'Épernon avait juré de faire pendre le porteur du blanc-seing, et que Richon est porteur du blanc-seing, comme le petit roi a juré de faire pendre celui qui a tiré le canon sur l'armée royale et que c'est Richon qui a tiré le canon... Enfin, vous comprenez?

NANON.

Mais comment se laisse-t-on prendre lorsque l'on joue si gros jeu?

CAUVIGNAC.

Ah! voilà! c'est encore moi qui l'ai pris.

NANON.

Vous?

CAUVIGNAC.

Oui, et je commence à croire que ce n'est pas ce que j'ai fait de mieux dans ma vie.

NANON.

Vous, malheureux! mais comment cela?

CAUVIGNAC.

J'avais introduit dans la place trois ou quatre hommes à moi : comme bandits, il n'y a rien à dire sur eux; mais, comme honnêtes gens, c'est autre chose. Il paraît... eh bien, il paraît qu'ils ont rendu la place sans consulter le gouverneur, et...

NANON.

Et...?

CAUVIGNAC.

Et, ma foi, je ne voudrais pas être dans la peau de ce malheureux Richon.

NANON, sonnant.

Francinette! Francinette!

FRANCINETTE, accourant.

Madame?

NANON.

Faites courir après le duc; qu'on pénètre jusqu'à lui, fût-il près de la reine; qu'on lui dise que je l'attends, que je le demande, que je l'appelle!

FRANCINETTE.

M. le duc est de retour et cause en bas avec deux personnes. J'accourais vous prévenir.

(Elle sort.)

NANON, à Cauvignac, après avoir ouvert la porte.

Partez! partez!

CAUVIGNAC, en s'en allant.

Oh! cette fois, je ne me le ferai pas dire à deux reprises, et j'avoue même que je ne serai tranquille que derrière les murailles de Branne.

(Il sort.)

FRANCINETTE, revenant.

M. le duc!

(Elle sort.)

SCÈNE VIII

NANON, LE DUC, puis COURTANVAUX.

NANON.

Rentrez, monsieur, rentrez vite!

LE DUC.

Vous savez ce qui nous arrive?

NANON.

Oui, j'en sais quelque chose; mais dites toujours.

LE DUC.

Tout est découvert!

NANON.

Qu'est-ce qui est découvert?

LE DUC.

Vous rappelez-vous cette délation touchant vos amours avec votre frère?

NANON.

Eh bien?

LE DUC.

Vous rappelez-vous ce blanc-seing qui m'a été extorqué ?

NANON.

Oui.

LE DUC.

Eh bien, le délateur est entre nos mains, ma chère, pris dans les lignes de son blanc-seing, comme un renard au piége.

NANON.

Ah ! mon Dieu ! mais cet homme, cet homme, qu'en avez-vous fait ?

LE DUC.

Ce que nous en avons...? Vous allez le voir vous-même, ce que nous en avons fait. (Bruit dans la coulisse, en face de la fenêtre.) Eh ! tenez, ma foi, cela tombe à merveille ; ouvrons franchement cette fenêtre... Ma foi, c'est un ennemi du roi et l'on peut le voir pendre.

(Il ouvre la fenêtre.)

NANON.

Pendre ! Que dites-vous, monsieur ! pendre l'homme du blanc-seing ?

LE DUC.

Oui, et il ne l'aura pas volé. Ah ! voilà le roi qui se met à sa fenêtre.

NANON.

Mais, monsieur, ce malheureux n'est pas coupable ; ce malheureux...

LE DUC.

Ah ! voilà qu'on amène M. Richon, il va être pendu haut et court à une solive de la Halle. Cela lui apprendra à calomnier les femmes.

NANON.

Mais, monsieur, cet homme est un brave officier, vous allez assassiner un honnête homme. Ah ! monsieur, donnez des ordres, il en est temps encore. Faites un signe. Arrêtez cette mort ! quelque chose me dit que cette mort nous portera malheur. Au nom du ciel, vous qui êtes puissant, vous qui dites n'avoir rien à me refuser, accordez-moi la grâce de cet homme, je vous la demande à genoux, à genoux !

(On entend un coup de canon.)

LE DUC.

Il est trop tard ! regardez !

NANON, allant à la fenêtre.

Ah !...

(Elle recule épouvantée.)

LE DUC, fermant la fenêtre et allant vers Nanon.

Allons, allons ! soyez moins bonne, moins sensible, chère Nanon ! Quand on fait la guerre civile, on ne joue pas comme des enfants.

NANON.

Oh ! non, non !

LE DUC.

Et à Bordeaux surtout, à Bordeaux ! quand ils verront qu'on les provoque aux représailles, quand ils verront qu'on pend leur gouverneur, vous verrez ce qu'ils feront.

NANON.

Des représailles à Bordeaux, mon Dieu ! Mais vous oubliez donc qu'il y a de nos prisonniers à Bordeaux... de nos prisonniers... et que...? Ah ! soyez maudit, monsieur ! c'est vous qui l'aurez tué.

LE DUC.

Tué ! qui ?

NANON.

Ne comprenez-vous pas, fou sanguinaire, ne comprenez-vous pas qu'à Bordeaux il y a un capitaine, un gouverneur prisonnier, un malheureux sur lequel les Bordelais vont venger le meurtre de celui que vous avez fait assassiner tout à l'heure ? ne comprenez-vous pas enfin que M. de Canolles est à Bordeaux ?

LE DUC.

Ah ! c'est vrai, votre frère, ce pauvre Canolles !

NANON.

Mon frère, oui, mon frère, mon ami bien-aimé. Il est perdu !

LE DUC.

Non, pas encore, Dieu merci !

NANON, au désespoir.

Je vous dis qu'il est perdu, monsieur, et que j'en mourrai.

LE DUC.

Soyez tranquille, chère Nanon, j'ai fait le mal et je le réparerai.

NANON.

Comment cela?

LE DUC.

La reine a des amis dans Bordeaux, le gouverneur de Guyenne a de l'or dans ses coffres. Tout ce qu'on peut faire avec du pouvoir et de l'or, je le ferai pour sauver M. de Canolles, votre frère chéri.

NANON.

Ah! si vous réussissez, comme je vous aimerai, monseigneur!

(Elle se jette à ses pieds, il la relève, l'embrasse, et va à la table.)

LE DUC.

Regardez bien ce que je vais écrire. Dans un quart d'heure, le messager porteur de cette lettre courra sur le chemin de Bordeaux. Ce soir, l'avocat du roi, M. Lavie, qui est à nous, aura donné ses ordres au geôlier de M. de Canolles; ce soir, votre frère sera libre. (Il se lève.) Pour sauver M. de Canolles, pour sauver le gouverneur d'un château royal, pour sauver le frère de Nanon, j'offre un million, j'autorise le meurtre et l'incendie. Est-ce là ce qu'il vous faut? Trouvez-vous que j'aie réparé ma faute?

NANON, lisant.

Pour que M. de Canolles soit libre, le gouverneur, le frère de Nanon? Oui, oui.

LE DUC.

Vous êtes satisfaite?

NANON.

Je vous bénis!... Holà! quelqu'un!

(Courtanvaux paraît.)

LE DUC.

Prenez votre déguisement accoutumé. Crevez mon meilleur cheval, et qu'à cinq heures, cette lettre soit remise à M. Lavie.

COURTANVAUX.

A Bordeaux?

NANON.

A Bordeaux! Allez, monsieur, allez. (A part.) Mon Dieu!

s'il m'accuse en ce moment de l'avoir perdu, peut-être m'aimera-t-il ce soir pour l'avoir sauvé! Ah! merci, monseigneur, merci!

(Ils sortent par le fond.)

HUITIÈME TABLEAU

Les jardins de la maison de madame de Cambes, à Bordeaux. — A droite, un perron donnant sur une allée de tilleuls.

SCÈNE PREMIÈRE

CANOLLES, entrant; RAVAILLY.

CANOLLES.

Ah! vous voici, mon cher ennemi!... Qui diable vous amène donc dans cette maison?

RAVAILLY.

J'y venais prendre les ordres de madame la princesse, monsieur.

CANOLLES.

Madame la princesse y est-elle donc en ce moment?

RAVAILLY.

Elle l'habite.

CANOLLES.

Bah! madame la princesse habite chez la vicomtesse de Cambes?

RAVAILLY.

Deux boulets sont tombés ce matin sur l'hôtel de ville, que MM. les échevins avaient mis à la disposition de madame la princesse. Madame la vicomtesse de Cambes l'a appris et est venue offrir sa maison, et madame la princesse l'a acceptée.

CANOLLES.

Ah! vraiment... Mais vous me semblez sur votre départ.

RAVAILLY.

Oui, je conduis un secours d'hommes à M. Richon, qui est vivement pressé dans le fort de Vayres, à ce qu'il paraît.

CANOLLES.

Alors, je ne vous retiens pas; Richon est de mes amis, et des meilleurs même.

RAVAILLY.

Comment! et vous servez l'un contre l'autre?

CANOLLES.

Hélas! vous le savez, un des malheurs de la guerre civile est de n'avoir pas le droit de choisir ses ennemis... Mais vous perdez du temps, et mon brave Richon vous appelle... Allez, monsieur, allez.

RAVAILLY.

Et vous, monsieur, ne songez-vous point aussi à votre rançon?

CANOLLES.

Ma foi, non; je me trouve à merveille ici, moi... Je sais bien que la reine pourrait m'échanger contre un bon militaire, ou me racheter moyennant quelques sacs d'écus; je ne vaux pas cette dépense, j'attendrai que Sa Majesté ait pris Bordeaux, elle m'aura pour rien.

RAVAILLY.

Eh bien, mais qu'allez-vous faire ici?

CANOLLES.

Ce que j'y ai fait jusqu'à présent; les femmes se sont emparées de la guerre; moi, je me tiens à la porte des églises, et j'offre de l'eau bénite aux dévotes.

RAVAILLY.

Alors, je dirai à M. Richon que vous n'êtes pas bien désespéré d'être prisonnier.

CANOLLES.

Dites-lui que je n'ai jamais été si heureux.

(Ravailly sort.)

SCÈNE II

LA VICOMTESSE, CANOLLES.

LA VICOMTESSE.

Prenez garde, baron, si vous vous plaignez un jour de votre captivité, je vous dirai ce que je viens d'entendre.

CANOLLES.

Et je vous répéterai, moi, ce que je viens de dire... Hélas! oui, je n'ai jamais été si heureux!

LA VICOMTESSE.

Baron, voilà un *hélas!* qui, permettez-moi de vous le dire, me paraît bien déplacé dans une pareille phrase.

CANOLLES.

Non, madame, au contraire, il renferme toute ma pensée... Je suis heureux quand je vous vois.

LA VICOMTESSE.

Mais vous ne me voyiez pas tout à l'heure?

CANOLLES.

Je vous devinais... Croyez-vous donc qu'on ne voie qu'avec les yeux du corps? Non, quand vous vous approchez de moi, je le sens à l'air qui devient plus doux, aux fleurs qui deviennent plus belles, je me dis : « Elle est là... » Je me retourne, et je vous vois.

LA VICOMTESSE.

Vous étiez si désespéré, cependant, en arrivant ici!

CANOLLES, conduisant la Vicomtesse et s'asseyant.

Que voulez-vous! ma vie se passe dans une alternative étrange... Oui, j'étais désolé; car je me suis laissé surprendre la nuit, car ma réputation de soldat était perdue.

LA VICOMTESSE.

Pouviez-vous deviner cette voûte secrète, ce passage creusé sous la Garonne, et qui s'ouvre au cœur même de la forteresse, ce passage connu de quelques personnes seulement?

CANOLLES.

Je ne pouvais le deviner; mais je devais le découvrir... Oui, j'étais désolé... Mais je vous ai revue; cette influence que vous avez sur moi, que vous avez conquise dès les premiers jours, qui n'a fait qu'augmenter depuis, vous l'avez reprise... Me voilà donc redevenu votre esclave, et, je vous l'avoue à ma honte, je suis heureux!

LA VICOMTESSE.

Dites-vous la vérité?

CANOLLES.

Est-ce que je sais mentir?

LA VICOMTESSE.

Si vous ne savez pas mentir, baron, dites-moi donc alors franchement, loyalement, quelle place a, dans votre cœur, cette femme qui était enfermée avec vous au fort Saint-Georges, qui nous écoutait et qui, me reconnaissant pour une femme, s'est évanouie?

CANOLLES.

La place qu'a droit d'y réclamer une amie dévouée. Cette femme m'aimait avant que je vous connusse; je ne vous dirai point que je lui rendisse, même alors, un amour égal à son amour; non, pauvre esclave craintive, elle n'exigeait pas qu'on l'aimât : elle demandait seulement qu'on lui permît d'aimer; ne sachant pas combien cet amour était grand, profond, réel, désintéressé, j'ai donné au mien les proportions d'un caprice, voilà tout; même avant de vous connaître, j'étais ingrat pour la pauvre Nanon! et, je vous le dis, je serais véritablement le plus heureux des hommes...

LA VICOMTESSE.

Si...?

CANOLLES.

Si je n'avais pas de remords.

LA VICOMTESSE.

Des remords! des remords!

CANOLLES.

Oui, madame, des remords! car, aussi vrai que je vous parle, que je vous dis que je vous aime, que je n'aime que vous, au moment où je vous dis cela, il y a une femme qui pleure, qui gémit, qui donnerait sa vie pour moi, et qui do se dire cependant que je suis un lâche ou un traître.

LA VICOMTESSE.

Oh! monsieur!

CANOLLES.

Eh! madame, n'avais-je pas fait serment de la défendre, de la protéger?... ne répondais-je pas de sa liberté, de sa vie?

LA VICOMTESSE.

Eh bien, vous savez qu'elle a la vie sauve, vous savez qu'elle est libre, vous savez qu'elle a rejoint M. d'Épernon.

CANOLLES.

Oui, vous me l'avez déjà dit.

LA VICOMTESSE.

Ah! monsieur, vous aimez encore mademoiselle de Lartigues.

9.

CANOLLES.

Madame, si je vous disais que je n'ai point pour elle une amitié reconnaissante, je mentirais... Croyez-moi, Claire, prenez-moi avec ce sentiment; je vous donne tout ce que je puis donner d'amour, et je vous en donne beaucoup.

LA VICOMTESSE.

Hélas! je ne puis accepter; car peut-être faites-vous preuve d'un cœur plus généreux qu'aimant.

CANOLLES.

Écoutez! je mourrais pour vous épargner une larme, et j'ai fait pleurer sans être ému celle que vous dites! Pauvre femme, elle a des ennemis, elle; ceux qui ne la connaissent pas la maudissent, et ceux qui la connaissent la méprisent. Vous n'avez que des amis, vous; ceux qui ne vous connaissent pas vous respectent, et ceux qui vous connaissent vous aiment! Jugez donc de la différence de ces deux sentiments, dont l'un est commandé par ma conscience, l'autre par mon cœur.

LA VICOMTESSE.

Merci, mon ami... Mais peut-être cédez-vous à un mouvement d'entraînement produit par ma présence, et dont vous pourriez vous repentir; pesez donc bien mes paroles... Je vous laisse jusqu'à demain pour y répondre; si vous voulez faire dire quelque chose à mademoiselle de Lartigues, si vous voulez lui écrire ou lui envoyer un messager, si même vous voulez la rejoindre, vous êtes libre, Canolles; je vous prendrai par la main, et je vous conduirai moi-même hors des portes de Bordeaux.

CANOLLES.

Madame, il est inutile d'attendre à demain; je vous le dis avec un cœur ardent, mais avec une tête froide, je vous aime! je n'aime que vous! je n'aimerai jamais que vous!

LA VICOMTESSE.

Oh! merci! merci! Eh bien, j'en crois votre parole, j'en crois votre serment, j'en crois surtout mon propre cœur... et, dès ce soir, si vous voulez, un prêtre... dans la chapelle des Carmélites...

CANOLLES, tombant à genoux.

Oh! madame, que vous me faites heureux!

LA VICOMTESSE.

Écoutez, mon ami, il me faut la permission de la princesse. Oh! ne vous inquiétez pas, c'est une simple formalité... Revenez ici ce soir. A ce soir! votre femme vous attendra.

CANOLLES.

Madame, tout mon amour, toute ma vie !

LA VICOMTESSE.

Allez, allez, baron! voici madame la princesse... Nous ne nous quittons pas, puisque je vais m'occuper de nous réunir pour toujours.

CANOLLES.

Elle n'est pas seule.

LA VICOMTESSE.

C'est M. de la Rochefoucauld.

CANOLLES.

Eh bien, qu'avez-vous?

LA VICOMTESSE.

Je ne sais, mon ami; la vue de cet homme insensible, froid comme le marbre, inflexible comme l'acier... la vue de cet homme qui a dit qu'il y avait toujours dans le malheur d'un ami quelque chose qui nous faisait plaisir... la vue de cet homme fait mal. Il me semble, je ne sais pourquoi, il me semble que la présence de cet homme ici nous sera fatale.

CANOLLES.

Et comment cela, madame ? Nous ne le connaissons ni l'un ni l'autre, et il ne nous connait pas.

LA VICOMTESSE.

Vous avez raison !

(Canolles sort.)

SCÈNE III

LA VICOMTESSE, LA PRINCESSE, LA ROCHEFOUCAULD.

LA ROCHEFOUCAULD.

Oh! madame, je vous reponds de Richon, autant toutefois, entendons-nous bien, qu'un homme peut répondre d'un autre homme...

LA PRINCESSE.

Puisque vous en répondez, monsieur le duc, c'est tout ce qu'il faut.

LA ROCHEFOUCAULD.

Entendons-nous, madame la princesse; je ne réponds de personne. Je vous l'ai donné, vous l'avez pris, et je croirais que c'est un très-honnête homme... mais un très-honnête homme... si je croyais aux honnêtes gens.

LA PRINCESSE.

En vérité, duc, vous êtes désespérant... Et nos Bordelais, croyez-vous qu'ils tiendront, eux ?

LA ROCHEFOUCAULD.

Oh! oui! tant qu'ils y verront leur intérêt... En attendant, princesse, laissez-moi faire; je sais ce qu'il faut leur promettre.

LA PRINCESSE.

C'est bien, allez, duc... J'aperçois là une amie à moi, qui, ne pouvant me voir à chaque instant du jour, m'a demandé une audience; ce qui me fait croire qu'elle a quelque chose de tout à fait solennel à me dire. Allez tenir vos promesses, je vais tâcher d'acquitter mes obligations.

LA ROCHEFOUCAULD.

J'ai l'honneur de présenter mes respectueux hommages à Votre Altesse... (A la Vicomtesse.) Madame...

(Il sort.)

SCÈNE IV

LA PRINCESSE, LA VICOMTESSE.

LA PRINCESSE.

Eh bien, petite, qu'y a-t-il donc de si grave? Tu le vois, au lieu de t'attendre, je suis accourue.

LA VICOMTESSE.

Il y a, madame, qu'au milieu de la félicité si bien due à Votre Altesse, je viens la prier de jeter tout particulièrement les yeux sur sa fidèle servante, qui a besoin aussi d'un peu de bonheur.

LA PRINCESSE.

Avec grand plaisir, ma bonne Claire! et jamais le bonheur que Dieu t'enverra n'égalera celui que je te souhaite! Quelle grâce désires-tu? Dis, et, si elle est en mon pouvoir, compte d'avance qu'elle t'est accordée.

LA VICOMTESSE.

Veuve, libre, trop libre!... car cette liberté m'est plus pesante que ne me serait l'esclavage, je voudrais changer mon isolement en une condition meilleure.

LA PRINCESSE.

C'est-à-dire que tu voudrais te marier, n'est-ce pas, petite?

LA VICOMTESSE.

Je crois que oui!

LA PRINCESSE.

Eh bien, soit! cela nous regarde... Oh! sois tranquille, nous aurons soin de ton orgueil; il te faut un duc et pair, vicomtesse; je te chercherai cela parmi nos fidèles.

LA VICOMTESSE.

Oh! Votre Altesse prend trop de soins, et je ne comptais pas lui donner cette peine.

LA PRINCESSE.

Mais tu me parles là comme si ton choix était déjà fait, comme si tu avais sous la main le mari que tu me demandes.

LA VICOMTESSE.

C'est qu'en effet, la chose est ainsi que le dit Votre Altesse.

LA PRINCESSE.

En vérité! et quel est cet heureux mortel? Parle! ne crains rien... Est-ce que je le connais?

LA VICOMTESSE.

Votre Altesse l'a vu du moins.

LA PRINCESSE.

Il n'est pas besoin de demander s'il est jeune!

LA VICOMTESSE.

Trente ans.

LA PRINCESSE.

S'il est noble!

LA VICOMTESSE.

Il est bon gentilhomme.

LA PRINCESSE.

S'il est brave!

LA VICOMTESSE.

Sa réputation est faite.

LA PRINCESSE.

S'il est riche!

LA VICOMTESSE.

Je le suis.

LA PRINCESSE.

A merveille! Maintenant, il ne me reste plus qu'une chose à savoir.

LA VICOMTESSE.

Laquelle, madame?

LA PRINCESSE.

Le nom du bienheureux gentilhomme qui possède déjà le cœur, et qui possédera bientôt la personne de la plus belle guerrière de mon armée.

LA VICOMTESSE.

Madame, c'est...

SCÈNE V

Les Mêmes, RAVAILLY, couvert de poussière; puis MADAME DE TOURVILLE, LENET et PLUSIEURS AUTRES PERSONNES, entrant aux cris de Ravailly.

RAVAILLY.

Son Altesse!... où est Son Altesse?

LA PRINCESSE.

Qui vient là?

RAVAILLY.

Ah! madame!

LA PRINCESSE.

Vous n'êtes pas encore parti, monsieur de Ravailly?

RAVAILLY.

J'étais déjà en route, madame, avec les cinq cents hommes que je menais à Richon, lorsque j'ai appris... je demande pardon à Votre Altesse d'être le messager d'une si mauvaise nouvelle! lorsque j'ai appris que le fort de Vayres avait capitulé...

LA PRINCESSE.

Le fort de Vayres a capitulé?... Richon s'est rendu?

RAVAILLY.

Hélas! madame, il n'y a point à en douter.

LA PRINCESSE.

Oh! le lâche!

LENET.

Madame, Richon n'est point un lâche! je réponds de lui corps pour corps, et, s'il a capitulé, c'est qu'il ne pouvait faire autrement.

LA PRINCESSE.

Eh! monsieur, il devait mourir plutôt que de se rendre...

LENET.

Eh! madame, meurt-on quand on veut? Mais, au moins, il est prisonnier avec garantie, je l'espère?

RAVAILLY.

Sans garantie, monsieur, j'en ai peur. On m'a dit que c'était un major, un lieutenant qui avait traité, de sorte qu'il pourrait bien y avoir quelque trahison là-dessous, et qu'au lieu d'avoir fait des conditions, Richon eût été livré!

LENET.

Oui, trahi! livré! c'est cela! je connais Richon, je le sais incapable d'une lâcheté, même d'une faiblesse... Oh! madame, trahi! livré! entendez-vous? Occupons-nous de lui, vite! écrivez vite, madame, écrivez, je vous en supplie.

LA PRINCESSE.

Moi, moi, que j'écrive? et pour quoi faire?

LENET.

Mais pour le sauver, madame.

LA PRINCESSE.

Bah! mon cher Lenet, quand on rend une forteresse, on prend ses précautions.

LENET.

Mais n'entendez-vous pas qu'il ne l'a point rendue? n'entendez-vous pas ce que dit M. le capitaine : « Trahi! vendu! » que c'est avec un lieutenant, et non pas avec lui, qu'on a traité? Oh! madame, je vous en supplie, écrivez à M. de la Meilleraie; envoyez un messager, un parlementaire.

LA PRINCESSE.

Et quelle mission donnerons-nous à ce messager?

LENET.

Celle d'empêcher la mort d'un brave capitaine, peut-être; car, si vous ne vous hâtez... Oh! je connais la reine, madame, et peut-être votre messager arrivera-t-il trop tard.

LA PRINCESSE.

Trop tard? N'avons-nous pas des otages? n'avons-nous pas,

à Chantilly, à Montrond, ici même, n'avons-nous pas des officiers du roi prisonniers?

LA VICOMTESSE.

Oh! madame, madame, faites ce que vous demande M. Lenet; les représailles ne rendront pas la liberté à M. Richon.

LENET.

Il ne s'agit pas de la liberté, il s'agit de la vie.

LA PRINCESSE.

Eh bien, ce qu'ils feront, on le fera; la prison pour la prison, l'échafaud... pour l'échafaud.

LA VICOMTESSE, à genoux.

Oh! madame, M. Richon est un de mes amis; je venais vous demander une grâce, et vous avez promis de me l'accorder... Eh bien, madame, au nom de mon profond respect, au nom de mon inaltérable dévouement pour vous, je vous demande de sauver M. Richon.

LA PRINCESSE.

Eh bien, soit... Donnez-moi une plume, de l'encre, du papier.

LA VICOMTESSE.

Tenez, madame, voici ce que Votre Altesse a demandé.

LA PRINCESSE.

Merci, petite. Trouvez-moi un messager.

RAVAILLY.

Ce messager est tout trouvé, madame; me voici. Je n'ai vu M. Richon qu'une ou deux fois; mais ç'a été assez pour me convaincre que c'était un brave et loyal officier!

LENET, à la Vicomtesse, à part.

Madame, je ne sais si vous prenez un intérêt quelconque à un prisonnier; mais, en ce cas, croyez-en un homme qui est en toute chose votre serviteur, il faudrait donner à ce prisonnier le conseil...

LA VICOMTESSE.

Le conseil?

LENET.

Le conseil de ne pas rester prisonnier, si c'est possible.

LA VICOMTESSE.

Oui, vous avez raison... Mais le retrouverai-je? Et moi qui lui ai donné rendez-vous ici... Merci, monsieur Lenet, merci! Je vous recommande Richon.

LENET.

Oh ! soyez tranquille !

(La Vicomtesse sort.)

SCÈNE VI

Les Mêmes, hors **LA VICOMTESSE**.

LA PRINCESSE.

Tenez, monsieur de Ravailly, voici une lettre pour M. de la Meilleraie ; j'espère que, tout ennemis que nous sommes, il ne refusera pas... (Bruit dans la cour.) Qu'est-ce encore ?

CRIS, au dehors.

Branne ! Branne ! le gouverneur de Branne, prisonnier !

LENET.

Ah ! ah ! le gouverneur de Branne, prisonnier ! je n'en suis pas fâché : si la nouvelle est vraie, cela nous fera un ôtage qui répondra de Richon.

LA PRINCESSE.

N'avons-nous pas le gouverneur de l'île Saint-Georges, M. de Canolles ?

MADAME DE TOURVILLE.

Je suis heureuse que le plan que j'avais proposé pour prendre Branne ait si bien réussi.

LENET.

Oh ! madame, ne nous flattons pas d'une victoire aussi complète ; le hasard se joue des plans de l'homme, et quelquefois même des plans de la femme.

CRIS, au dehors.

A mort ! à mort le gouverneur de Branne ! à mort !

LA PRINCESSE.

Ah ! ah ! décidément, il paraît qu'il y a un prisonnier·

LENET.

Oui, madame, et même que ce prisonnier court un danger de mort... Entendez-vous ces menaces ?...

(Il court au parapet.)

CRIS, au dehors.

A mort le prisonnier ! à mort le gouverneur de Branne ! à mort ! à mort !

LENET, par-dessus le parapet.

Tenez ferme, messieurs ! Tenez ferme, monsieur de Ravailly! prenez quelques hommes et courez... Courage!... courage!... Ah! le voilà!

SCÈNE VII

Les Mêmes, CAUVIGNAC, ramené par RAVAILLY et des Soldats; puis LA ROCHEFOUCAULD.

CAUVIGNAC.

Ma foi, merci, messieurs; car vous m'empêchez d'être dévoré par les cannibales. Peste! s'ils mangent comme cela les hommes, le jour où l'armée royale donnera l'assaut à votre ville, ils la dévoreront toute crue.

LA FOULE, à la porte, au fond.

Allons, c'est un brave! Vive le gouverneur de Branne!

CAUVIGNAC.

Ma foi, oui! vive le gouverneur de Branne!... j'aimerais assez qu'il vécût.

LENET.

M. Cauvignac!

LA PRINCESSE.

M. Cauvignac, dans l'armée royale! M. Cauvignac, gouverneur de Branne!... Mais cela sent sa belle et bonne trahison.

CAUVIGNAC.

Hein! que dit Votre Altesse? Je crois qu'elle a prononcé le mot trahison,

LA PRINCESSE.

Oui, monsieur, trahison! car sous quel titre vous présentez-vous devant moi?

CAUVIGNAC.

Sous le titre de gouverneur de Branne.

LA PRINCESSE.

Par qui sont signées vos provisions?

CAUVIGNAC.

Par M. de Mazarin.

LA PRINCESSE.

Et comment servez-vous dans l'armée royale, après avoir pris un engagement dans la nôtre?

CAUVIGNAC.

Mais parce que Son Altesse, en manquant à ses engagements vis-à-vis de moi, m'a dégagé des miens.

LA PRINCESSE.

Que dit cet homme?

CAUVIGNAC.

La vérité... J'en appelle à M. Lenet.

LA PRINCESSE.

Que pensez-vous de ceci, monsieur Lenet?

LENET.

Je suis forcé d'avouer, madame, que c'est l'exacte vérité. J'ai eu le temps, avant le départ de Votre Altesse, de donner les dix mille livres à monsieur; mais je n'ai pas eu le temps de lui donner le brevet.

LA PRINCESSE.

Enfin, vous vous reconnaissez mon prisonnier, n'est-ce pas?

CAUVIGNAC.

Madame, j'ai l'habitude de me rendre à l'évidence, et j'avoue même que j'aime mieux être le prisonnier d'une grande princesse comme vous que d'être celui de cette populace qui allait me mettre en morceaux, si M. Lenet n'était venu à mon secours. (Pendant ce temps, M. de la Rochefoucauld est rentré et a parlé bas à la Princesse.) Oh! oh! qu'est-ce que celui-là?

LA ROCHEFOUCAULD.

Veuillez demander au prisonnier s'il peut vous donner quelques détails sur la mort de M. Richon.

LA PRINCESSE.

Sur la mort de M. Richon?

LENET.

Richon est mort?

CAUVIGNAC, à part.

Diable! voilà où la chose s'embrouille!

LA ROCHEFOUCAULD.

Oui, et on a voulu que cette mort fût infamante.

TOUS.

Infamante!

LA ROCHEFOUCAULD.

Oui!

LA PRINCESSE.

Quoi! Richon...?

LA ROCHEFOUCAULD.

Il est mort de la mort des voleurs et des assassins. Richon est mort pendu !

CAUVIGNAC, à part.

Aïe ! aïe ! aïe !

LA PRINCESSE.

Oh ! mais j'espère que nous allons nous venger, et cela cruellement.

CAUVIGNAC, à part.

Gare les représailles !

LA PRINCESSE.

Rentrons, monsieur le duc, réunissons-nous en conseil. En attendant, prenez le commandement de la ville ; je m'en rapporte à vous du soin de venger mon honneur et vos affections ; car, avant d'entrer à mon service, Richon avait été au vôtre. Je le tiens de vous, et vous me l'avez donné plutôt comme un de vos amis que comme un de vos domestiques.

LA ROCHEFOUCAULD.

Soyez tranquille, madame, je me souviendrai de ce que je dois à moi, à vous et à ce pauvre mort... Que l'on conduise M. le gouverneur de Braune au château Trompette. Monsieur de Ravailly ne vous éloignez pas, il y aura des ordres à exécuter... En attendant, faites garder les issues. Venez, madame.

CAUVIGNAC, à part.

Ça va mal ! ça va mal ! ça va mal !

(On entend sonner dix heures.)

SCÈNE VIII

RAVAILLY, plaçant les sentinelles ; CANOLLES, puis LENET.

CANOLLES, montant par le fond.

Dix heures du soir, c'est bien cela. Allons, j'ai le cœur un peu plus tranquille ; j'ai écrit à cette pauvre Nanon pour lui dire que tout était fini entre nous ; puis, chose étrange, comme si j'étais poursuivi par quelque danger inconnu, je suis entré dans une église, et j'ai prié... Claire ne m'a pas dit si je devais la faire demander ou attendre... Attendons !

RAVAILLY.

C'est cela ; sergent, deux hommes au bas de cet escalier, deux autres à cette porte.

CANOLLES.

Oh ! oh ! qui parle là ?

RAVAILLY.

Il me semble que je vois quelqu'un... Sont-ce déjà les ordres qui m'arrivent ?

CANOLLES.

Ah ! c'est vous, monsieur de Ravailly ?

RAVAILLY, à part.

M. de Canolles, pauvre garçon !

CANOLLES.

Vous n'êtes pas encore parti pour votre expédition ?

RAVAILLY.

Tout au contraire, j'en suis déjà revenu.

CANOLLES.

Ah !

RAVAILLY, à part, voyant entrer Lenet.

M. Lenet !...

LENET, de même.

Cet officier !...

CANOLLES.

Que disiez-vous tout à l'heure ?

RAVAILLY, à demi-voix.

Moi, monsieur ?... Je disais que, si j'étais prisonnier de guerre, fût-ce sur parole, de peur qu'on ne tînt pas vis-à-vis de moi la parole engagée, je sauterais sur un bon cheval, je gagnerais la rivière, je donnerais dix louis, vingt louis, cent louis, à un batelier, et, ma foi, le lendemain, arrive qui arrive !

CANOLLES.

Ah ! vous disiez cela ?

RAVAILLY.

Oui, monsieur.

CANOLLES.

Et à qui disiez-vous cela, capitaine ?

RAVAILLY.

A moi-même, attendu que je risquerais mon grade en le disant à un autre... (Il s'éloigne.) Ma foi, j'ai fait ce que j'ai pu.

CANOLLES, à lui-même.

Que signifient ces paroles ?

LENET.

Monsieur de Canolles!...

CANOLLES.

Monsieur Lenet?

LENET.

Savez-vous les nouvelles?

CANOLLES.

Non; mais dites-les-moi, je les saurai.

LENET.

Je n'ai pas le temps; seulement, courez bien vite jusqu'au cloître des Carmélites, et vous y trouverez madame de Cambes, qui vous les dira.

CANOLLES.

Madame de Cambes? Mais elle m'a dit de venir l'attendre ici.

LENET.

Elle a changé d'avis... Allez sans perdre un instant, et, si elle n'y est pas, attendez dans l'angle le plus noir qu'elle vienne vous y rejoindre. Avez-vous de l'argent?

CANOLLES.

Pour quoi faire?

LENET.

On ne sait pas; en temps de guerre civile, on peut avoir besoin de quitter un pays au moment où l'on s'y attendait le moins.

CANOLLES, à part.

Oh! oh! tous deux me disent la même chose en termes différents.

LENET.

Vous hésitez?

CANOLLES.

Non, monsieur, j'y vais!

(Il s'éloigne.)

LENET, voyant qu'on donne un ordre à Ravailly.

Je crois qu'il était temps.

SCÈNE IX

Les Mêmes, LA VICOMTESSE.

LA VICOMTESSE.

Ah! c'est vous!

CANOLLES.
Oui.
LA VICOMTESSE.
Que faites-vous ici?
CANOLLES.
Je vous attendais!
LA VICOMTESSE.
Et moi, je vous cherche.
CANOLLES.
Eh bien?
LA VICOMTESSE.
Venez!
CANOLLES.
Où?
LA VICOMTESSE.
Venez, vous dis-je!
CANOLLES.
Mais...
LENET.
Allez donc, il sera trop tard.
CANOLLES.
Je vous suis.
LA SENTINELLE.
On ne passe pas!
LA VICOMTESSE.
Comment! je ne puis pas passer?
LA SENTINELLE.
Vous, oui! monsieur, non!
LENET.
Essayez à l'autre.
DEUXIÈME SENTINELLE.
On ne passe pas!
LA VICOMTESSE.
Oh!
CANOLLES.
Ah! je comprends les conseils que l'on me donnait.
BAVAILLY.
Mon cher colonel, je suis au désespoir, mais de nouvelles mesures prises par le conseil de madame la princesse...
CANOLLES.
Vous m'arrêtez? Oh! dites franchement; je suis tellement

habitué à être arrêté depuis quelque temps, que, s'il se passait seulement huit jours sans que je le fusse, cela m'étonnerait.

RAVAILLY.

Vous ne serez privé que momentanément, je l'espère, de votre liberté.

CANOLLES.

Mais j'étais déjà prisonnier?

RAVAILLY.

Seulement, vous aviez la ville pour prison, tandis que maintenant...

CANOLLES.

C'est juste, vous me conduisez à la forteresse?

RAVAILLY.

Ce n'est pas ma faute, colonel : j'en avais assez dit, ce me semble, et, à moins d'ajouter que M. Richon était mort...

CANOLLES.

Merci, monsieur Ravailly... Merci, monsieur Lenet... Madame la vicomtesse, je me recommande à vos prières.

LA VICOMTESSE.

Oh! mon Dieu! que faire?

LENET.

L'ordre vient de madame la princesse, madame la princesse peut révoquer l'ordre qu'elle a donné... Laissez aller M. de Canolles, et occupez-vous de la princesse.

LA VICOMTESSE.

Baron, ne craignez rien, je suis là, je veille... Demain, oh! demain, je vous le jure, vous serez libre.

CANOLLES.

Tâchez que ce soit vous qui m'annonciez ma liberté, madame, et ce me sera une double joie.

RAVAILLY.

Êtes-vous prêt, monsieur de Canolles?

CANOLLES.

Je vous suis, messieurs!

SCÈNE X

LA VICOMTESSE, LENET.

LA VICOMTESSE, à Lenet.

Madame la princesse est là?

LENET.

Oui, mais avec M. de la Rochefoucauld.

LA VICOMTESSE.

Grand Dieu ! il faut pourtant que je lui parle à l'instant même, sans retard.

LENET.

Laissez-moi la prévenir... Mais je crois la chose inutile, tenez.

SCÈNE XI

LENET, LA VICOMTESSE, MADAME DE TOURVILLE, LA ROCHEFOUCAULD, LES OFFICIERS.

MADAME DE TOURVILLE.

Ah ! c'est vous, monsieur Lenet ! C'était, ma foi, bien heureux que vous ne fussiez point là ?

LENET.

Et pourquoi, madame ?

MADAME DE TOURVILLE.

Parce que, pour la première fois, mon plan a prévalu.

LENET.

Ah ! vous êtes pour les représailles, je crois ?

MADAME DE TOURVILLE.

Oui, comme tout le monde, au reste ! les représailles à l'unanimité.

LA VICOMTESSE.

Pardon, madame, mais je suis moins savante que vous en termes de guerre, et je désire savoir ce que vous entendez par représailles.

MADAME DE TOURVILLE.

J'entends que ce qui a été fait à M. Richon sera fait au premier officier de l'armée royale que nous trouverons sous notre main.

LA VICOMTESSE.

Richon a donc été arrêté, mis en prison ? Richon est donc mort ?

MADAME DE TOURVILLE.

Richon a été jugé, condamné et exécuté.

LA VICOMTESSE.

Richon a été exécuté ?

MADAME DE TOURVILLE.

Richon a été pendu, ma chère, et nous cherchons un officier de l'armée royale pour le pendre.

LA ROCHEFOUCAULD.

Mais il me semble que cet officier est tout trouvé, et que, par ordre de madame la princesse, on a arrêté M. de Canolles.

LA VICOMTESSE.

M. de Canolles?

LA ROCHEFOUCAULD.

Oui, ou bien M. de Ravailly aurait désobéi.

LA VICOMTESSE.

Non, non, M. de Canolles a bien été arrêté, là, devant moi, à l'instant même... Mais c'est une feinte, n'est-ce pas, monsieur le duc? une manifestation, voilà tout... On ne peut rien faire, il me semble du moins, on ne peut rien faire à un prisonnier sur parole.

LA ROCHEFOUCAULD.

Richon aussi, madame, était prisonnier sur parole.

LA VICOMTESSE.

Monsieur le duc, je vous en supplie!

LA ROCHEFOUCAULD.

Inutile, madame, c'est une décision prise et sur laquelle il n'y a pas à revenir... Un officier de l'armée royale sera exécuté comme l'a été M. Richon... Venez, messieurs.

(Il sort avec les Officiers.)

SCÈNE XII

LA VICOMTESSE, LA PRINCESSE, LENET.

LA VICOMTESSE.

Oh! madame, au nom du ciel, écoutez-moi, ne me repoussez pas!

LA PRINCESSE.

Qu'y a-t-il, mon enfant, et pourquoi pleures-tu?

LA VICOMTESSE.

Je pleure, madame, parce que j'ai appris que vous avez voté la mort en conseil, et cependant, madame, vous ne pouvez pas tuer M. de Canolles!

LA PRINCESSE.

Et pourquoi cela? Ils ont bien tué Richon, eux!

LA VICOMTESSE.

Mais, madame, rappelez-vous que c'est ce même M. de Canolles qui a sauvé Votre Altesse à Chantilly.

LA PRINCESSE.

Dois-je lui savoir gré d'avoir été dupe de notre ruse?

LA VICOMTESSE.

Et voilà l'erreur, madame!... c'est que M. de Canolles m'a reconnue; c'est que M. de Canolles avait deux cents hommes à la porte de Chantilly, qu'il pouvait appeler d'un coup de sifflet; c'est que M. de Canolles, et peut-être a-t-il eu tort, c'est que M. de Canolles a sacrifié son devoir à son amour.

LA PRINCESSE.

Mais il t'aimait donc?

LA VICOMTESSE.

Il m'aime!

LA PRINCESSE.

Mais celui que tout à l'heure tu venais me demander la permission d'épouser, c'était donc...?

LA VICOMTESSE.

C'était M. de Canolles, madame! M. de Canolles fait prisonnier à Saint-Georges, par moi, puisque c'est moi qui ai livré ce passage inconnu de tout le monde! Ainsi, réfléchissez donc bien, madame : si on le tuait, ce serait moi qui l'aurais tué!

LA PRINCESSE.

Ma chère enfant, songe donc que tu me demandes là une chose impossible.... Richon est mort, il faut que Richon soit vengé.

LA VICOMTESSE.

Oh! malheureuse! malheureuse! c'est moi qui aurai perdu celui que j'aime!

LENET.

Madame!

LA PRINCESSE.

Ah! vous aussi, Lenet?

LENET.

Pardon, madame, il a été dit que la mort de M. Richon serait vengée sur un officier de l'armée royale.

LA PRINCESSE.

Eh bien, M. de Canolles n'est-il pas un officier de l'armée royale?

LENET.

Si fait, madame; mais cette espèce d'aventurier, ce gouverneur de la ville de Branne, ce M. de Cauvignac est aussi un officier de l'armée royale.

LA PRINCESSE.

Ah! monsieur l'homme sévère! c'est-à-dire que vous me demandez la vie de l'un et la mort de l'autre... Est-ce bien juste, cela?

LENET.

D'abord, il est juste madame, quand un seul homme doit mourir, que l'on n'en fasse pas mourir deux : c'est bien assez de souffler une fois sur ce flambeau allumé par la main de Dieu et que l'on appelle la vie. Ensuite, il est juste, s'il y a un choix à faire, que l'honnête homme soit sauvé de préférence à l'intrigant...

LA PRINCESSE.

Eh bien, mon vieil ami, sois content! sois heureuse, ma douce Claire! rassurez-vous tous deux : un seul mourra, puisque vous le voulez... Mais qu'on ne vienne pas me redemander la grâce de celui qui sera destiné à mourir.

LA VICOMTESSE.

Oh! merci, madame! à partir de ce moment, ma vie et la sienne sont à vous.

LENET.

Et, en faisant ainsi, madame, vous serez à la fois juste et miséricordieuse! ce qui, jusqu'à présent, n'avait été le privilège que de Dieu seul.

LA VICOMTESSE.

Et maintenant, madame, puis-je le voir? puis-je le délivrer?

LA PRINCESSE.

Le voir, oui; le délivrer, non; mais vous avez ma parole de princesse, Claire, allez la lui porter.

LA VICOMTESSE.

Un mot de vous, madame, pour pénétrer dans cette forteresse?

LA PRINCESSE, s'asseyant.

Le voici!

(Pendant qu'elle écrit, la Vicomtesse est à genoux et baise le bas de sa robe.)

LENET.

Pourquoi les princes font-ils si rarement des heureux? C'est cependant chose si facile à faire!

LA PRINCESSE.

Parce qu'ils n'ont pas souvent près d'eux des conseillers comme vous, Lenet.

LA VICOMTESSE, emportant le laisser passer.

Oh! merci, madame, merci!

ACTE CINQUIÈME

NEUVIÈME TABLEAU

La prison.

—

SCÈNE PREMIÈRE

RAVAILLY, CANOLLES, assis.

RAVAILLY.

Monsieur de Canolles!... monsieur!...

CANOLLES, se retournant.

Monsieur?

RAVAILLY.

Avez-vous besoin de souper?

CANOLLES.

Mais volontiers.

RAVAILLY.

En ce cas, donnez vos ordres; le geôlier est averti de vous faire faire telle chère qu'il vous conviendra.

CANOLLES.

Vraiment? Allons, il paraît que je serai traité honorablement tout le temps que je demeurerai ici. C'est toujours quelque chose.

RAVAILLY.

J'attends!

CANOLLES.

Ah! c'est juste! Pardon, votre demande m'avait suggéré certaines réflexions... Revenons à la matière... Oui, mon cher ami, je souperai, j'ai grand'faim; mais je suis sobre, et un repas de soldat me suffira.

RAVAILLY.

Maintenant, vous n'avez aucune recommandation à faire?

CANOLLES.

Aucune!

RAVAILLY.

En ville?

CANOLLES.

En ville? Pourquoi en ville?

RAVAILLY.

Oui, n'attendez-vous rien?... Tenez, vous venez de me dire que vous êtes soldat; je le suis aussi, agissez envers moi comme avec un camarade.

CANOLLES.

Non, cher ami, je n'ai aucune recommandation à faire en ville; je n'attends rien... Si fait, j'attends bien une personne, mais je ne puis vous la nommer. Quant à vos offres bienveillantes, merci, mon cher lieutenant; si j'ai besoin de vous, je vous le dirai franchement.

RAVAILLY.

Du moment que vous ne demandez qu'à souper...

CANOLLES.

Eh bien?

RAVAILLY.

Vous allez être servi, monsieur... Adieu!

SCÈNE II

CANOLLES, seul.

Comme il a l'air solennel à l'endroit du souper! est-ce qu'on ne soupe pas en prison?... Voilà que le souper, en tête-à-tête avec moi-même, me rappelle celui que je fis seul chez Biscarros le jour où Richon refusa de s'attabler avec moi... Pauvre Richon! c'était un brave... La sotte chose que la guerre! vivant hier, mort aujourd'hui! Il se sera fait tuer sur ses canons, l'intrépide! comme j'aurais fait à Saint-Georges sans ce maudit souterrain... Ah! le contre-temps est fâcheux; cette mort de Richon va redoubler les rigueurs de ma captivité, on ne me laissera plus courir la ville, plus de rendez-vous dans les beaux jardins! Peut-être m'enverra-t-on croupir à quinze pieds sous terre, tandis que j'aurais pu vivre et m'épanouir au soleil, près d'une femme aimée. Poétique espérance changée en une brutale déception! Plus de mariage même, à moins que Claire ne se contente de la chapelle d'une prison... Bah! elle s'en contentera... On est aussi bien marié dans une chapelle que dans une autre. (Bruit, cris au dehors.) Ah! voilà qu'on apporte mon souper.

SCÈNE III

Deux Soldats, apportant la table; CANOLLES, regardant à travers les barreaux de sa fenêtre.

CANOLLES.

Quel diable de mouvement dans la ville! où vont tous ces gens-là? On dirait que c'est du côté de l'esplanade... Il n'y a cependant ni parade ni exécution à cette heure-ci... Ils courent tous du même côté... Enfin!.... Bien, mon couvert est mis... (Il soupe.) Du bordeaux!... il sera aussi bon pour ces braves gens que pour moi!...(Aux Soldats.) Mes amis, buvez donc cette bouteille à ma santé; je bois à la vôtre. (Il boit; les Soldats boivent tour à tour dans la bouteille.) Ils ne sont pas polis, mais ils boivent bien, on ne peut pas tout avoir.

RAVAILLY, entrant.

Monsieur!... pardon!

CANOLLES.

Ah! très-bien... Vous venez souper avec moi?

RAVAILLY.

Je ne saurais avoir cet honneur, monsieur: je sors de table et je reviens...

CANOLLES.

Pour me tenir compagnie? C'est bien aimable à vous.

RAVAILLY fait signe aux Soldats de sortir; ils sortent.

Non, monsieur; je viens vous demander si vous êtes catholique ou huguenot.

CANOLLES.

Quelle idée! pourquoi cela?

RAVAILLY.

Voici : nous n'avons qu'un chapelain catholique dans la prison ; cela vous gênera si vous êtes de la religion...

CANOLLES.

En quoi cela me gênera-t-il ?

(Il se lève.)

RAVAILLY, embarrassé.

Mais pour faire vos prières.

CANOLLES.

Oh ! soyez tranquille, je penserai à cela plus tard ; je ne fais mes prières que le matin, moi.

RAVAILLY.

Soit, monsieur, soit !

(Il salue et sort.)

SCÈNE IV

CANOLLES, puis LA VICOMTESSE.

CANOLLES.

De plus en plus solennel !... Ah çà ! mais ils se détraquent tous... Depuis la mort de ce pauvre Richon, tous ceux que je vois ont l'air d'idiots ou d'enragés... Cordieu ! je donnerais mon souper de demain pour apercevoir un visage raisonnable.

LA VICOMTESSE, se précipitant à son cou.

Ah !

CANOLLES.

Bon ! encore un fou !... Ah ! mais... Claire !... vous ici !... Oh ! pardonnez, pardonnez-moi de ne pas vous avoir devinée.

LA VICOMTESSE.

Enfin !... enfin !... Oh ! mon Dieu, que je suis heureuse ! Merci ! merci, mon Dieu ! d'avoir pu le revoir encore.

CANOLLES.

Encore ?... m'avoir revu encore ?... Et vous dites cela en pleurant ?... Eh ! mais vous ne devez donc plus me revoir ?...

LA VICOMTESSE.

Oh ! ne riez pas, votre gaieté me fait mal ! ne riez pas, je vous en supplie !... j'ai eu tant de peine à venir près de vous !... Si vous saviez à quoi a tenu que je ne puisse venir !...

sans Lenet, sans cet ami excellent qui m'a fait accorder la permission de vous voir une demi-heure... Mais parlons de vous, mon ami. C'est donc vous que je retrouve, c'est donc bien vous?
CANOLLES.
Mais oui, c'est bien moi.
LA VICOMTESSE.
Tenez, n'affectez pas ce maintien joyeux, c'est inutile. Je sais tout, on ne s'était pas caché de moi.
CANOLLES.
Ah! on ne s'était pas caché de vous?
LA VICOMTESSE.
On ne savait pas que je vous aime.
CANOLLES.
Mon amie, je ne vois pas bien...
LA VICOMTESSE.
Avouez que vous m'attendiez, que vous étiez mécontent de mon silence, que vous m'accusiez déjà.
CANOLLES.
Je vous attendais, tourmenté, mécontent; mais je ne vous accusais pas... Pourquoi l'eussé-je fait? « Elle est retenue, me disais-je, par quelque circonstance plus forte que sa volonté... » Le plus grand malheur pour moi, c'est que notre mariage se trouvait différé, remis à huit jours, à quinze peut-être.
LA VICOMTESSE.
Parlez-vous sérieusement?
CANOLLES.
Mais oui.
LA VICOMTESSE.
Vous n'êtes pas plus effrayé que cela?
CANOLLES.
Effrayé! de quoi? Est-ce que, sans m'en douter, je cours un danger quelconque?... Ah! tout est possible!
LA VICOMTESSE.
Le malheureux! il ne savait rien.
CANOLLES.
Ah! ah! il y a quelque chose... Non, je ne savais rien, je ne sais rien encore; mais, comme je suis un homme, comme je suis votre ami, vous allez tout me dire; n'est-ce pas, Claire? Voyons, je vous en prie, parlez.

LA VICOMTESSE.

Vous savez que Richon est mort?

CANOLLES.

Ah! cela, oui, je le sais... Ah! je comprends, je comprends mon arrestation, mon interrogatoire; je comprends les offres de service de l'officier, le silence des soldats; je comprends votre démarche, votre joie de me revoir, vos pleurs et les cris de cette foule qui va vers l'esplanade. Richon est mort, n'est-ce pas, et c'est sur moi qu'on vengera la mort de Richon?

LA VICOMTESSE.

Non, non, mon bien-aimé; non, pauvre ami de mon cœur, non, tu ne seras pas sacrifié, chère victime!... Oh! tu ne t'étais pas trompé. Oui, tu étais désigné, oui, tu allais périr; tu as vu de bien près la mort, mon beau fiancé! Mais, rassure-toi, nous pouvons parler de bonheur, d'avenir. J'ai sauvé ta vie, et je puis te consacrer la mienne; ce n'est pas ton sang qui payera le sang de Richon.

CANOLLES.

Quelqu'un mourra, dites-vous? Oh! chère amie, silence, silence! c'est impossible.

LA VICOMTESSE.

Oui, silence! l'autre nous entendrait peut-être; notre joie serait un crime.

CANOLLES.

Qui donc mourra? qui donc?

SCÈNE V

Les Mêmes, RAVAILLY.

RAVAILLY.

Madame, la demi-heure est expirée.

LA VICOMTESSE.

Déjà!

CANOLLES.

Déjà!

LA VICOMTESSE, à Ravailly.

Oui, monsieur! (A Canolles.) Voyons, au lieu de vous attrister ainsi, réjouissez-vous avec moi... Cette nuit, dans une heure peut-être, vous sortirez de prison, la grâce sera signée; alors, sans perdre une minute, nous fuirons... Cette ville maudite m'épouvante... Riez donc. Adieu! Oh! non pas adieu, au revoir, au revoir!

SCÈNE VI

CANOLLES, RAVAILLY.

CANOLLES.

Ah! mon cher Ravailly!

RAVAILLY.

Maintenant, monsieur, il ne suffit pas d'être heureux, il faut être compatissant.

CANOLLES.

Compatissant?

RAVAILLY.

Oui; votre voisin, l'autre gouverneur, il demande à vous voir.

CANOLLES.

L'autre gouverneur?

RAVAILLY.

Le gouverneur qui a été pris comme vous, le pauvre homme qui va mourir.

CANOLLES.

Il demande à me voir?

RAVAILLY.

Y consentez-vous?

CANOLLES.

Si j'y consens?... Oh! je crois bien, oui, pauvre infortuné! je l'attends, je lui ouvre mes bras; je ne le connais pas, mais n'importe!

RAVAILLY.

Oh! il vous connaît bien, lui.

CANOLLES.

Ah!... Sait-il sa condamnation?

RAVAILLY.

Je ne crois pas.

CANOLLES.

Oh! laissons-le ignorer, mon Dieu! Allez vite me le chercher, monsieur; je vous en prie, allez vite.

RAVAILLY.

J'y vais. Au revoir.

CANOLLES.

Vous me le ramènerez, vous resterez avec nous.

RAVAILLY.

Non, je rentre au poste. A partir de onze heures, les geôliers seuls règnent en maîtres dans la prison. Le vôtre est prévenu, il sait que votre compagnon sera chez vous, il viendra l'y prendre au moment... Ainsi, quand vous le verrez venir...

CANOLLES.

C'est affreux !

RAVAILLY.

Au revoir, quand vous serez libre.

CANOLLES.

Merci ! (Ravailly sort.) Mon Dieu ! faites que le malheureux ne vienne pas me reprocher mon bonheur !

SCÈNE VII

CANOLLES, CAUVIGNAC.

CAUVIGNAC.

Monsieur l'officier, grand merci ! C'est M. de Canolles qui est là ?

RAVAILLY, derrière la porte.

Oui.

CANOLLES.

Sa voix me fait mal.

CAUVIGNAC.

Monsieur le baron, permettez !

CANOLLES.

Eh ! monsieur, c'est vous ?

CAUVIGNAC.

Vous me reconnaissez ?

CANOLLES.

Pardieu ! si je reconnais l'homme qui m'a fait deux fois de suite tant de chagrin : la première à Jaulnay, la seconde à Chantilly... Je crois bien que je vous reconnais !

CAUVIGNAC.

Vous êtes bien bon, merci ! Eh bien, que pensez-vous de la situation précaire, hein... difficile ?... Est-ce que, de votre cachot, vous n'avez pas vu, comme je l'ai vu du mien, tous ces lourdauds qui courent vers un certain endroit qui doit être l'esplanade? Vous connaissez l'esplanade, mon cher monsieur, et vous savez à quoi elle sert?

CANOLLES.

A passer des revues, oui!

CAUVIGNAC, à part.

Allons encore un qui s'abuse sur sa position... Il faut le préparer un peu, lui adoucir la pente... (Haut.) Monsieur, mon cher monsieur, vous voyez les choses un peu trop en beau... Des revues, des revues, c'est faible... Je crois qu'il s'agit de quelque chose de mieux : une petite exécution, par exemple.

CANOLLES.

Allons donc!

CAUVIGNAC.

Ah! vous êtes rassuré, vous? Tant mieux! vous n'avez pas les mêmes raisons que moi d'avoir...

CANOLLES.

D'avoir peur!

CAUVIGNAC.

D'être inquiet... Ah! ne vous vantez pas trop de votre affaire, elle n'est pas superbe, allez... Mais, si je dois le dire, la vôtre ne fait rien à la mienne, et la mienne est terriblement embrouillée. Savez-vous bien qui je suis?

CANOLLES.

Voilà une question singulière!... Vous êtes le capitaine Cauvignac, gouverneur de...

CAUVIGNAC.

De Branne, oui... pour le moment; mais je n'ai pas toujours porté le nom de Cauvignac, je n'ai pas toujours été gouverneur de Branne.

CANOLLES.

Ah! comment donc vous appelait-on, quand on ne vous appelait pas Cauvignac?

CAUVIGNAC.

Par exemple, un jour que je ne m'appelais pas Cauvignac, je me suis appelé le baron de Canolles, comme vous.

CANOLLES.

Hein?

CAUVIGNAC.

Oui, je comprends, vous vous demandez si je suis bien dans mon bon sens.

XVI.

CANOLLES.

Ma foi, oui!... à moins que vous ne m'expliquiez...

CAUVIGNAC.

Eh bien, un seul mot... Mon vrai nom est Roland de Lartigues... Nanon est ma sœur.

CANOLLES.

Vous, le frère de Nanon? vous?... Ah! pauvre garçon!

CAUVIGNAC.

Eh bien, oui, pauvre garçon, très-pauvre garçon!... car, outre une foule de petits désagréments qui vont résulter du procès qu'on va me faire ici, j'ai la disgrâce de m'appeler Roland de Lartigues, et d'être le frère de Nanon...

CANOLLES.

Et qu'est devenue Nanon, monsieur de Cauvignac? que fait-elle?

CAUVIGNAC.

Oh! pardieu! elle pleure... non pas sur moi, elle ignore mon arrestation, mais sur vous, dont elle doit connaître le sort, à l'heure qu'il est.

CANOLLES.

Tranquillisez-vous, Lenet ne dira pas que vous êtes le frère de Nanon, M. de la Rochefoucauld n'a pas de motifs de vous perdre, on ne saura rien de tout cela.

CAUVIGNAC.

Soit; mais on saura une chose : on saura, par exemple, que c'est moi qui ai donné à M. Lenet certaine signature de M. d'Épernon, et que cette signature a causé... Bah! oublions! oublions!

CANOLLES.

Voyons, monsieur de Cauvignac, du courage!

CAUVIGNAC.

Eh! pardieu! croyez-vous que j'en manque? Vous me verrez au fameux moment, quand nous irons faire un tour sur l'esplanade... Pour moi, une chose me taquine : serons-nous fusillés, décapités ou pendus?

CANOLLES.

Que dites-vous là! des gens d'épée...

CAUVIGNAC.

Eh bien, est-ce que Richon n'était pas un homme d'épée?... Cela ne l'a pas empêché d'être pendu.

CANOLLES.

Pendu!... Richon! un soldat?... Oh! mon Dieu :

CAUVIGNAC.

Vous ne saviez pas cela? Jugez de la situation à présent. Oui, pendu! j'étais à Libourne quand on a fait le procès de ce pauvre Richon. Eh bien, procès, jugement, exécution, le tout a duré dix minutes. Nous sommes déjà en retard, nous autres.

CANOLLES.

Qu'est-ce que cela? on vient!

CAUVIGNAC.

Diable!

CANOLLES.

J'avais demandé du vin, le geôlier l'apporte peut-être.

CAUVIGNAC.

Ah! il y a encore cela. Si le geôlier entre avec des bouteilles, cela va bien ; mais, s'il vient les mains vides...

SCÈNE VIII

Les Mêmes, le Geôlier, puis LA VICOMTESSE.

LE GEÔLIER.

Lequel de vous deux est le baron de Canolles?

CANOLLES et CAUVIGNAC.

Ah! diable!

CANOLLES.

J'ai porté ce nom trente ans, c'est assez connu pour que je n'hésite pas à l'avouer.

CAUVIGNAC.

Moi, je l'ai porté trois heures, et cela suffit pour me donner beaucoup d'inquiétude.

CANOLLES.

Je suis M. de Canolles.

LE GEÔLIER.

Vous étiez gouverneur de place?

CANOLLES.

Oui.

CAUVIGNAC.

Et moi aussi... sans compter que je me suis appelé Canolles, comme monsieur... Ah! expliquons-nous bien, et pas de méprise; c'est assez de ce qui m'est arrivé avec Richon, sans que je fasse tuer encore un homme.

LE GEÔLIER, à Canolles.

Ainsi, Canolles est le nom que vous portez maintenant?

CANOLLES.

Oui.

LE GEÔLIER, à Cauvignac.

Et vous vous vous êtes appelé autrefois Canolles?

CAUVIGNAC.

Hélas! oui.

LE GEÔLIER.

Et vous êtes tous deux gouverneurs de place?

CANOLLES et CAUVIGNAC.

Tous deux!

LE GEÔLIER.

Heureusement que j'ai une dernière question à vous faire, et cette question éclairera tout.

CAUVIGNAC.

Aïe!... Faites votre question?

LE GEÔLIER.

Lequel de vous deux est le frère de Nanon de Lartigues?

CAUVIGNAC, à Canolles.

Qu'est-ce que je vous disais, que ce serait par là que l'on m'attaquerait!

CANOLLES.

Oh!

LE GEÔLIER.

Eh bien?

(La Vicomtesse entre.)

CAUVIGNAC.

Et si c'était moi qui fusse le frère de mademoiselle Nanon, que me diriez-vous?

LE GEÔLIER.

Je vous dirais de me suivre.

CAUVIGNAC.

Peste! merci!

CANOLLES.

Mademoiselle Nanon m'a aussi appelé son frère.

LE GEÔLIER.

Ah! tâchez de vous entendre, messieurs, la chose en vaut la peine : il y va de vie et de mort.

CANOLLES.

Raison de plus, monsieur, pour que je réclame mon nom de Canolles.

CAUVIGNAC.

Et moi, monsieur, mon titre de frère de Nanon.

CANOLLES.

Cependant...

LA VICOMTESSE.

Mon ami ! mon ami !

CANOLLES.

Vous !... vous !... Elle ici !

LE GEÔLIER.

Voyons, hâtons-nous, messieurs, que je sache à quoi m'en tenir.

CAUVIGNAC.

Tiens, comme vous êtes pressé !

LA VICOMTESSE, à Canolles.

Monsieur !... et moi ?... et ma vie ?... et tout notre avenir ?... et cette grâce que j'ai là, monsieur ?... Oh ! vous ne m'aimez donc pas ? Mais vous ne pouvez pas dire que vous êtes le frère de cette femme ; ne mentez pas, monsieur, ne mentez pas !

CAUVIGNAC.

Allons, allons, j'ai dans ma vie assez fait payer les autres ; à mon tour de payer aujourd'hui.

CANOLLES, à part.

Le malheureux !

LA VICOMTESSE.

Laissez-le partir, laissez cet homme l'emmener.

LE GEÔLIER.

Allons, qu'on se décide !

CAUVIGNAC.

Holà ! notre ami, doucement... Cher compagnon, me voilà fixé sur un point, c'est que je passe le premier.

LE GEÔLIER.

Allons, monsieur !

CAUVIGNAC.

Patience, vous ! vous êtes fatigant, mon brave homme... Cher frère, cher beau-frère... Madame, mille compliments... Ah ! madame, monsieur me rendra cette justice de dire que ce n'est pas moi qui vous l'enlèverai.

CANOLLES.

Adieu !

CAUVIGNAC.

Un mot, voulez-vous ?

CANOLLES.

Dites !

CAUVIGNAC.

Pardon, madame ! (A Canolles.) Priez-vous quelquefois ?

CANOLLES.

Oui.

CAUVIGNAC.

Eh bien, quand vous prierez, dites un *Pater* et un *Ave* pour moi ! (Au Geôlier.) C'est moi qui suis le frère de mademoiselle Nanon de Lartigues, son vrai frère. Marchez, mon brave.

(Ils sortent.)

SCÈNE IX

CANOLLES, LA VICOMTESSE.

LA VICOMTESSE.

Nous, partons, mon ami ! partons !

CANOLLES.

Oui, partons ! (On entre.) Qu'est cela ?

SCÈNE X

LA ROCHEFOUCAULD, LENET, CANOLLES, LA VICOMTESSE, Officiers.

LA VICOMTESSE, à la Rochefoucauld.

Monsieur, voici l'ordre d'élargir M. de Canolles.

LA ROCHEFOUCAULD.

Très-bien, madame. Monsieur est libre.

LA VICOMTESSE.

Venez, mon ami.

CANOLLES.

Partons, messieurs !

(Il salue.)

LENET.

Allez vite!

LA ROCHEFOUCAULD.

Ne m'a-t-on pas dit qu'une autre personne était dans ce cachot avec M. de Canolles?

L'OFFICIER.

Oui, monseigneur.

LENET, bas, à Canolles.

Partez donc!

LA VICOMTESSE, aux Officiers rangés en haie.

Permettez, messieurs!

LA ROCHEFOUCAULD.

Pardon, madame...

LA VICOMTESSE.

Quoi donc, monsieur le duc?

LA ROCHEFOUCAULD.

C'est que je ne vois pas l'autre prisonnier.

LENET.

On l'aura reconduit dans son cachot, au n° 3.

LA VICOMTESSE.

Monsieur, il ne sert à rien que j'attende; madame la princesse a signé la liberté de M. de Canolles?

LA ROCHEFOUCAULD.

Oui, certes!

LA VICOMTESSE.

Eh bien, voici l'ordre; le reconnaissez-vous?

CANOLLES.

Laissez donc, madame, M. le duc accomplit les formalités.

LENET, bas.

Partez! partez!

LA VICOMTESSE.

Oh! mais venez, venez donc!

UN OFFICIER.

Le n° 3 est vide, le prisonnier n'y est plus.

LA ROCHEFOUCAULD.

Ah! ah! vous voyez!... fermez, messieurs!

LA VICOMTESSE.

Monsieur...

CANOLLES, à part.

Je devine tout! Nanon veillait sur moi, Nanon m'avait désigné a m. d'Épernon comme son frère... Nanon ignorait l'arrestation de Cauvignac, elle l'a fait libre, je suis mort.

LA VICOMTESSE.

Je passerai ! je passerai, vous dis-je ! j'ai l'ordre, l'ordre est au nom de monsieur, je passerai.

LA ROCHEFOUCAULD.

Madame, cela ne me regarde plus; madame la princesse a fait grâce à l'un des prisonniers, mais elle veut punir l'autre; cet autre ayant disparu...

LA VICOMTESSE.

Oh !

LENET.

Monsieur le duc !

LA VICOMTESSE.

Vous désobéissez à Son Altesse.

LA ROCHEFOUCAULD.

Non, madame; mais je vais la faire prévenir de ce qui arrive, j'y vais.

LENET, bas, à la Vicomtesse.

Ne le laissez pas aller.

LA VICOMTESSE, à Lenet.

Oh ! non !... (Au Duc.) Pourquoi vous ?

LA ROCHEFOUCAULD.

C'est vrai, madame; vous alors... Qui peut plus que vous sur l'esprit de la princesse?

LENET, bas, à la Vicomtesse.

N'y allez pas,

LA ROCHEFOUCAULD.

Eh bien, partez-vous, madame?

LA VICOMTESSE.

Je ne quitterai pas monsieur.

L'OFFICIER, à Canolles.

Monsieur de Canolles, éloignez-la !

CANOLLES, bas.

Je comprends ! (Haut.) Écoutez, chère Claire, j'ai grande confiance en M. le duc; mais, je l'avoue, j'ai plus grande confiance encore en vous; ce... ce que madame la princesse refuserait à un autre, elle ne le refusera pas à la vicomtesse de Cambes.

LA VICOMTESSE.

C'est vous qui me le dites !

CANOLLES.
C'est moi qui vous le dis.
LA VICOMTESSE.
J'y vais! Lenet! Lenet! jurez-vous de ne pas le quitter?
LENET.
Je ne le quitterai pas, je le jure.
LA VICOMTESSE.
Merci! je reviens!
CANOLLES.
Adieu!
LENET.
Embrassez-la donc!
CANOLLES, l'embrassant.
Claire!
LA VICOMTESSE.
Laisse-moi courir chez la princesse, laisse-moi! (Du fond. Je reviens! Je reviens!

(Elle part.)

LA ROCHEFOUCAULD, à Canolles.
Monsieur, nous vous attendons.
CANOLLES.
Moi?... Mais on n'attend donc pas le retour de madame de Cambes?
LA ROCHEFOUCAULD.
On vous a laissé éloigner la femme que vous aimez, c'est tout ce que l'on pouvait faire.
CANOLLES, à Lenet.
Je comprends, je ne la verrai plus! quand vous m'avez dit de l'embrasser, c'était donc pour la dernière fois?
RAVAILLY.
On dirait qu'il pleure!
CANOLLES.
Orgueil! seul et unique courage qui soit réel, viens à mon secours! moi, pleurer une chose aussi futile que la vie?... Allons donc! comment ai-je fait au fort Saint-Georges, quand mille morts me menaçaient?... J'ai combattu, j'ai ri. (Entrée des Gardes.) Eh bien, aujourd'hui, comme ce jour-là, si je ne combats pas, du moins rien ne m'empêchera de rire... Pardon, messieurs, il m'a fallu une minute pour m'accoutumer à la mort; si c'est trop, excusez-moi, messieurs, de vous

11.

avoir fait attendre... Quand vous voudrez; c'est moi qui vous attends.

(Il appelle Lenet, lui prend le bras et sort avec lui.)

DIXIÈME TABLEAU

L'esplanade. — Il fait nuit.

SCÈNE PREMIÈRE

NANON et COURTANVAUX, sur la contrescarpe; LES AIDES DE L'EXÉCUTEUR, mangeant au pied de la potence; CAUVIGNAC et LE GEÔLIER, descendant par le chemin couvert.

NANON.

Rien encore!... Mon ami, vous avez bien remis la lettre à l'avocat du roi lui-même?

COURTANVAUX.

A lui-même.

NANON.

Et il a été à la prison tout de suite?

COURTANVAUX.

A l'instant!

NANON.

Et il est revenu, vous disant de me rassurer?

COURTANVAUX.

Il est revenu, me disant qu'il répondait de tout.

NANON.

Ainsi, M. de Canolles, mon frère, devait fuir par la poterne?

COURTANVAUX.

Par la poterne.

NANON.

A côté de l'esplanade?

COURTANVAUX.

A côté de l'esplanade.

NANON.

C'est bien ici, n'est-ce pas?

COURTANVAUX.

Voici la poterne, voici l'esplanade.

NANON.

Oui, c'est vrai, et les terribles apprêts du supplice...

(La Sentinelle, sur l'esplanade, a cru entendre parler; elle s'approche et regarde.)

COURTANVAUX.

Silence, madame! la sentinelle nous a entendus, et, si elle nous voyait...

LA SENTINELLE.

Eh! là-bas, de l'autre côté du fossé, y a-t-il quelqu'un? (Courtanvaux et Nanon se cachent et restent muets.) Je me trompais!

(Elle continue sa promenade.)

SCÈNE II

Les Mêmes, CAUVIGNAC, le Geôlier.

CAUVIGNAC.

Eh! un instant, l'ami! où me menez-vous?

LE GEÔLIER.

Venez!

CAUVIGNAC.

Venez! c'est bientôt dit: on aime à savoir où l'on va.

LE GEÔLIER.

Venez, vous dis-je! nous y sommes.

CAUVIGNAC.

Où cela?

LE GEÔLIER.

A la poterne.

CAUVIGNAC.

A la poterne?

LE GEÔLIER.

Une seconde...

CAUVIGNAC.

Que faites-vous?

LE GEÔLIER.

J'éteins ma lanterne.

CAUVIGNAC.

Nous n'y verrons plus.

LE GEÔLIER.

Bah! et les étoiles?

CAUVIGNAC.

Comment, les étoiles?

LE GEÔLIER, ouvrant la porte.

Oui!

CAUVIGNAC.

Mais qu'est-ce que ceci? Que c'est noir! ça m'a l'air de l'Achéron.

LE GEÔLIER.

Ce sont les fossés de la ville.

NANON.

Il me semble que j'ai entendu...

COURTANVAUX.

Le bruit d'une porte, n'est-ce pas?

NANON.

Chut!

(Elle s'approche du bord.)

CAUVIGNAC.

Les fossés... Ah!

LE GEÔLIER.

Savez vous nager?

CAUVIGNAC.

Oui..., non..., si... c'est-à-dire... Mais pourquoi diable me demandez-vous cela?

LE GEÔLIER.

C'est que, si vous ne savez pas nager, nous serons forcés d'attendre le bateau qui stationne là-bas; or, c'est un quart d'heure perdu, et, pendant ce quart d'heure, on peut s'apercevoir de votre fuite et nous rattraper.

CAUVIGNAC.

Ah çà! mais je fuis donc? mais nous nous sauvons donc?

LE GEÔLIER.

Pardieu! certainement que nous nous sauvons.

CAUVIGNAC.

Et où cela?

LE GEÔLIER.

Où vous voudrez.

CAUVIGNAC.

Je suis donc libre?

LE GEÔLIER.

Libre comme l'air.

CAUVIGNAC.

Ah !

(Il saute à l'eau.)

COURTANVAUX.

Il me semble que je vois deux ombres.

NANON.

Et moi, j'entends des voix.

CAUVIGNAC, de l'autre côté.

Ouf! m'y voilà... Cher geôlier de mon cœur, Dieu vous récompensera.

NANON.

Est-ce vous, mon ami?

CAUVIGNAC.

En effet, il y a quelqu'un.

NANON.

Est-ce vous?

CAUVIGNAC, bas.

La voix de ma sœur! (Haut.) Oui, c'est moi!

NANON, à Courtanvaux.

Laissez là les armes, et faites avancer les chevaux.

COURTANVAUX.

Oui.

NANON.

O mon Dieu! je vous rends grâce, il est sauvé. (Reconnaissant son frère.) Cauvignac!

CAUVIGNAC.

N'était-ce pas moi que vous attendiez?

NANON.

Malheureux! où est M. de Canolles?

CAUVIGNAC.

Mais en prison, à ce que je suppose.

NANON.

Non, non, pas en prison, car le voilà! le voilà! (Le Peuple force les Sentinelles, et vient se placer pour voir l'exécution.) Oh! malheureuse que je suis!

CAUVIGNAC.

Eh bien, pour la première fois que j'ai eu de la conscience, il faut avouer que la chose a assez mal tourné.

NANON.

Canolles! Canolles!

CAUVIGNAC.

Attendez, peut-être tout n'est-il pas perdu.

NANON.

Oh!

LA SENTINELLE.

Qui vive?

CAUVIGNAC.

Silence!... Pauvre garçon, c'est lui qui va être pendu!

SCÈNE III

Les Mêmes, LENET, CANOLLES, l'Officier, Peuple, Soldats.

CANOLLES.

Oh! je voudrais bien cependant la voir encore une fois!

LENET.

Voulez-vous que j'aille vous la chercher? voulez-vous que je l'amène?

CANOLLES.

Oh! oui! oui!

LENET.

Eh bien, j'y cours; mais vous la tuerez?

CANOLLES.

Non, restez!

RAVAILLY, à Canolles.

Que dites-vous, monsieur!

CANOLLES.

Je dis que je ne croyais pas qu'il y eût si loin de la prison à l'esplanade.

LENET.

Hélas! ne vous plaignez pas, monsieur, car vous êtes arrivé.

CANOLLES.

C'est bien!... (Il ôte son manteau, le donne à un Soldat et embrasse Lenet.) Allons!... (Il monte les premières marches, puis; relevant la tête, il s'écrie.) Qu'est-ce que je vois là-bas? qu'est-ce que cette chose lugubre et informe que je distingue à peine dans la nuit? (Aux Soldats qui sont montés devant lui.) Éclairez donc! Mais je ne me trompe pas, c'est la hideuse silhouette d'un gibet! mais ce n'est pas ce que j'ai le droit d'attendre, cela, messieurs ! Ce n'est pas l'échafaud, ce n'est pas la hache, ce n'est pas le billot.

(Ses yeux se tournent vers Ravailly.)
RAVAILLY.

Hélas ! monsieur !
CANOLLES.

Où est M. le duc de la Rochefoucauld ? Je veux parler au duc de la Rochefoucauld ?
LENET.

Que voulez-vous lui dire ?
CANOLLES.

Je veux lui dire que je suis gentilhomme, tout le monde le sait, le bourreau lui-même ne l'ignore pas... Je suis gentilhomme, j'ai le droit d'avoir la tête coupée !
RAVAILLY.

Hélas ! monsieur, le roi a fait pendre Richon, et il s'agit ici de représailles.
CANOLLES.

Je ne demande pas grâce, je demande justice ! Ah ! l'on ne se contente pas seulement de ma mort, on veut que cette mort soit infamante ! Il y a des gens qui m'aiment, messieurs. Eh bien, dans le cœur de ces gens-là, vous allez imprimer à jamais, avec le souvenir de ma mort, l'ignoble image d'un gibet... Ah ! pas une arme !... (Allant à Ravailly.) Monsieur, vous êtes officier, vous êtes gentilhomme; monsieur, par grâce, par pitié, un coup d'épée, monsieur, un coup d'épée, une balle de mousquet, ce que vous voudrez, pourvu que ce soit quelque chose qui tue !... Ah ! je ne veux pas mourir de la mort des misérables, des assassins, de la mort des lâches ! je ne le veux pas, je ne le veux pas !

(Il gagne du côté du Peuple, Lenet vient près de lui.)
NANON, au Geôlier.

Mon ami, ma fortune pour rentrer dans la ville; conduis-moi.
CAUVIGNAC.

Que voulez-vous ?
NANON.

Ils me détestent, ils me haïssent, ils m'exècrent, je vais me livrer à sa place... Pour m'avoir, il le lâcheront.
CAUVIGNAC, l'arrêtant.

Ma sœur ! ma sœur !

CANOLLES.

Mes amis, mes amis, un couteau! un couteau! jetez-moi un couteau, par grâce, par pitié!

LA VICOMTESSE, dans le lointain.

Que je le revoie au moins avant de mourir!

(Canolles et madame de Cambes se jettent dans les bras l'un de l'autre.)

TOUS DEUX.

Oh!...

NANON.

Mon Dieu, sauvez-le, fût-ce pour elle!

(Le Bourreau s'approche et touche l'épaule de Canolles.)

CANOLLES.

C'est bien, me voilà; faites votre office!

NANON.

Un regard pour moi! un seul regard!

CAUVIGNAC, à Courtanvaux.

Retenez cette femme. (Il prend une carabine derrière un arbre.) Monsieur de Canolles! monsieur de Canolles!

CANOLLES, s'arrêtant.

Je comprends!... (Il découvre sa poitrine, Cauvignac fait feu; Canolles chancelle et tombe en disant.) Merci!... (Appelant.) Claire! Claire!...

LA VICOMTESSE.

Oh!

(Elle se précipite sur le corps.)

NANON.

Plus heureuse que moi jusqu'à la fin!

FIN DE LA GUERRE DES FEMMES

LE
COMTE HERMANN

DRAME EN CINQ ACTES ET UN ÉPILOGUE

Théâtre-Historique. — 22 novembre 1849.

PRÉFACE

Cette préface, contre toutes les habitudes reçues, est faite la veille de la représentation de la pièce, au lieu d'être faite le lendemain.

Elle offrira, par conséquent, cet avantage de renfermer la pensée de l'auteur tout entière et pure de ces modifications qu'introduit de force dans son esprit la chute ou le succès de son œuvre.

Cette œuvre est donc encore, pour lui comme pour le public, la vierge à la robe blanche et à la couronne de lis qu'aucun contact humain n'a souillée, l'ange chaste descendu du ciel sur les ailes de sa pensée, et qui va, demain, ou rester ici-bas dans la fange de la chute, ou remonter là-haut avec l'auréole du succès.

Hélas! depuis le mois de février 1829, époque où l'auteur du *Comte Hermann* a fait représenter son premier drame, bien des événements ont passé, emportant les hommes et les choses; et celui qui écrit ces lignes, appuyé sur les deux croyances qui ne l'ont jamais quitté un seul instant, — sa foi en Dieu et sa foi dans l'art, — a déjà vu tomber trois trônes que ce que l'on appelle les hommes d'État croyaient aussi enracinés dans la terre, aussi inébranlables, aussi éternels que ces sombres et mystérieux monuments que bâtissaient, entre Memphis et Alexandrie, les pharaons égyptiens et les courtisanes du Nil.

Ainsi, Napoléon mourant à Sainte-Hélène, Charles X mourant à Gratz, Louis-Philippe vivant à Claremont, ont passé tour à tour devant l'enfant rêveur, devant le jeune homme ivre d'espérance, devant l'homme plein de réalités, pour lui dire : « Aucune puissance n'est éternelle ici-bas que la puissance de l'art. »

L'art, qui, pareil à l'oiseau de l'Éthiopie, se fait, s'il se sent vieillir, un bûcher de ses propres œuvres, et, des flammes de ce bûcher, sort plus jeune et plus resplendissant que jamais.

L'auteur du *Comte Hermann* est un de ceux qui ont tout essayé au théâtre. Quarante drames joués en vingt ans lui ont permis — il le croit du moins — de sonder cet abîme dont si peu ont touché le fond, et que l'on appelle le caprice du public. Il sait que ce caprice n'est point un effet du hasard ; il sait que cette foule, comme les moissons, comme les forêts, comme les flots, comme tout ce qui se courbe enfin, se courbe sous une chose invisible, plus puissante qu'elle. Pour les moissons, pour les forêts, pour les flots, cette chose invisible, c'est l'haleine du vent ; pour la foule, cette chose invisible, c'est le souffle de Dieu.

Il y a des époques où un peuple est calme comme un lac. Il y a des époques où un peuple est tempêtueux comme un océan. — La voix qui parlera à ce peuple sera-t-elle toujours la même ? — Non, elle aura un accent pour le calme, un accent pour la tempête.

Voilà pourquoi l'auteur du *Comte Hermann*, quand on lui a dit : « Faites-nous, en 1849, un drame comme vous en faisiez en 1832, un drame simple, intime et passionné, comme *Angèle* et *Antony*, » a répondu :

— Oui, je vous ferai un drame simple, intime et passionné, comme *Antony* et comme *Angèle* ; seulement, les passions ne seront plus les mêmes, parce que l'époque où nous vivons est différente, parce que l'âge où j'écris est différent, parce que j'ai passé à travers ces passions que j'ai décrites, parce que j'en ai mesuré le vide, parce que j'en ai sondé la folie, parce qu'à cette heure enfin, je revois la vie de l'autre côté de l'horizon.

Il y a des temps où la société, pleine d'agitation et de doute, devine qu'elle va au gouffre, sent qu'on la pousse à l'abîme. Alors, comme dans un bâtiment qui sombre et où toute manœuvre devient inutile, chacun suit la pente de son instinct. Les uns descendent vers la bête, les autres essayent de remonter à Dieu. Ceux-ci se gorgent d'eau-de-vie, de rhum, de gin, et font de l'heure suprême une orgie; ceux-là s'agenouillent, espèrent et prient; puis, au milieu de ces grandes divisions que le péril opère dans l'espèce humaine, il y a quelques esprits étranges qui rêvent l'impossible, une apparition, un miracle, une alliance avec l'inconnu!

Ainsi, c'était un temps pareil à celui-là que le temps où apparurent Cagliostro et Mesmer. On sentait trembler sous soi le vaisseau de l'État; on sentait qu'un courant fatal poussait le vieux monde à sa perdition; on voyait, debout et sombre à l'horizon, le rocher contre lequel il allait se briser. Et les uns chantaient comme Dorat, Parny et Demoustier; les autres priaient comme Chateaubriand, et quelques-uns, enfin, désireurs de l'impossible, aspiraient à la vie matérielle, comme Cagliostro, à la vie spirituelle, comme Mesmer.

Tous attendaient la tempête.

Ainsi, c'était encore une époque analogue à celle que nous venons de décrire, que cette période de 1830 à 1834, pendant laquelle furent écrits les drames d'*Antony* et d'*Angèle*. Il y avait quelque chose qui flottait en l'air, — le dernier soupir de Byron, peut-être, — et qui jetait une incertitude profonde dans les esprits, un doute mortel dans le cœur. Cette fois encore, on sentait frémir le pont du bâtiment sous les pieds des passagers; c'était à notre tour de faire orgie. Lamennais n'était point encore l'abbé Rouge : il priait. — Saint-Simon et Fourier, ces Cagliostro et ces Mesmer du xixe siècle, rêvaient leur monde impossible et inconnu.

Comme 1780 allait à 1793, — 1830 allait à 1848; c'est-à-dire au but proposé par le Seigneur à tout grand peuple : à l'unité, à la liberté, à la fraternité.

Et que l'on nous comprenne bien : par le mot *fraternité*, nous n'entendons pas ici cette fraternité de corps de garde que des badigeonneurs, aux gages de tribuns ivres, écrivent avec de la boue rougie sur les murailles criblées de balles d'une ville encore chaude de l'émeute. Non ; — nous entendons cette grande fraternité des peuples qui ne connaît pas ces limites idéales qu'en langage politique on appelle frontières, qui traverse les fleuves en flottant sur les eaux comme l'esprit du Seigneur, qui s'élève au-dessus des montagnes comme l'aigle, qui n'a d'autre horizon que les horizons, — périple infini du monde que les rois retardent parfois dans sa course, mais ne sont pas assez puissants pour distraire de son but.

Nous sommes arrivés à ce temps, ou, du moins, celui qui écrit ces lignes, prenant le relais pour le terme du chemin, croit y être arrivé. Il avait donc raison de dire, à son point de vue, qu'il ferait un drame simple, intime et passionné, comme *Antony*, et comme *Angèle*, — mais mouvementé par d'autres passions.

En effet, *Angèle*, c'est le rêve du matérialiste : d'Alvimar s'enivre, chante et meurt.

En effet, *Antony*, c'est le rêve du fou : Antony rêve, croit à l'impossible et meurt.

Tous deux meurent maudits, tous deux meurent damnés.

Dans *le Comte Hermann*, au contraire, au lieu de l'amour physique, au lieu de la brutalité matérielle, la chasteté d'une femme et le dévouement d'un homme sont appelés à produire ces effets d'émotions et de larmes que, quinze ans auparavant, l'auteur a demandés à d'autres passions. L'effet sera-t-il aussi puissant? Il l'espère.

Antony et d'Alvimar, avons-nous dit, meurent maudits et damnés.

Vous verrez demain comment meurt le comte Hermann.

ALEX. DUMAS.

21 novembre 1849.

DISTRIBUTION

LE COMTE HERMANN DE SCHAWEMBOURG...... MM.	MÉLINGUE.
LE BARON KARL DE FLORSHEIM................	LAFERRIÈRE.
LE DOCTEUR FRITZ STURLER.................	ROUVIÈRE.
LE BARON FRANTZ DE STAUFFENBACH.........	PIERRON.
LE PRINCE ÉLIM DEMBINSKI, jeune Russe.......	BONDOIS.
LE VICOMTE AMÉDÉE D'HORNOY, jeune Français.	H. ARMAND.
WALTHER DE THORKILL	PEUPIN.
DE FALK, conseiller du grand-duc de Bade.........	BOILEAU.
STURLER père, directeur des Bains...............	VIDEIX.
WILDMANN, garde-chasse......................	BARRÉ.
GEORGES, domestique.........................	PAUL.
HUBERT, domestique.........................	DÉSIRÉ.
UN CROUPIER................................	TOURNOT.
UN GARÇON D'HÔTEL..........................	LANGLOIS.
MARIE DE STAUFFENBACH..................... Mmes	PERSON.
MARTHE, sa nourrice.........................	FONTENAY.

ACTE PREMIER

Le salon de conversation à Baden-Baden.

SCÈNE PREMIÈRE

STURLER, GEORGES.

STURLER, à Georges, qui dresse une table à droite.

Encore un couvert. Ces messieurs sont quatre : le prince Élim, M. le conseiller de Falk, M. Walther de Thorkill, et

M. le vicomte Amédée d'Hornoy. Bien! Maintenant, dites au chef de faire servir à onze heures précises.

SCÈNE II

STURLER, KARL DE FLORSHEIM.

KARL, sur le seuil de la porte; costume de voyage, des bottes poudreuses aux pieds, un fouet à la main.
Il parle dans la coulisse à quelqu'un qu'on ne voit pas.

A merveille!... Je vous ai insulté, n'est-ce pas, monsieur? C'est dit, c'est convenu : vous avez le choix des armes. Voici ma carte; je me tiens à la disposition de vos témoins. Je ne puis pas mieux dire, j'espère! (Se retournant.) Bonjour, papa Sturler.

STURLER.
Qu'y a-t-il donc, monsieur, s'il vous plaît?

KARL.
Rien, absolument rien.

STURLER.
C'est qu'il me semblait avoir entendu...

KARL.
Oh! vous avez mal entendu, mon cher monsieur.

STURLER, étonné.
Pardon, mais vous me faites l'honneur de me parler...

KARL.
Comme à un vieil ami, n'est-ce pas?... Voyons, regardez-moi en face.

STURLER.
Monsieur, je vous regarde, et, en effet, il me semble...

KARL.
Vous ne me reconnaissez pas?

STURLER.
Si fait!... attendez... Mais vous êtes...

KARL.
Allons donc!

STURLER.
Vous êtes... vous êtes... Dieu me pardonne, vous êtes le baron Karl de Florsheim!

KARL.
Dieu n'a rien à vous pardonner, mon cher ami; car vous

avez dit la vérité... Un peu bruni, n'est-ce pas?... Dame, que voulez-vous, mon cher Sturler! il faut vous en prendre au soleil de Montevideo et de Buenos-Ayres.

STURLER.

Oh! alors, si vous êtes le baron Karl de Florsheim, vous pouvez me donner des nouvelles de votre oncle, le comte Hermann.

KARL.

Et des plus fraîches, même, mon bon Sturler... Je l'ai quitté il y a une heure, et, dans dix minutes, il sera ici.

STURLER.

Mais, en ce cas, Fritz, mon enfant...?

KARL.

Eh bien, Fritz, votre enfant, vous allez le revoir... Soyez heureux, pauvre père!

STURLER.

Comment!... là?... ici?... dans un instant?... Ah! c'est à ne pas croire!

KARL.

Croyez!... c'est si bon de croire au bonheur!

STURLER.

Merci, merci, monsieur Karl... Mais, avant toute chose, M. le comte est-il content de Fritz?

KARL.

Oh! comme médecin, enchanté... Il lui a rendu d'énormes services, et, malheureusement, il est appelé à lui en rendre encore.

STURLER.

Comment! la santé de M. le comte...?

KARL.

Déplorable, mon cher Sturler... Depuis une blessure qu'il a reçue en duel à Montevideo, il a, de temps en temps, et à chaque émotion un peu forte qu'il éprouve, des crachements de sang qui le tuent... Cela fait notre désespoir à tous. Nous le ramenons en Europe. Fritz prétend que l'air natal lui fera du bien.

STURLER.

Pardon, monsieur Karl, mais vous disiez que le comte Hermann était content de Fritz comme médecin. Serait-il mécontent de lui comme homme?

KARL.

Non. C'est un charmant compagnon, au contraire, que votre fils. Dame, un peu sceptique, un peu matérialiste, un peu athée. Mais, que voulez-vous! on ne fait pas de l'anatomie pendant trois ans sans laisser le meilleur de sa croyance au bout de son scalpel.

STURLER.

Oh! le malheureux!... Je le disais encore aujourd'hui à sa fiancée : « Ce qui lui manque, ce n'est pas la volonté, ce n'est pas l'étude, ce n'est pas la science, c'est la foi !

KARL.

Cependant, mon cher Sturler, il faut bien qu'il ait foi en quelque chose, puisqu'il se marie.

STURLER.

Eh bien, croyez-moi si vous voulez, monsieur Karl... mon Dieu, c'est peut-être mal à moi de dire cela de mon fils, de mon unique enfant... mais ce mariage... si noble, si belle, si pure que soit sa fiancée, j'ai peur que ce ne soit qu'un calcul d'ambition, une combinaison de fortune... Cette amitié, voyez-vous, d'un simple étudiant, du fils d'un pauvre maître d'auberge comme moi avec un jeune seigneur comme M. Frantz de Stauffenbach, cache quelque pacte connu d'eux seuls. M. de Stauffenbach est joueur, il mange son patrimoine, il a d'impérieux besoins d'argent.

KARL.

Eh bien, votre fils est-il assez riche pour fournir à ses besoins?... Non; il ne peut y avoir entre eux d'autre pacte qu'une liaison d'Université... Je ne crois pas à tous ces calculs dans les hommes de notre âge, mon cher Sturler. La jeunesse a ses défauts, des passions plutôt que des vices; mais elle a aussi ses qualités.

STURLER.

Fritz n'a jamais été jeune!

KARL.

Ah çà! mais, mon cher Sturler, c'est vous qui accusez votre fils, et c'est moi qui le défends... En vérité, nous intervertissons les rôles.

STURLER.

C'est vrai; excusez-moi, monsieur Karl.

KARL.

Vous êtes tout excusé... Revenons à mon oncle. Vous avez un logement pour lui, n'est-ce pas?

STURLER.

Un logement pour le comte Hermann?... Toute la maison, s'il la désire.

KARL.

Oh! vous comprenez bien que nous ne voulons déranger personne; néanmoins, je désire que le comte soit logé à son goût et selon ses habitudes. Voilà pourquoi j'ai pris les devants.

STURLER, à demi-voix.

Cette idée ne lui est pas venue, à lui, de me revoir un quart d'heure plus tôt.

KARL, continuant.

Donnez-moi donc un de vos garçons pour me conduire dans l'hôtel, et je choisirai ce que je croirai convenable.

STURLER.

Oh! par exemple! je vais moi-même...

KARL.

Non pas, c'est chose inutile. Tenez, ces messieurs ont affaire à vous, je crois. (Il montre Walther et Amédée d'Hornoy, qui sont entrés pendant la conversation.) Puis vous oubliez que votre fils va venir, et qu'en montant avec moi, vous ne serez pas là pour le recevoir.

STURLER.

Bon monsieur Karl, il pense à tout, lui! (A un Domestique.) Georges, accompagnez M. le baron, montrez-lui ce qu'il y a de logements vacants dans cet hôtel.

(Karl s'éloigne, salue les étrangers et sort.)

SCÈNE III

STURLER, WALTHER DE THORKILL, AMÉDÉE D'HORNOY, puis ALBERT DEFALK et LE PRINCE ÉLIM, puis GEORGES.

WALTHER.

Pardon, mon cher Sturler, mais je viens d'entendre nommer le comte Hermann...

STURLER.

Oui, par son neveu, qui m'annonce son retour.

AMÉDÉE.

Qu'est-ce que c'est que ça, le comte Hermann, Walther?

WALTHER.

On voit bien que c'est la première fois que vous venez en Allemagne, vicomte.

AMÉDÉE.

Pourquoi cela?

WALTHER.

C'est comme si je vous demandais, à vous, Français, ce que c'est qu'un Armagnac ou un Guise, s'il vous restait des Guises ou des Armagnacs.

AMÉDÉE.

Vieille noblesse, alors que cet Hermann?

WALTHER.

Qui remonte à Arminius, voilà tout.

DE FALK, entrant.

De qui parlez-vous? Ce n'est pas d'Hermann de Schawembourg?

WALTHER.

Si fait, c'est de lui en personne.

DE FALK.

Est-il donc ici?

WALTHER.

Non; mais il va y être dans un instant.

AMÉDÉE.

Est-il de vos amis, monsieur de Falk?

DE FALK.

Eh! nous sommes des compagnons d'Université... Nous avons étudié ensemble à Heidelberg. Et vous, Thorkill, le connaissez-vous?

WALTHER.

Non; mais nos aïeux se sont connus en 1337, heureusement pour votre serviteur, qui ne serait pas venu au monde sans cette circonstance.

ÉLIM, entrant à son tour.

Ces diables d'Allemands! ils vous parlent du xive siècle comme s'ils étaient encore au temps de l'empereur Maximilien.

WALTHER.

Cela vous étonne, vous autres Russes, qui êtes nés d'hier; aussi êtes-vous tous princes... tandis que, nous autres, nous sommes tout simplement gentilshommes... Il est vrai que c'est depuis six cents ans que nous le sommes.

AMÉDÉE.

En réalité, quel homme est-ce que votre comte Hermann?

DE FALK.

Quel homme? Je vais vous le dire, vicomte : c'est la chevalerie du xve siècle unie à la courtoisie du xviiie; c'est l'accomplissement de toutes les qualités qui font, de l'homme, le roi de la création : courage, loyauté, poésie... Grâce à son immense fortune, fortune transmise par des fidéicommis, conservée par des majorats, il a visité le monde entier, tout vu, tout tenté, tout osé, tout usé... Maintenant, il use sa vie.

WALTHER.

Comment cela?

DE FALK.

Oui, il s'en va mourant... de je ne sais quelle maladie de poitrine... d'une blessure, dit-on; mais mourant comme un homme qui n'a rien à regretter ici-bas et rien à craindre là-haut. Son neveu, le baron Karl, sera l'héritier d'une douzaine de millions éparpillés sur la surface du globe, en Allemagne, en Amérique, dans l'Inde... Si le comte fût né au moyen âge, à l'époque des grandes aventures, c'eût été un héros à la manière de Goetz de Berlichingen ou de Jean des Bandes-Noires... Partout où l'on a tiré un coup de fusil depuis qu'il est homme, il y a été attiré par l'odeur de la poudre : en Espagne, en 1823; en Grèce, en 1826; en Afrique, en 1832... Partout il a risqué sa vie avec cette insouciance qui impose au fer et au feu... Eh! pardieu! si vous doutez, demandez plutôt à Sturler, qui, à chaque parole que je prononce, approuve de la tête. N'est-ce pas, Sturler, que tout ce que je dis sur le comte est vrai?

STURLER.

Oui, bien certainement, monsieur le conseiller, que j'approuve tout ce que vous dites; car vous ne dites pas le quart de ce que le comte Hermann mérite qu'on dise de lui. (Au Domestique, qui rentre.) Eh bien, M. Karl a-t-il trouvé ce qu'il désirait?

GEORGES.

Il prend le pavillon tout entier.

STURLER.

Et cela suffit?

GEORGES.

A ce qu'il paraît... Seulement, il a oublié de vous recommander le déjeuner du comte; mais il espère en votre diligence pour réparer cet oubli.

ÉLIM, s'approchant.

Un déjeuner ! Mais en voilà un tout préparé, mon cher Sturler.

STURLER.

Oui; seulement, c'est le vôtre, messieurs.

ÉLIM.

Nous pouvons proposer au comte de le partager avec nous... Il a dû parfois, dans ses voyages, manger en plus mauvaise compagnie.

DE FALK.

J'appuie la proposition.

WALTHER.

Et moi, je me charge de la présenter.

AMÉDÉE.

Bravo !

STURLER.

Cela tombe à merveille, car je crois que le voilà.

WALTHER.

Allons, vite, maître Georges ! deux couverts de plus : un pour l'oncle, l'autre pour le neveu.

STURLER.

Tu entends ? Moi, je cours au-devant de mon fils.

SCÈNE IV

Les Mêmes, LE COMTE HERMANN, FRITZ, STURLER, toute une Suite princière.

HERMANN.

Eh ! tenez, voilà votre fils, on vous le rend sain et sauf, mon cher Sturler.

STURLER, ouvrant les bras.

Vous permettez, monsieur le comte ?

HERMANN.

Si je permets qu'un fils embrasse son père, qu'il n'a pas vu depuis trois ans ?... En vérité, ce serait fâcher Dieu que de diré non. Allons donc, Fritz (il pousse le jeune homme), moins de respect et plus de cœur!

STURLER.

Mon enfant, mon cher Fritz! mon fils bien-aimé!...

FRITZ.

Mon père, croyez que je suis heureux de vous revoir.

HERMANN.

Voilà une belle phrase, et il n'y a rien à y redire... Eh bien, Fritz, les anges aimeraient mieux une pauvre larme, si petite qu'elle fût... Enfin, chacun ne peut donner que ce qu'il a... Moi, Sturler, je te donne ton fils. A moins de quelque chose d'extraordinaire, mon cher Fritz, je vous rends votre liberté pour toute la journée.

STURLER, baisant la main d'Hermann.

Merci, monsieur le comte... Oh! viens, mon cher Fritz, viens me conter tout ce qui t'est arrivé depuis trois ans... Sais-tu que je n'ai reçu que deux lettres de toi, une du Havre et l'autre de Rio-de-Janeiro.

(Il sort.)

SCÈNE V

LES MÊMES, hors STURLER et FRITZ.

HERMANN, les suivant des yeux.

C'est juste, il faut que les choses soient ainsi : la nature regarde en avant. Après tout, peut-être sera-t-il à son tour un bon père. (Il se retourne et aperçoit les trois convives tenant chacun à la main un verre de vin du Rhin. Thorkill, le plus proche du Comte, en tient deux.) Pardon, messieurs, j'étais tout entier à la joie de notre hôte... Veuillez agréer mes excuses.

WALTHER, présentant son verre à Hermann.

Monsieur le comte, refuserez-vous de faire raison au toast que nous allons porter?

HERMANN.

Quel est ce toast, messieurs, je vous prie?

WALTHER.

Le voici : A l'heureux retour du comte Hermann dans son pays natal!... Aux beaux et longs jours que doit promettre la patrie à l'un de ses plus nobles enfants!

HERMANN.

Ce serait par trop discourtois de ma part si je n'accueillais ce toast avec la plus cordiale reconnaissance... Merci donc, messieurs, et Dieu vous rende en félicités répandues sur vous et sur les vôtres le souhait de bonheur que vous venez de faire! Maintenant, puis-je savoir ce qui me mérite de votre part une si gracieuse réception?

WALTHER.

Comte, nous ne nous sommes jamais vus; mais, pour peu que vous soyez familier avec l'histoire de vos ancêtres, si glorieusement mêlée à celle de la vieille Allemagne, mon nom ne doit pas vous être tout à fait inconnu... Je m'appelle Walther de Thorkill.

HERMANN.

Vous avez raison, monsieur, et notre connaissance est d'autant plus respectable, qu'elle date de 1337.

ÉLIM.

Vous avez déjà dit cela, Thorkill; mais vous ne nous avez pas raconté dans quelles conditions cette connaissance s'était faite.

HERMANN.

Voici l'histoire en deux mots, messieurs : Un de mes ancêtres, Hermann Théoderic de Schawembourg, conspira contre l'empereur Charles IV, et entraîna dans sa conspiration trois aventureux compagnons comme lui. Tous quatre furent pris et condamnés à être décapités... C'était leur droit: ils étaient non-seulement gens d'épée, mais encore de vieille noblesse. L'empereur voulut assister au supplice... Était-ce pour leur faire honneur? était-ce pour être certain qu'ils fussent bien exécutés? La chronique ne le dit pas... Mais tant il y a, messieurs, que cette présence amena un résultat inattendu... Hermann de Schawembourg était déjà agenouillé et attendait le coup mortel, lorsqu'il aperçut l'empereur et fit signe de la tête qu'il avait quelque chose à demander. « Parle, dit l'empereur. — César, daigne m'accorder une grâce, fit Hermann. — Oui, pourvu que ce ne soit pas la tienne. — Permets que je sois décapité le premier. — Je le permets, répondit l'empereur. — Permets que mes compagnons soient rangés en ligne à trois pas l'un de l'autre : le premier à trois pas de moi, le second à six, le troisième à neuf. — Je le permets. — Permets enfin que ni mes pieds

ni mes mains ne soient liés pendant l'exécution. — Je le permets encore; mais où veux-tu en venir? — Voici, magnifique césar, dit Hermann : si, la tête tranchée, je me relève et vais toucher du doigt le premier de mes complices, lui fais-tu grâce? — Oui. — Si, du premier, je vais au second et le touche du doigt, lui fais-tu grâce encore? — Oui. — Enfin, si, du second, je vais au troisième et le touche aussi du doigt, lui fais-tu grâce toujours? — Oui. — J'ai ta parole impériale? — Foi de césar! — C'est bien. » Alors, sur un signe de l'empereur, le bourreau délia les pieds et les mains du condamné. Hermann aussitôt s'agenouilla; puis, après une courte prière : « Dieu soit avec moi! dit-il, frappe!... » A peine avait-il prononcé ce mot, que l'épée de l'exécuteur flamboie et que la tête saute. Mais, aussitôt, le comte Hermann se relève, et, corps sans tête, va toucher du doigt l'un après l'autre ses trois compagnons; puis il demeura debout, comme s'il attendait que l'empereur tînt sa parole. « C'est bien, comte Hermann, dit l'empereur, ils ont leur grâce. » Et, alors seulement, le comte Hermann tomba... De là l'homme à la tête tranchée que nous portons dans nos armes...
« Traditions, chroniques, fables! » direz-vous... N'importe, messieurs! c'étaient des hommes géants que ceux sur lesquels on faisait de pareils récits, tandis que nous... oh! nous! j'ai bien peur qu'aux yeux de la postérité nous ne soyons de misérables nains... Votre main, baron de Thorkill.

DE FALK.

Ne ferez-vous pas le même honneur à un homme dont les relations avec vous datent simplement de 1817?

HERMANN, le regardant.

Ah! en vérité, c'est vous, mon cher de Falk? (Embrassant le Conseiller.) Permettez, messieurs, nous sommes deux vieux compagnons d'Université, deux étudiants de Heidelberg. Nous avons plus d'une fois manié la rapière l'un contre l'autre... Voilà une cicatrice qui lui vient de moi, et j'ai là une écorchure qui me vient de lui... Enchanté de vous avoir rencontré, mon cher de Falk. Je ne vous demanderai pas de me présenter à ces messieurs, qui me connaissent déjà; mais faites-moi la grâce de me présenter ces messieurs, que je ne connais pas encore.

DE FALK.

Le prince Élim... M. le vicomte d'Hornoy...

HERMANN.

Prince, je crois avoir eu l'honneur de connaître votre père à Varsovie. Il commandait un régiment de la garde.

ÉLIM.

C'est vrai, monsieur.

HERMANN.

Vicomte, je vous demanderai votre amitié pour mon neveu, qui est, non pas un étudiant de Heidelberg, mais un élève du collége Henri IV.

AMÉDÉE.

Mais nous avons déjà fait sa connaissance, ou à peu près, monsieur le comte; nous étions là quand il est arrivé, et c'est de sa bouche que nous avons appris votre retour.

DE FALK.

Et cette connaissance sera complète, mon cher comte, si vous acceptez pour vous et pour lui place à notre table et part à notre déjeuner.

HERMANN.

Soit, et avec le plus grand plaisir, mon cher de Falk; qui sait si nous ne serons pas encore vingt ans sans nous revoir?... La dernière fois que nous nous vîmes, vous vous le rappelez, mon cher conseiller... le souvenir est triste... c'était dans une verte prairie, au pied d'un échafaud sanglant.

AMÉDÉE.

Au pied d'un échafaud?

HERMANN.

C'était le 24 mai 1820. On exécutait Sand, le pauvre Sand! il avait vu Kotzebue plus grand qu'il n'était, et il l'avait tué... Nous étions là tous : vous, de Falk, Grudner, Hammerstein, deux mille autres encore... Quand la tête tomba, nous nous écriâmes au martyre, puis nous nous précipitâmes pour tremper nos mouchoirs dans le sang fraternel, tout cela en hurlant : « Mort aux tyrans de l'Allemagne! Vive la liberté du monde!... » C'était guerre déclarée à tous les princes, à tous les rois, à tous les empereurs? Qu'êtes-vous devenu, mon cher de Falk? Vous êtes, je crois, conseiller du grand-duc de Bade... Qu'est devenu Grudner? Je l'ai rencontré à Paris, ambassadeur du roi de Prusse, il me semble... Qu'est devenu Hammerstein? J'ai lu je ne sais où qu'il était ministre de l'empereur... Que suis-je moi-même, et qu'est-ce que ce ruban que je porte à ma boutonnière?... Pauvre Sand!

pauvre martyr! pauvre fou! Mourez donc pour un peuple, ou sacrifiez-vous donc à une idée! Vingt ans après votre mort, il ne reste pas un des deux mille mouchoirs qu'on a trempés dans votre sang... ou, s'il en reste, ils servent, redevenus blancs comme la neige, à épousseter sur les souliers des courtisans la poussière des antichambres. Mais, par exemple, il reste des conseillers auliques, des ambassadeurs, des ministres... Les ministres, les ambassadeurs et les conseillers auliques sont éternels. (Au Garçon.) Mon ami, prévenez M. Karl de Florsheim qu'il est attendu ici pour déjeuner.

GEORGES.

Justement, monsieur le comte, je le cherchais.

HERMANN.

Vous le cherchiez?

GEORGES.

Deux officiers bavarois désirent lui parler... Voici leurs cartes.

HERMANN.

Donnez. (Il regarde les cartes.) Priez le baron de descendre à l'instant même ; il doit être dans son appartement. (Le Domestique sort.) Excusez-nous, messieurs; nous arrivons à l'instant et nous sommes dans les embarras d'un retour.

SCÈNE VI

Les Mêmes, KARL.

KARL.

Vous me demandez, mon oncle?

HERMANN.

Oui, d'abord pour te présenter à ces messieurs, qui veulent bien partager leur déjeuner avec nous.

KARL, saluant.

Messieurs...

HERMANN.

Ensuite, pour te remettre ces deux cartes. (Il le regarde.) Ce sont celles de deux officiers bavarois.

KARL.

Ils sont là?

HERMANN, le regardant toujours.

Oui, ils t'attendent.

KARL.

Bien, merci ; je me doute pour quel motif ils sont venus.

HERMANN, l'arrêtant.

Rien de sérieux ?

KARL.

C'est selon ; je vous dirai cela tout à l'heure. Seulement, je ne puis ni ne dois les faire attendre... Messieurs, je reviens.

(Il sort.)

AMÉDÉE.

Faites comme si nous étions de vieux amis, baron.

SCÈNE VII

Les Mêmes, hors KARL.

DE FALK.

Maintenant, mon cher comte, nos craintes sont-elles fondées ? On assure que, depuis certaine blessure que vous avez reçue, votre santé est devenue mauvaise.

HERMANN.

Oui, en effet, on assure cela.

DE FALK.

Comment, on assure ?...

HERMANN.

Sans doute ; c'est fort ennuyeux d'avoir à s'occuper de sa santé. Moi, j'ai donné ma démission de malade. Cela ne me regarde plus.

AMÉDÉE.

Et qui cela regarde-t-il ?

HERMANN.

Cela regarde mon médecin, le docteur Fritz Sturler, le fils de notre hôte. On me l'a recommandé comme un praticien très-savant ; seulement, le praticien n'avait pas de pratiques. Je l'ai fait surintendant de ma santé avec douze mille livres de rente tant que je vis, et six mille après ma mort. Il a donc tout intérêt à ce que je vive ; aussi me soigne-t-il à merveille. Oh ! ce n'est pas une sinécure que sa place, je vous en réponds.

WALTHER.

En effet, monsieur le comte, de Falk nous disait que vous

étiez d'un caractère fort aventureux... courant après le danger comme un autre court après la fortune ou après le plaisir.

HERMANN.

Je vous répondrai, mon cher monsieur Walther, ce que Shakspeare fait répondre à César : « Le danger et moi sommes deux lions nés le même jour; seulement, je suis l'aîné. » Ah ! mon Dieu, croyez-moi, messieurs, il n'y a pas grand mérite à être brave, quand on est à peu près seul sur la terre ; quand on a épuisé les honneurs que donne un grand nom, les plaisirs que donne une grande fortune; quand on a laissé de la société ce qu'elle a de mauvais; quand on a pris ce qu'elle a de bon; quand, en faisant le tour du monde, ou à peu près, on s'est trouvé dix fois face à face avec la mort dans le combat, avec Dieu dans la tempête. Je ne sais ni où, ni quand, ni dans quelle condition je mourrai ; mais, je vous le dis, si à l'heure de ma mort, Karl, mon seul parent et ma seule affection, est là pour me serrer la main, je passerai de ce monde à l'autre sans une larme, sans un regret, sans un soupir, sans demander, à ce Dieu qui m'appellera un jour, une heure, une seconde au delà du temps fixé.

ÉLIM.

Mais vous êtes jeune encore, comte.

DE FALK.

Trente-huit ans à peine.

HERMANN.

C'est vrai; mais, vous le savez, l'existence se mesure, non par les jours révolus, mais par les émotions éprouvées. Raphaël et Byron, morts à trente-huit ans, ont plus vécu que tel vieillard qui s'est couché dans une tombe centenaire; à la dernière heure, ce sont les souvenirs qui mesurent le temps; or, bons ou mauvais, j'ai amassé grand nombre de souvenirs.

WALTHER.

Et cette blessure dont vous souffrez est sans doute un de ces souvenirs-là ?

HERMANN.

Oui, et même un des plus terribles... C'était à Montevideo... J'avais pris pour maîtresse une de ces belles créatures de sang mêlé, une de ces descendantes des Portugais et des anciens maîtres de la côte, une fille de la terre, comme on dit là-bas... On l'appelait Juana... Un soir, je la vis pâle et tremblante ; elle me dit qu'un chef de chasseurs des pampas, son ancien amant, était revenu à Montevideo, et qu'elle craignait pour elle et pour moi. Je souris, et j'essayai, mais inutilement, de la rassurer... Elle avait de longs cheveux noirs, d'un noir de jais, près desquels tous les autres cheveux paraissaient blonds ; des cheveux qui tombaient jusqu'à terre... Elle insista pour que je les coupasse et que je les prisse avec moi. Je refusai... A minuit, je la quittai. Un homme était embusqué à l'angle de la maison voisine de la sienne et me suivit jusque chez moi, mais silencieusement, sans insultes, sans attaque... Le lendemain, on m'éveilla en me disant qu'un chef de chasseurs passait et repassait à cheval devant le seuil de ma porte, et qu'une partie de la population de Montevideo était rassemblée sous mes fenêtres. Je me levai et jetai les yeux dans la rue. Le chef, dans son plus beau costume de guerre, monté sur un cheval sauvage dressé par lui, passait et repassait effectivement devant ma maison ; mais, au lieu des crins ondoyants de sa queue, le cheval traînait dans la poussière de la rue une magnifique chevelure de femme, avec cette inscription : « Ces cheveux sont les cheveux de la Juana. » Pour toute arme, il n'avait que son couteau de boucanier passé à sa ceinture. Je pris un couteau pareil et un pistolet... Je sortis, je marchai droit à lui ; avec le pistolet, je cassai la tête du cheval ; puis, jetant loin de moi l'arme déchargée, je tirai mon couteau en disant : « Et maintenant, au maître !... » Le maître se débarrassa des étriers, vint à moi, appuya son pied gauche contre mon pied gauche... et alors... alors, je vous le dis, commença un combat à la vue duquel, excepté les combattants peut-être, tout le monde pâlit et trembla. Les deux lames, qui brillaient au soleil, disparurent en même temps ; seulement, la lame de son couteau ne m'avait traversé que le poumon, tandis que la lame du mien lui avait traversé le cœur ; aussi tomba-t-il mort à l'instant même, tandis que, moi, je ne mourrai que dans un temps donné... Fritz vous dira cela... c'est une affaire de chronologie... Ce récit vous paraît étrange, n'est-ce pas ? De pareilles aventures sont un peu en dehors de nos mœurs, à nous autres, hommes du Nord... Mais, que voulez-vous, messieurs ! il faut bien hurler avec les loups et rugir avec les lions. (A Karl, qui entre et qui lui touche l'épaule.) Que veux-tu, mon cher Karl ?

SCÈNE VIII

LES MÊMES, KARL.

KARL.

Deux mots, mon oncle.

HERMANN, se levant.

Vous m'excuserez, n'est-ce pas ?

DE FALK.

D'autant mieux, mon cher comte, que le prince Élim et moi sommes forcés de vous quitter, ayant audience du grand-duc à une heure précise.

HERMANN.

Allez, cher. — Prince, à l'honneur de vous revoir. (Les deux personnages qui doivent sortir s'éloignent un instant, accompagnés des deux autres, causent à la porte, et finissent par sortir.) Qu'y a-t-il, Karl ?

KARL.

Une chose dont, avant tout, il ne faut pas vous inquiéter.

HERMANN.

Tu as ramassé quelque méchante affaire ?

KARL.

Oui; en prenant les devants pour venir préparer les logis, j'ai traversé la promenade, juste au moment où deux femmes, l'une jeune, l'autre âgée, gagnaient leur voiture, qui les attendait au bout de l'allée. Une espèce d'étudiant à moitié ivre, à ce qu'il m'a semblé, suivait les deux femmes en insistant pour que la plus jeune acceptât son bras. Je ne sais si je me trompe, mais il me sembla que celle qui était en butte à cette persécution levait les yeux sur moi et implorait mon secours. Appelé ou non, je poussai mon cheval vers l'insulteur, et, pour attirer son attention, je le touchai du bout de mon fouet à l'épaule.

HERMANN.

Tu as eu tort, Karl... Qui touche, frappe.

KARL.

Aussi s'est-il prétendu offensé; je ne lui ai pas dénié cette qualité... Je lui ai donné ma carte, pour qu'il sût qui j'étais et m'envoyât ses témoins. Ses témoins sont venus, et ce sont eux qui me faisaient demander.

HERMANN.

Et qu'ont-ils décidé?

KARL.

Que l'on se battrait à vingt pas, chacun avec ses armes, ou que je ferais des excuses... D'excuses, vous comprenez qu'il ne pouvait en être question; j'ai accepté les conditions proposées.

HERMANN, d'une voix qui s'altère au fur et à mesure qu'il parle.

Quand le combat doit-il avoir lieu?

KARL.

Le plus tôt possible, vous comprenez : la discussion a eu lieu sur la promenade; le duel est sévèrement défendu dans les États du grand-duc.

HERMANN.

Ces messieurs attendent à la porte?

KARL.

Non pas, mais derrière les murs du parc, où je dois les rejoindre.

HERMANN.

C'est bien! Fais-toi donner par mon valet de chambre les pistolets à crosse d'ivoire; ce sont les meilleurs. Tu tirais juste avec eux, n'est-ce pas?

KARL.

Mais oui.

HERMANN.

Y a-t-il longtemps que tu ne t'es exercé?

KARL.

Pendant la traversée, j'ai tiré quelques oiseaux fatigués qui venaient se poser sur nos vergues.

HERMANN.

Et tu es content de toi?

KARL.

J'avais la main bonne.

HERMANN.

Des témoins?

KARL.

Dame, je n'en ai pas.

HERMANN.

Je m'offrirais bien; mais, étant trop proche parent avec toi, ton adversaire pourrait me récuser.

KARL, indiquant Walther et Amédée.

Si ces messieurs voulaient me rendre ce service...

HERMANN.

Il faut le leur demander. Va, j'ai deux mots à dire à Fritz.

SCÈNE IX

Les Mêmes, FRITZ.

Karl, Walther et Amédée au fond, Hermann et Fritz sur le devant.

HERMANN.

Viens, Fritz, viens.

FRITZ.

Que me dit-on, monsieur le comte? une discussion, une querelle...

HERMANN.

Chut! que cela reste entre nous... J'allais vous appeler; merci d'être venu. Oui, une querelle dans laquelle, Dieu merci, les torts sont du côté de l'adversaire de Karl... Une jeune fille insultée dont il a pris la défense : il vous contera cela. Vous allez l'accompagner sur le terrain, Fritz; vous ne le quitterez pas d'une seconde... Karl est mon seul parent, vous savez comme je l'aime... C'est plus qu'un neveu pour moi, c'est un fils.

KARL.

Ces messieurs acceptent, comte.

HERMANN.

Merci, messieurs, merci, au nom de mon neveu et au mien.

WALTHER.

Comment donc!

KARL.

Je vais chercher les armes. Je ne fais que monter et descendre; attendez-moi.

HERMANN.

Vous me le ramènerez sain et sauf, Fritz?

FRITZ.

Nul ne peut répondre de la direction que prend une balle, monsieur le comte.

HERMANN.

C'est juste! Logique comme un médecin!

FRITZ.

Mais ce dont je puis vous répondre, c'est qu'en cas de malheur, tout ce que peut faire la science, je le ferai.

HERMANN.

C'est beaucoup ; c'est même tout ce que je puis te demander, Fritz ; mais, tu comprends, dans l'un ou l'autre cas, je veux être averti à l'instant même... Pas de ménagements, pas de détours : la vérité!

FRITZ.

Soyez tranquille... Mais qu'avez-vous?

HERMANN.

Moi?... Rien!

FRITZ.

Vous le savez, monsieur le comte, ces émotions vous sont fatales.

HERMANN.

Moi?... Je ne suis pas ému.

FRITZ.

En attendant, si vous crachiez le sang, pressez un citron dans un verre d'eau, et buvez.

HERMANN.

Merci, Fritz... Ne dis rien à ton père de tout cela, et envoie-le-moi, je veux causer avec lui. (Fritz sort.) Viens ici, Karl. Tu ferais bien d'armer et désarmer plusieurs fois les pistolets pour accoutumer ton doigt à la gâchette. Boutonne ta redingote, qu'on ne voie pas ton gilet blanc; rentre le col de ta chemise dans ta cravate ; efface tous les points sur lesquels pourrait se fixer l'œil de ton adversaire. Bien, c'est cela... Maintenant, sois brave et calme comme un homme qui a pour lui son bon droit... Embrasse-moi, Karl, et que Dieu te garde!... Messieurs, je vous le recommande ; partage égal pour lui et pour son adversaire des avantages du terrain et des désavantages du soleil... Rien de plus, rien de moins... Allez, messieurs, allez!

(Ils sortent.)

SCÈNE X

HERMANN, puis LE CROUPIER DES JEUX, JOUEURS, au fond.

HERMANN.

Pauvre destinée humaine, sur quoi reposes-tu ! Voilà un homme : il a fallu vingt-cinq ans à la nature pour faire le côté matériel, quinze ans à l'éducation pour faire le côté intelligent... Nature et éducation viennent d'arriver enfin à compléter leur œuvre ; cet homme va prendre sa place parmi les autres hommes, il va être époux, il va être père, il va transmettre à des descendants le nom, la vie, la fortune qu'il a reçus d'une longue suite d'aïeux... Cet homme passe sur une place publique, rencontre un étudiant ivre qui insulte une femme ; il prend le parti de cette femme, et voilà l'existence de cet homme qui dépend... de quoi ?... non plus de son intelligence, non plus de sa vertu, non plus de son courage... mais du plus ou moins de fermeté de la main, du plus ou moins de justesse de l'œil de son adversaire... Mon Dieu ! pardonnez à celui qui dirait que votre providence est parfois la sœur du hasard ! (On ouvre la porte du fond.) Qu'est-ce que cela ?... Ah ! l'heure du jeu qui arrive.

LE CROUPIER, dans la pièce du fond.

Faites votre jeu, messieurs.

(On entend le bruit de l'or.)

HERMANN.

La vie, jeu éternel, roulette sans fin, autour de laquelle se succèdent les générations... où les uns jouent leur honneur, les autres leur or, d'autres leur existence !... C'est incroyable comme la crainte rend superstitieux... Quelle idée étrange, et pourquoi se présente-t-elle à mon esprit ?... Voyons... (Il tire un billet de mille francs de son portefeuille et le tord.) Mille francs sur la rouge !

UNE VOIX.

Sur la rouge ?

HERMANN.

Oui... J'ai chance égale. (Apercevant Sturler.) Ah !

SCÈNE XI

Les Mêmes, STURLER.

STURLER.

Comment, vous jouez, monsieur le comte, vous qui ne jouiez jamais?

HERMANN, agité.

C'est vrai ; mais, depuis quelque temps... que voulez-vous ! je suis devenu joueur.

LE CROUPIER.

Rien ne va plus.

HERMANN.

Eh bien, mon cher Sturler, êtes-vous content? êtes-vous heureux?

STURLER.

Oh! oui, bien heureux! monsieur le comte. Fritz m'a dit que vous étiez si bon pour lui !

HERMANN.

C'est un savant médecin, et il fera sa fortune... La boule tourne.

LE CROUPIER.

Vingt-neuf, rouge, impair et passe.

HERMANN.

J'ai gagné... C'est bien ! laissez les deux mille francs.

LE CROUPIER.

Sur la rouge?

HERMANN.

Sur la rouge, oui... (A Sturler.) Mais, voyons, il y a autre chose que la fortune en ce monde... N'était-il pas amoureux, ton fils, Sturler... amoureux d'une jeune personne?

LE CROUPIER.

Faites votre jeu, messieurs.

HERMANN.

J'ai entendu parler d'une jeune fille qu'il devait épouser à son retour.

LE CROUPIER.

Rien ne va plus.

STURLER.

Oui, justement, monsieur le comte : un ange de bonté et de douceur !... mademoiselle Marie de Stauffenbach.

HERMANN.

Stauffenbach ?... Marie ?... tu dis Marie de Stauffenbach ? Mais c'est un vieux nom, cela !

LE CROUPIER.

Vingt-cinq, rouge, impair et passe.

UNE VOIX.

Rouge gagne.

HERMANN.

Encore ! encore ! Allons, courage, pauvre cœur ; Dieu t'envoie l'espérance... Laissez sur la rouge.

STURLER.

Comme vous êtes agité, comte !

HERMANN.

C'est le jeu ! c'est le jeu ! Tel que vous me voyez, cher Sturler, je suis horriblement joueur.

LE CROUPIER.

Rien ne va plus.

HERMANN.

Ah ! si j'allais gagner trois fois de suite... (Revenant à Sturler.) Un vieux nom, ma foi !... N'y a-t-il pas un frère ?

STURLER.

Oui, un baron Frantz de Stauffenbach... C'est lui qui fait le mariage ; c'est un camarade de Fritz.

HERMANN.

Une alliance très-honorable, Sturler, une grande alliance ; je vous en félicite, mon cher Sturler.

STURLER.

Honorable, honorable... Il y a bien des choses à dire... Un jeune homme sans conduite, plein de vices, qui se ruine au jeu, et qui, en ce moment-ci, joue ses derniers louis peut-être...

HERMANN.

Il est là ?

STURLER.

Oui, tenez, ce jeune homme en habit de chasse.

LE CROUPIER.

Trente et un, rouge, impair et passe.

HERMANN.

Rouge gagne! rouge gagne!... Comprenez-vous, Sturler? trois fois de suite. Laissez toujours sur la rouge. (Passant à une autre idée.) Non, ce serait tenter Dieu! N'importe... sur le zéro : j'aurai trente-cinq chances contre moi. Si je perds, cela ne signifiera rien, tandis que, si je gagne... (Haut.) Sur le zéro...

LE CROUPIER.

Les huit mille francs?

HERMANN.

Les huit mille francs.

LE CROUPIER.

Rien ne va plus.

HERMANN, à Sturler.

Et la fiancée de Fritz, où est-elle? où habite-t-elle?

STURLER.

Imaginez-vous qu'elle était ici, monsieur le comte, dix minutes avant l'arrivée de Fritz... Elle était venue à la ville avec son frère et sa nourrice. Un quart d'heure plus tôt, Fritz la trouvait. C'eût été de bon augure, n'est-ce pas?

HERMANN.

Vous croyez donc aux augures, vous, Sturler? N'est-ce pas, n'est-ce pas que vous y croyez?... Oh! la roulette tourne, elle tourne... mon Dieu! mon Dieu!

LE CROUPIER.

Zéro!

HERMANN.

Zéro gagne!

STURLER.

Ah çà! mais vous allez faire sauter la banque : trente-six fois huit mille francs!

HERMANN.

Assez! assez!... Donnez-moi cet argent ou apportez un plateau plein d'or et de billets... Sturler, Sturler, mon ami, allez porter cet or et ces billets au pasteur voisin. Or et billets, tout est pour les pauvres... Quant au pasteur, dites-lui de prier pour un homme qui court un grand danger dans ce moment-ci. Allez, mon bon Sturler, allez!

SCÈNE XII

Les Mêmes, FRANTZ.

FRANTZ, entrant pâle et agité.

Pardon, monsieur... Attendez, Sturler... (Au Comte.) Je vous ai entendu dire que cette somme était destinée à une bonne œuvre?

HERMANN.

Oui, monsieur.

FRANTZ.

Pouvez-vous en distraire dix mille francs?

HERMANN.

Dans quel but?

FRANTZ.

Je jouais sur la noire, tandis que vous jouiez sur la rouge; j'ai donc perdu à mesure que vous gagniez. Je suis gentilhomme, monsieur; je suis le baron de Stauffenbach... Je vous demande dix mille francs sur votre gain; j'engage mon château comme garantie.

HERMANN.

Monsieur Frantz de Stauffenbach, cet argent appartient aux pauvres; il m'est donc impossible d'en distraire la moindre partie; mais ce portefeuille est à moi... Au lieu de dix mille francs que vous me demandez, il en contient vingt mille, pour lesquels j'accepte hypothèque sur votre château de Stauffenbach.

FRANTZ.

Merci, monsieur, merci! On m'avait bien dit que vous étiez un vrai gentilhomme.

SCÈNE XIII

Les Mêmes, KARL.

KARL, ouvrant la porte.

Mon oncle!

HERMANN.

Karl! Oh! l'intention me porte bonheur. Dieu juge les intentions des hommes et les récompense... Porte cet or où j'ai dit, Sturler, porte... Eh bien, mon enfant, comment cela s'est-il passé?

KARL.

Ma foi, mon oncle, nous avons tiré l'un sur l'autre en même temps... Lui, il m'a manqué; moi, je l'ai touché je ne sais pas trop où... Je l'ai vu chanceler... Mais j'ai pensé à vous, mon oncle; je l'ai recommandé à Fritz et je suis accouru.

HERMANN.

Merci, mon cher Karl! merci, mon enfant!... Maintenant, il faut songer à fuir, il faut...

KARL.

Mon Dieu, qu'avez-vous? Vous pâlissez!...

HERMANN.

Rien, Karl!... Donne-moi un verre d'eau et la moitié de ce citron.

(Il appuie son mouchoir sur sa bouche et reste un instant faible.)

KARL.

Ah! malheureux que je suis!... Voilà!... Bois, bois, bon et cher oncle!

HERMANN.

Ce n'est rien... Bah! la joie ne fait pas de mal. (Il boit.) Merci, tout va bien... Je disais, mon ami, qu'il n'y avait pas un instant à perdre... Le duel est sévèrement défendu dans les États du grand-duc; ne t'expose pas à être arrêté; pars pour mon château de Schawembourg. Dans une heure, tu auras traversé la frontière, et, ce soir, tu seras arrivé...

KARL.

Merci! merci!

HERMANN.

A propos, où sont tes témoins?..

KARL.

A la poste, où ils commandent des chevaux... Je les rejoins, c'est convenu, sur la route de Wildbad.

HERMANN.

Invite-les à t'accompagner au château... C'est bien le moins que tu leur offres l'hospitalité.

KARL.

Et vous, mon oncle?..

HERMANN.

Oh! sois tranquille, je ne tarderai pas à te rejoindre... Va, prends de l'argent... N'oublie pas ton passe-port... Fais-toi accompagner par Blum, je te le donne.

KARL.

Mais vous?...

HERMANN.

Moi, j'attends Stürler; je veux savoir si la blessure de ton adversaire est grave. Va, mon ami, va.

KARL.

Au revoir, mon oncle, au revoir.

HERMANN.

Au revoir.

SCÈNE XIV

HERMANN, puis FRANTZ.

HERMANN, tombant.

Ah! pauvre machine humaine, à laquelle la joie fait autant de mal que la douleur... Ah! mon pauvre Karl, à qui donc pourrais-je rendre service pour remercier Dieu?

FRANTZ.

Monsieur le comte, vous avez déjà une hypothèque de vingt mille livres sur mon château : vous plairait-il de l'acheter tout à fait? Ce serait une belle dot à donner à Fritz, votre médecin et mon futur beau-frère!

HERMANN.

Combien désirez-vous vendre Stauffenbach, monsieur?

FRANTZ.

Cent mille livres.

HERMANN.

Mettez-vous, là, monsieur et faites-moi votre reçu.

(Hermann se met à une table, Frantz à l'autre.)

FRITZ, au fond.

Le comte et Frantz chacun à une table... Que font-ils?

(Hermann et Frantz se lèvent et vont l'un à l'autre.)

HERMANN.

« M. Heckeren, mon banquier à Baden-Baden, est prié de payer à vue à M. Frantz de Stauffenbach la somme de quatre-vingt mille francs. Comte HERMANN. »

FRANTZ.

« Reçu de M. le comte Hermann de Schawembourg la

somme de cent mille francs, pour prix de mon château de Stauffenbach, qui, à partir de ce moment, lui appartient avec contenances et dépendances. Frantz de Stauffenbach. »
Merci, comte.

HERMANN.

Merci, monsieur. Ah! c'est toi, Fritz! Eh bien, notre adversaire?...

FRITZ.

Blessé légèrement à l'épaule.

HERMANN.

Ah! tant mieux!... Fritz, nous partons.

FRITZ.

Nous partons, comte? et où allons-nous?

HERMANN.

Ma foi, nous allons visiter mon château de Stauffenbach.

FRITZ, joyeux.

Ah!

HERMANN.

Venez-vous avec nous, baron?

FRANTZ.

Ma foi, non; j'aime mieux jouer. La fortune me doit une revanche.

HERMANN.

A votre fantaisie.

FRANTZ.

Bon voyage, comte!

HERMANN.

Bonne chance, baron!... Viens, Fritz.

FRANTZ, à Fritz.

N'oublie pas que ce n'est qu'en échange de trois cent mille livres comptant que je donne mon consentement au mariage de ma sœur.

FRITZ.

Sois tranquille, Frantz, on tâchera de faire encore mieux qu'on ne t'a promis.

HERMANN.

Eh bien, Fritz?

FRITZ.

Voilà, monsieur le comte, voilà.

ACTE DEUXIÈME

Une salle du château de Stauffenbach.

SCÈNE PREMIÈRE

MARTHE, au fond, filant un rouet; KARL et MARIE, sur le devant.

KARL.

M'en voulez-vous d'avoir cru que, malgré notre courte connaissance, faite d'une si singulière façon, vous désiriez être rassurée sur les suites de cette affaire?

MARIE.

Non, monsieur, et je vous sais gré d'avoir pris en personne la peine de me tranquilliser. Mais ce billet que vous avez reçu, et que vous prétendez vous avoir servi de guide, ne portait ni mon nom ni ma signature cependant.

KARL.

C'est vrai; il faisait foi seulement d'un intérêt dont je suis fier, et qui me sert d'excuse pour me présenter devant vous.

MARIE.

Il était bien naturel, ce me semble, que mon intérêt fût pour mon défenseur. Mais comment mon défenseur a-t-il su mon nom et ma demeure, voilà ce que je désire savoir.

KARL.

Et voilà ce qu'il se gardera bien de vous dire, lui.

MARIE.

Pourquoi cela?

KARL.

Quand il est donné à un homme d'apparaître dans la vie d'une femme pour lui rendre un léger service; quand cette femme est jeune, pure et belle, comme est Marie de Stauffenbach, la récompense de cet homme est de laisser dans cette existence qu'il effleure un sillon de lumière pareil à celui que trace une étoile glissant au ciel dans une sombre et sereine nuit d'été. Le souvenir de celui qui passe est d'autant plus durable qu'il a été plus mystérieux, et sera plus rapide. Il n'y a pas de gens qu'on oublie plus vite que ceux que l'on connaît trop; il n'y a pas d'homme qui devienne plus indifférent que celui que l'on rencontre tous les jours.

MARIE, se levant sans bouger de place.

Voilà, vous me permettrez de le dire, monsieur, une étrange et inexplicable théorie.

KARL.

Étrange, peut-être; inexplicable, non. — Tenez, j'arrive de l'autre côté de la mer. (Marie se rassied.) Dix fois, sur les vastes solitudes de l'Océan, nous rencontrâmes de riches bâtiments de commerce ou de puissants vaisseaux de guerre. Nous marchâmes de conserve avec eux deux jours, quatre jours, une semaine. Pendant ces marches plus ou moins longues, nous passâmes, pour nous distraire, d'un bord à l'autre. Les officiers de ces bâtiments nous reçurent à leur table; nous les invitâmes à dîner à notre tour; puis, un beau jour, après nous être juré une amitié éternelle, nous nous séparâmes. Ne me demandez pas le nom de ces officiers, la coupe de leur bâtiment, le lieu où ils allaient : j'ai tout oublié. Mais, une fois, par une de ces belles nuits du tropique, plus lumineuse que nos jours d'hiver, une fois je vis poindre, entre l'azur du ciel et l'azur de la mer, une voile blanche qui s'avançait grandissante, et faisant route opposée à celle que nous suivions. Au moment où elle nous croisa, je pris un porte-voix, et, m'adressant à la gracieuse apparition : « D'où viens-tu? comment te nommes-tu? où vas-tu? lui criai-je. — Je viens du passé, je me nomme l'Espérance, je vais vers l'avenir, » me répondit-elle. Puis elle disparut à l'horizon opposé, pareille à un songe qui, sorti des ténèbres, rentre dans la nuit... Comprenez-vous maintenant, que, de tous ces vaisseaux, de tous ces bâtiments, de tous ces navires que nous rencontrâmes, le seul dont je me souvienne, le seul que mon imagination suive sur les océans infinis, ce soit cette voile éphémère parue et disparue pendant le temps qu'a mis mon cœur à compter soixante secondes? Il en est de même de vous, Marie. (Elle se lève.) Vous venez du passé, vous vous nommez l'Espérance, vous allez vers l'avenir. Or, cet avenir, je le sais, il est arrêté d'avance dans les desseins du Seigneur... Vous êtes fiancée. Marie n'appartient plus à Marie, elle appartient à Fritz Sturler. Adieu, Marie! Celui qui a pris votre défense sans savoir qui vous étiez, celui qui a risqué sa vie pour venger la rougeur qu'un instant a monté jusqu'à votre front virginal, celui qui n'a pas voulu prendre la route de l'exil sans vous dire : « Je passe près de vous ; » celui-là s'appelle Karl de Florsheim. Voilà probablement tout ce que vous saurez jamais de lui. Adieu, Marie ! Marie, adieu !...

SCÈNE II

MARIE, MARTHE.

Scène presque muette. Marthe s'est levée aux derniers mots de Karl. Comme celui-ci s'éloigne, elle s'approche de Marie, immobile.

MARIE porte la main à son front, pousse un soupir, va lentement à une fenêtre, dont elle soulève le rideau ; puis, après avoir regardé s'éloigner Karl, elle monte l'escalier qui conduit chez elle en répétant.

Karl de Florsheim !...

(Elle sort.)

SCÈNE III

MARTHE, seule.

Qu'a donc cette chère enfant?... Je ne l'ai jamais vue ainsi. (Allant à la fenêtre, et soulevant le rideau déjà soulevé par Marie.) Ah! oui !... Voilà le jeune homme qui s'éloigne avec deux compagnons, voilà qu'il salue en agitant son mouchoir .. Qui salue-t-il donc?... Ah! sans doute Marie est au balcon de sa chambre. Brave jeune homme, qui a risqué sa vie pour nous... comme cela... sans nous connaître ! Ma foi, il mérite bien qu'on le suive un peu des yeux, quand il s'en va pour ne plus revenir peut-être. J'aurais bien voulu entendre ce qu'il disait à Marie ; car cela me paraissait bien beau ; malheureusement, j'ai l'oreille qui se fait un peu dure.

SCÈNE IV

MARTHE, WILDMANN.

WILDMANN, entrant ; costume de garde-chasse, carnier à l'épaule, fusil à un coup en bandoulière.

Cela va mal, cela va mal, cela va mal !

MARTHE.

Ah! c'est toi, Wildmann! Et en quoi cela va-t-il mal, mon pauvre ami?

WILDMANN.

Cela va mal, la mère, en ce que, tous les ans, à la même époque, la saison des eaux revient; en ce que, dès que la saison des eaux revient, M. Frantz part pour Bade; en ce qu'une fois arrivé à Bade, M. Frantz joue; en ce que, quand M. Frantz joue, M. Frantz perd, et, quand M. Frantz perd...

MARTHE.

Eh bien?

WILDMANN.

Eh bien, il ne se connaît plus alors, et il vend le domaine jour par jour, pièce par pièce, morceau par morceau. Hier, c'était le bois, avant-hier la plaine, l'autre avant-hier, les étangs. Un si beau domaine! où mon père est né, où mon père est mort, où je suis né, et où j'espérais mourir!... le voir ainsi s'en aller lambeau par lambeau, comme un pauvre cerf dont on découpe les membres, et dont il ne reste plus que la carcasse! et encore, le château, qui est la carcasse du domaine, peut-être suivra-t-il le reste, peut-être demain sera-t-il vendu à son tour.

(Fritz entre et écoute.)

MARTHE.

Wildmann!

WILDMANN.

Pardieu! il a bien vendu sa sœur, qui est une créature de chair et d'os, faite par le bon Dieu en personne; il peut bien vendre un vieux château, bâti de pierre et de ciment, dont on ne connaît même plus l'architecte.

MARTHE.

Hélas! il y a malheureusement du vrai dans ce que tu dis là, pauvre Wildmann!

WILDMANN.

Est-ce que c'est un mari pour une Stauffenbach, dont les ancêtres ont été en croisade, dont l'aïeul était vicaire de l'Empire, et dont le père était major général, qu'un petit étudiant, que le fils d'un directeur des Bains, qu'un Fritz Sturler, enfin...

SCÈNE V

Les Mêmes, FRITZ, puis LE COMTE HERMANN.

FRITZ.

Tu as raison, Wildmann ; seulement, quand tu dis ces choses-là, tu devrais fermer les portes, non pas pour toi, mais pour ceux dont tu parles, qui peuvent entrer et entendre ce que tu penses d'eux. Heureusement, je l'espère du moins, que ta maîtresse a de moi une autre opinion que la tienne, mon bon Wildmann. (Se retournant.) Venez, monsieur le comte ; je voulais vous annoncer à la châtelaine de Stauffenbach ; mais il paraît qu'elle n'y est pas. Entrez, entrez, monsieur le comte.

MARTHE, à Wildmann.

Malheureux !

WILDMANN.

Tant pis, ma foi ! Il m'eût demandé ce que je pense de sa personne, que je le lui eusse dit. Il l'a entendu, cela revient au même.

HERMANN, entrant.

Mademoiselle Marie de Stauffenbach n'est-elle point au château, mes amis ?

MARTHE.

Si fait, monsieur, elle est à sa chambre.

FRITZ.

Asseyez-vous, comte.

(Il approche un fauteuil.)

MARTHE.

Monsieur souffre-t-il ?

HERMANN.

Le château est sur une hauteur, et, en montant, la respiration m'a manqué. Ce n'est rien, braves gens. Annoncez à mademoiselle Marie de Stauffenbach que son fiancé, Fritz Sturler, vient d'arriver, lui amenant un de ses amis.

MARTHE.

J'y vais.

(Elle sort.)

FRITZ.

Et toi, mon cher Wildmann, cours puiser à la source une

ou deux carafes d'eau ferrugineuse. Cette eau est bonne pour
M. le comte.

WILDMANN.

A l'instant.

(Il sort.)

SCÈNE VI

LE COMTE HERMANN, FRITZ.

FRITZ.

Eh bien, monsieur le comte?

HERMANN.

Cela va à merveille, mon cher Fritz.

FRITZ.

Oh! je vous l'ai dit là-bas, je vous l'ai redit pendant la route, je vous le répète ici, si vous vous laissez aller aux moindres émotions, ces émotions vous tueront.

HERMANN.

Tu ranges au nombre des moindres émotions, philosophe Fritz, celles qu'éprouve un père quand son fils est en danger de mort. Eh! tu sais bien que Karl, le fils de ma sœur bien-aimée, n'est pas mon neveu, mais mon enfant.

FRITZ.

N'importe, monsieur le comte. Je vous le dis, si vous ne vous abandonnez pas à moi, si vous ne devenez pas ma propriété entière, si je ne fais pas de vous, enfin, tout ce que je veux, je ne réponds plus de rien.

HERMANN.

Et qui te dit de répondre de quelque chose? Quand je commets de ces erreurs-là, Fritz, c'est pour les autres, jamais pour moi.

FRITZ.

Oh! je sais bien que vous êtes bon, monsieur le comte. Je sais que, si vous pouviez faire, des jours qui vous restent à vivre, un bouquet de roses, vous l'effeuilleriez sur le chemin de l'humanité. Voilà pourquoi je veux vous conserver aux hommes, monsieur le comte.

HERMANN.

Cela te regarde, Fritz.

FRITZ.

Ce qu'il vous faudrait, voyez-vous, à cette heure où vous

êtes arrivé au sommet qui sépare les deux horizons de la vie ; ce qu'il vous faudrait, ce n'est plus cette existence de voyages et d'aventures qui vous a conduit où vous êtes. Non, ce serait, au lieu de la grande route, de la mer, des savanes, ce serait un château calme comme celui-ci. (Ouvrant la fenêtre.) Voyez, quel admirable paysage ! voyez cette charmante rivière, qui semble un ruban de moire argenté au milieu de la prairie : voilà le miroir où vous devriez voir passer votre vie, limpide, tranquille, marbrée d'ombre et de soleil comme le cours de cette eau.

HERMANN.

Cela tombe bien, mon cher Fritz ; me retirer du monde, c'est justement ce que je compte faire. Mon château de Schawembourg est calme et solitaire comme celui-ci ; il domine une rivière limpide et tranquille comme celle-ci, et, si c'est là que tu vois pour moi la santé et le bonheur, je puis encore espérer l'un et l'autre, Fritz.

FRITZ.

Oh ! vous demandez trop, monsieur le comte, santé et bonheur à la fois. Oui, le calme, la tranquillité, l'air pur vous donneront la santé, sans doute ; mais le bonheur, le bonheur vient d'en haut, et ce sont les anges qui l'apportent sur la terre. Demandez plutôt à celui qui descend... N'est-ce pas, Marie, que le bonheur est une fleur du ciel ?

SCÈNE VII

Les Mêmes, MARIE.

MARIE.

Fritz, mon ami, mon frère, vous voilà donc de retour ! (Elle lui donne son front à baiser ; puis, désignant le comte.) M. le comte Hermann, sans doute ?

FRITZ.

Oui, Marie, M. le comte, notre protecteur, notre ami.

MARIE.

M. le comte sait que je suis votre fiancée ?

HERMANN.

Je sais tout, Marie, et, depuis trois ans, je vous connais. Bien souvent nous avons parlé de vous. Je vous le ramène, ou plutôt c'est lui qui me ramène; car, vous le savez, je lui appartiens, et il a le droit de faire de moi ce qu'il veut.

FRITZ.

Je vous ai dit dans mes lettres, Marie, combien M. le comte était bon pour moi. Remerciez-le donc, pour vous et pour moi, comme vous savez remercier, Marie, avec le cœur.

(Marie va au Comte et lui donne son front à baiser.)

HERMANN, lui saisissant les deux mains.

Oh! chère enfant!

MARIE.

Et M. le comte demeure avec nous... quelque temps du moins?

FRITZ.

Un jour ou deux, peut-être davantage, cela vous regarde, Marie. Faites-lui aimer Stauffenbach, et il restera.

(Il prend son chapeau.)

MARIE.

Vous sortez?

FRITZ.

Je vais prévenir Marthe et Wildmann que nous sommes leurs hôtes aujourd'hui et demain. Restez, Marie. Je vous laisse seuls, vous le voyez, monsieur le comte; n'en profitez pas pour lui dire de moi tout le mal que vous en pensez.

(Il sort.)

SCÈNE VIII

MARIE, LE COMTE HERMANN.

MARIE.

Que faut-il faire pour que vous aimiez Stauffenbach, monsieur le comte? Dites vite.

HERMANN.

Ce qu'il faut faire, chère Marie? Oh! laissez-moi vous appeler ainsi. J'ai le double de votre âge, et, à défaut du nom, j'ai le droit d'avoir pour vous le cœur d'un père. Ce qu'il faut pour que j'aime Stauffenbach, puisqu'il est convenu que je vous parle ainsi, n'est-ce pas?...

MARIE.

J'écoute.

HERMANN.

Ce qu'il faut, c'est d'abord que Stauffenbach soit à Marie, et qu'en me recevant, Marie me reçoive chez elle.

MARIE.

Ah! voilà que, du premier coup, afin de se réserver un moyen de nous quitter, voilà que le comte Hermann demande l'impossible. Stauffenbach est un fief de famille qui ne tombe pas en quenouille, monsieur le comte; Stauffenbach est à mon frère Frantz, et je regrette qu'il ne soit pas ici pour vous en faire les honneurs.

HERMANN.

Stauffenbach n'est plus à votre frère, Marie; Stauffenbach est à moi.

MARIE.

Comment?

HERMANN.

Votre frère Frantz m'a vendu Stauffenbach il y a deux heures.

MARIE.

Vendu! Frantz a vendu le château de nos pères?

HERMANN.

Sans doute, et il a bien fait, car il devinait ceci, Marie: c'est qu'en passant entre mes mains, Stauffenbach n'était qu'un dépôt, et devenait naturellement la dot de sa sœur.

MARIE.

Monsieur le comte!

HERMANN.

C'est une façon de vous payer ma bienvenue, Marie, et vous me rendrez cela en prières.

MARIE.

Monsieur le comte!

HERMANN.

Et, quand Marie aura accepté, je resterai à Stauffenbach tant qu'elle voudra; car Marie sera chez elle, et elle aura le droit d'ordonner.

MARIE.

Merci, monsieur le comte, j'accepte.

(Elle va à un prie-Dieu, ouvre une Bible, prend une plume et écrit quelques lignes à la marge.)

HERMANN, s'approchant.

Que faites-vous?

MARIE.

Monsieur le comte, cette Bible est celle où mon père, de son vivant, où ma mère, après lui, consignaient, au moment même de l'événement, tout ce que le Seigneur leur envoyait d'heureux. C'est un grand bonheur pour moi que le château où mon père naquit et où mourut ma mère ne sorte pas de la famille.

(Marie s'éloigne un peu, le Comte lit.)

HERMANN, lisant.

« Aujourd'hui, 7 juin 1839, le château de Stauffenbach, qui était sorti de la famille, y est rentré par le don généreux qu'en a fait le comte Hermann de Schawembourg à sa bien reconnaissante Marie... Dieu donne de longs jours au comte Hermann!... » Vous êtes une adorable enfant, Marie ; mais vous oubliez de consigner, à la même date, un événement que vous devez tenir pour plus heureux encore.

MARIE.

Lequel ?

HERMANN.

Le retour de votre fiancé.

MARIE.

Vous avez raison. (Elle écrit.) « Le même jour, j'ai revu Fritz Sturler, et Fritz Sturler m'a présenté le comte Hermann. »

HERMANN.

C'est bien. Donnez-moi votre bras, Marie, et causons.

MARIE.

Volontiers.

HERMANN.

Ainsi, vous êtes heureuse de revoir Fritz ?

MARIE.

Heureuse, oui : c'est un ami d'enfance. Mon père l'aimait et l'a fait élever avec mon frère.

HERMANN.

Et vous, l'aimez-vous ?

MARIE.

D'une amitié bien réelle et bien vraie, oui, monsieur le mte.

HERMANN.

Faites attention, Marie, que vous ne parlez que d'amitié. Croyez-vous l'amitié un sentiment assez vif pour le lien qui va vous unir ?

MARIE.

Sans doute, si ce sentiment suffit à Fritz.

HERMANN.

Fritz sait que vous n'avez pour lui que de l'amitié?

MARIE.

Je le lui ai dit à son départ. Je suis prête à le lui redire à son retour.

HERMANN.

Et, malgré cet aveu, il vous épouse sans crainte?

MARIE.

Quelle crainte voulez-vous qu'éprouve Fritz? Ne ferai-je pas, sur l'autel et devant Dieu, serment d'être épouse chaste, amie fidèle?

HERMANN.

Ce serment fait sans amour, vous êtes sûre de le tenir?

MARIE.

Je serai toujours sûre de remplir un devoir, monsieur le comte.

HERMANN.

Même aux dépens de votre bonheur?

MARIE.

Où serait la vertu sans cela, monsieur le comte?

HERMANN.

Comment! jamais vous n'avez désiré que ce mariage se rompît? jamais la vue d'un autre homme ne vous a fait regretter l'engagement pris avec Fritz?

MARIE.

Cet engagement a été pris, de mon aveu, entre mon frère et M. Sturler. Je l'ai ratifié. Mon frère et M. Sturler peuvent seuls délier ce qui a été lié.

HERMANN.

Ainsi, quelque chose qui arrive, à moins que votre fiancé et votre frère ne vous rendent la parole donnée, vous serez la femme de Fritz?

MARIE.

Quelque chose qui arrive, oui, monsieur le comte. Mais il n'arrivera rien, je l'espère.

HERMANN.

Marie, vous êtes un ange, et, si vous avez une sœur sur la terre, dites-moi où elle est. Fût-elle au bout du monde, j'irai l'y chercher.

SCÈNE IX

MARIE, LE COMTE HERMANN, FRITZ.

FRITZ.

Marie, Marthe vous appelle; elle a besoin de vous.

MARIE.

J'y vais. Excusez-moi, monsieur le comte; c'est un grand événement pour deux solitaires que votre présence et celle de Fritz au château de Stauffenbach, et il n'est pas étonnant qu'il fasse perdre un peu la tête à la pauvre Marthe.

HERMANN.

Allez.

(Marie sort.)

SCÈNE X

LE COMTE HERMANN, FRITZ, WILDMANN.

Hermann suit des yeux Marie jusqu'à ce qu'elle ait disparu, puis va lentement s'asseoir sur un fauteuil.

WILDMANN, rentrant.

Voilà l'eau que vous avez demandée, monsieur Fritz.

FRITZ.

Donne, Wildmann, et va porter à la cuisine ta chasse de la matinée; on l'attend avec impatience.

WILDMANN, prenant son carnier.

J'y vais, monsieur Fritz.

(Il sort.)

FRITZ, regardant avec beaucoup d'attention Hermann plongé dans une profonde rêverie; il emplit un verre d'eau et le porte au Comte.

Comte, je vous offre votre santé future.

HERMANN.

Fritz, ma santé future boit à ton bonheur présent.

(Il boit.)

FRITZ.

Merci!

HERMANN.

Il faut avouer que tu es un heureux coquin, Fritz.

FRITZ.

Trouvez-vous, monsieur le comte?

HERMANN.

Il n'y a rien de tel que ces hommes qui ne croient à rien pour trouver la plus rare des réalités. Mets la main sur ton cœur, Fritz, et dis-le franchement : mérites-tu une semblable fiancée ?

FRITZ.

Je n'ose dire que oui ; mais ce que je dirai hardiment, car c'est la vérité, c'est qu'à l'homme auquel je dois tout, c'est-à-dire à vous, monsieur le comte, dans les plus profonds élans de ma reconnaissance, je n'ai rien trouvé de mieux que d'en souhaiter une pareille.

HERMANN, se levant.

Et voilà encore une preuve des influences secrètes et inconnues sur la destinée humaine. Si à ton âge, Fritz, j'eusse rencontré une Marie, moi le voyageur infatigable, moi pour qui le foyer paternel n'a été qu'une halte, séparant le retour du départ ; moi qui, selon l'expression du poëte, ai mêlé la poussière des trois mondes aux cendres de mon foyer, — je n'eusse jamais quitté le château de Schawembourg ; le comte Hermann se serait passé de l'univers, et l'univers du comte Hermann. Je ne sais ce que l'univers y eût perdu ; mais le comte Hermann, à coup sûr, y eût gagné le bonheur.

FRITZ.

Que cherchait donc M. le comte en parcourant l'univers ?

HERMANN.

Le sais-je ? Demande à l'hirondelle ce qu'elle cherche quand elle franchit l'espace : un autre climat, d'autres horizons. J'aspirais à l'inconnu, espérant, sans avoir un but marqué à mon espoir. Sais-tu une chose étrange, Fritz ? c'est que je n'ai jamais aimé.

FRITZ.

Sans doute votre cœur s'était créé un idéal impossible à rencontrer.

HERMANN.

Oui ; j'avais rêvé une femme comme Marie.

FRITZ.

Une femme comme Marie eût donc fait votre bonheur, monsieur le comte ?

HERMANN.

Pourquoi me demander cela, Fritz ?

FRITZ.

Je vous le demande.

HERMANN.

Je ne sais dans quel poëte arabe j'ai lu que le bonheur était mort le jour où le premier homme était né. Ce que l'on prend pour lui, Fritz, c'est son ombre. Si bien que, depuis ce jour-là, l'humanité court après un fantôme.

FRITZ, s'approchant du Comte.

Comte, vous m'avez dit souvent que j'étais un sophiste, un matérialiste, un athée. — Savez-vous ce que je demandais à Dieu tandis que vous m'accusiez de ne pas croire en lui? Je lui demandais de me donner un jour l'occasion, dût-il m'en coûter la vie, de vous prouver que j'étais capable d'une reconnaissance profonde, d'un dévouement infini. Dieu m'a exaucé, monsieur le comte. Pour vous, la vie est dans un avenir de calme et de bonheur. Marie, — vous l'avez dit, — c'est la perle merveilleuse, c'est le diamant introuvable qui peut vous donner cet avenir. Je renonce à elle, monsieur le comte... Faites-vous aimer de Marie, et Marie est à vous !

HERMANN, qui a écouté jusque-là sans comprendre, se lève vivement.

Fritz, vous êtes fou !

FRITZ.

Vous m'avez dit : « Mets ta main sur ton cœur, Fritz, et avoue franchement que tu ne mérites pas une pareille fiancée ! » J'ai mis ma main sur mon cœur, et j'avoue, — je suis indigne !

HERMANN.

Fritz ! ou tu plaisantes, ou tu te proposes, en me parlant ainsi, un but mystérieux visible pour toi seul. — Oh ! j'aime mieux croire cela, car, si les paroles que tu viens de dire sortaient de ton cœur sans restriction, sans réticence, sans arrière-pensée, je tomberais à tes genoux et je crierais grâce, tant je serais épouvanté de mon néant comparé à ta grandeur ! (Il sort vivement.) Au revoir, Fritz !

SCÈNE XI

FRITZ, seul.

Il l'aime ! ou, s'il ne l'aime pas encore, avant la fin du jour, il l'aimera... Allons, allons, les choses ont marché plus vite encore que je ne l'eusse cru.

SCÈNE XII

FRITZ, FRANTZ.

FRANTZ, entrant.

Fritz! Fritz! eh bien, où es-tu donc?

FRITZ.

Ah! te voilà, toi. Le jeu est donc fermé là-bas?

FRANTZ.

Jusqu'à neuf heures du soir, tu le sais bien.

FRITZ.

Et nous avons profité du répit que nous donne le croupier pour venir faire une dernière visite à notre château?

FRANTZ.

Ma foi, oui. C'est incroyable comme on aime les choses au moment de s'en séparer! Pauvre Stauffenbach! J'aurais dû en demander cent cinquante mille livres : le comte me les eût données tout aussi bien que cent mille.

FRITZ.

Et deux cent mille aussi bien que cent cinquante.

FRANTZ.

Tu crois?

FRITZ.

Ah! je t'en réponds.

FRANTZ.

Décidément, je suis un niais.

FRITZ.

Écoute, Frantz : tu aimes Marie?

FRANTZ.

Belle question! si j'aime ma sœur? Parbleu!

FRITZ.

Oui, comme ton château, pour la vendre.

FRANTZ.

Avec cette différence, cependant, que j'y mets un prix assez élevé pour que celui qui veut l'acheter n'y puisse atteindre.

FRITZ.

Tu dis cela pour moi, Frantz?

FRANTZ.

Je dis cela pour le fiancé de Marie.

FRITZ.

Et tu crois que trois cent mille livres...?

FRANTZ.

Je crois que trois cent mille livres, c'est une grosse somme pour tout le monde, et surtout pour le docteur Fritz Sturler. Voilà ce que je crois; et, comme ma parole n'est engagée avec le docteur Fritz Sturler que pour trois ans, que le terme de l'engagement expire dans un mois, je dis que, si, d'ici à un mois, les trois cent mille livres ne me sont pas comptées...

FRITZ.

Je puis te faire compter les trois cent mille livres dans une heure, Frantz.

FRANTZ.

Alors, Marie est à toi. Un baron de Stauffenbach n'a que sa parole.

FRITZ.

Oui; mais, moi aussi, je suis comme Frantz: j'aime Marie; seulement, je l'aime d'une autre manière; j'aime Marie pour Marie, pour son avenir, pour son bonheur. Marie n'a point les préjugés de sa caste, je le sais, et elle serait devenue, sans regrets, la femme du docteur Fritz Sturler; mais je veux faire mieux que cela d'elle. Je veux faire de Marie la plus riche, la plus noble, la plus grande dame de toute l'Allemagne; je veux faire de Marie la comtesse Hermann de Schawembourg.

FRANTZ.

Tiens! mais c'est une idée, cela.

FRITZ.

Oui; et une idée que je nourris depuis longtemps. C'est dans ce but, Frantz, que j'ai fait renoncer le comte à ses voyages; c'est dans ce but que je l'ai ramené en Allemagne; c'est dans ce but que je l'ai conduit ici.

FRANTZ.

Eh bien?

FRITZ.

Eh bien, il a vu Marie.

FRANTZ.

Et...?

FRITZ.

Et... il l'aime.

FRANTZ.

Mordieu! Fritz, tu es un grand homme!

FRITZ.

Je puis donc compter sur toi pour me seconder ?

FRANTZ.

Je le crois bien!

FRITZ.

Tu feras près de ta sœur tout ce que tu pourras pour la décider?

FRANTZ.

Tout.

FRITZ.

Et, si tu y réussis, Frantz, je te promets trois cent mille livres aujourd'hui et un million dans un an.

FRANTZ.

Qui me donnera les trois cent mille livres?

FRITZ.

Le comte, pardieu!

FRANTZ.

Et le million?

FRITZ, lui mettant la main sur l'épaule.

Moi... Adieu, Frantz.

SCÈNE XIII

FRANTZ, seul.

Lui?... Allons, soit, je le veux bien. Il aura trouvé la pierre philosophale dans ses voyages, et il désire m'en faire part. (Il s'assied.) Trois cent mille livres, c'est trois fois ce qu'il me faut pour essayer ma martingale ; et, pour perdre, il faudrait qu'elle manquât trois fois, ce qui est impossible. (Il se lève.) D'abord, j'ai remarqué une chose, c'est que le jeu ne ruine que les pauvres ; il respecte et caresse les riches. Ce comte Hermann, qui a des millions, il jette au hasard un billet de mille francs sur la rouge ou la noire, et en un quart d'heure il gagne Dieu sait combien. Oh! quand j'aurai mes trois cent mille livres, gare à la banque!

SCÈNE XIV

FRANTZ, MARIE.

MARIE.

Qu'as-tu donc de si intéressant à te raconter, Frantz, que tu parles ainsi tout seul?... Encore quelque combinaison de jeu?

FRANTZ.

Oui; mais, cette fois-ci, je joue en grand et te mets de moitié dans ma partie.

MARIE.

Moi, Frantz, je ne joue pas; compter sur le hasard, c'est offenser Dieu.

FRANTZ.

Et si, cette fois, au lieu d'être le mandataire du hasard, je me présente au nom de la Providence?

MARIE.

Est-ce la Providence qui t'a donné le conseil de vendre le château de nos pères, Frantz?

FRANTZ.

Peut-être; car je l'ai vendu au comte Hermann... Que dis-tu du comte Hermann, Marie?

MARIE.

C'est, je crois, un noble esprit et un noble cœur, un homme tel, que toute fille serait heureuse de l'avoir pour père.

FRANTZ.

Et toute femme heureuse de l'avoir pour époux, n'est-ce pas?

MARIE.

Que voulez-vous dire, Frantz?

FRANTZ.

Moi? Rien. Je pensais seulement que parfois ce hasard que tu dédaignais tout à l'heure, chère Marie, fait des choses si merveilleuses, que la Providence pourrait les prendre pour son compte.

MARIE.

Je ne vous comprends pas, mon frère.

(Elle va s'asseoir.)

FRANTZ.

Voyons, n'est-ce pas une chose merveilleuse que le comte Hermann emmène avec lui de l'autre côté des mers Fritz Sturler, ton fiancé; que le comte Hermann reçoive là-bas un coup de couteau dont il serait déjà mort cent fois pour une, s'il n'avait eu pour le panser Esculape en personne; qu'il revienne chercher la santé en Europe, et descende à la maison des bains juste au moment où je suis en train de perdre; qu'il me vienne à l'idée de lui vendre le château de Stauffenbach, à lui celle de me l'acheter; qu'il s'empresse, le jour même de cette acquisition, de visiter cette propriété avec Fritz Sturler; que, dans cette propriété, il trouve Marie; qu'en voyant Marie, il s'aperçoive d'une chose, c'est qu'il n'a jamais aimé, mais qu'il est assez jeune pour aimer encore? Enfin, n'est-ce pas une chose merveilleuse, bien autrement merveilleuse que toutes les autres, que Fritz Sturler, à qui, jusqu'à cette heure, j'avais accordé, je l'avoue, beaucoup plus de science que de dévouement, se trouve avoir tout à coup encore plus de dévouement que de science, et se dévoue en abandonnant la main de Marie de Stauffenbach au comte Hermann, si le comte Hermann parvient à se faire aimer de Marie de Stauffenbach?

MARIE.

Frantz, je vous ai écouté pour savoir jusqu'où la folie peut aller. Frantz, vous êtes insensé!

FRANTZ.

Tu te trompes, chère sœur: jamais, au contraire, je n'ai été plus calme, et n'ai dit de choses plus raisonnables.

MARIE.

J'ai vu le comte pour la première fois il y a deux heures; pour la première fois en même temps, le comte m'a vue. Comment voulez-vous, Frantz, qu'il ait eu le temps d'éprouver pour moi un autre sentiment que celui de la bienveillance?

FRANTZ.

Tu as bien eu le temps, toi, de juger que c'était un noble esprit et un noble cœur.

MARIE.

Assez, Frantz, assez!

(Elle s'assied.)

FRANTZ.

Non pas, non pas; car ce que je te propose là, c'est non-seulement une bonne affaire, comme dirait notre notaire, mais encore une belle action, comme dirait notre pasteur.

MARIE.

Comment, une belle action? Que veux-tu dire?

FRANTZ.

Sans doute... Ne vois-tu pas que ce pauvre comte, avec toute sa noblesse, avec tous ses trésors, est atteint mortellement? Eh bien, Fritz prétend que, pour le sauver, il lui faudrait la vie tranquille du foyer, la douce paix du ménage. Selon Fritz, la blanche main d'une femme peut seule fermer sa blessure profonde; l'aile céleste d'un ange peut seule rafraîchir son front brûlant. Eh bien, pour toi, Marie, la vierge des montagnes, la fée des bois et des eaux, pour toi, la poétique châtelaine de Stauffenbach, n'est-ce pas une sainte mission que de ramener ce noble esprit vers la lumière, ce noble cœur vers la vie? Crois-tu que le Seigneur ne te saura point gré d'avoir pensé à celui qu'il oubliait? Je t'ai vue pleurer, enfant, quand on racontait devant toi l'histoire d'Alceste. Eh bien, l'histoire de l'épouse d'Admète sera la tienne. Tu auras, comme elle, lutté avec la mort, et, comme elle, tu l'auras vaincue.

MARIE.

Vous avez raison, Frantz, et, si ce que vous dites là n'était point une froide raillerie, ce serait un conseil miséricordieux. Si, en effet, une femme peut conserver cette noble existence, heureuse sera celle-là qui, à son heure dernière, tendra ses deux mains vers Dieu en disant : « Seigneur! Seigneur! c'est moi qui ai sauvé le comte Hermann! »

FRANTZ.

Eh bien, à la bonne heure! te voilà dans les dispositions où je désirais te voir. Adieu, Marie! je t'envoie le comte.

SCÈNE XV

MARIE, seule.

Frantz! Frantz! que faites-vous? Au nom du ciel, Frantz! (Elle se trouve à la porte avec le Comte.) Ah! mon Dieu!

SCÈNE XVI

MARIE, LE COMTE HERMANN.

HERMANN.

Qu'avez-vous, Marie?

MARIE.

J'appelais mon frère : je ne m'attendais pas à vous trouver à cette porte, et...

HERMANN.

Et je vous ai effrayée?

MARIE.

Non... Mais comme vous êtes pâle!

HERMANN.

Vous trouvez, Marie?

MARIE.

Oui.

HERMANN.

Plus pâle que tout à l'heure?

MARIE.

Oh! oui!

HERMANN.

C'est que j'ai vécu une heure de plus.

MARIE.

Oh! mon Dieu! souffrez-vous donc à ce point qu'une heure puisse produire en vous un pareil changement?

HERMANN.

Pourquoi pas? Si, dans une heure, je vis toute une année, par le désir ou par l'espérance! Croyez-vous la chose impossible, Marie? (Marie se tait. — Après un silence.) Vous quittiez votre frère, me disiez-vous?

MARIE.

Oui.

HERMANN.

De quoi vous a-t-il parlé, Marie? Dites-le-moi franchement.

MARIE.

Mon frère est d'un caractère railleur, monsieur le comte, et j'ai pour habitude de ne pas attacher une grande importance aux paroles de mon frère.

HERMANN.

Même quand il choisit pour sujet de conversation la vie ou la mort de vos amis?

MARIE.

La vie et la mort sont entre les mains de Dieu : et je prierai Dieu bien ardemment, je vous le jure, pour que votre vie soit longue et heureuse.

HERMANN.

C'est tout ce que vous consentirez à faire pour moi, Marie?

MARIE.

Puis-je d'avantage?

HERMANN.

Fritz est-il aussi d'un caractère railleur, et dois-je oublier les paroles de Fritz, comme vous avez oublié celles de votre frère?

MARIE.

Monsieur le comte, vous êtes noble de nom, noble de cœur; vous parlez à une jeune fille, noble de nom, noble de cœur comme vous. Au lieu de lui parler ainsi, regardez-la en face comme elle vous regarde, et dites-lui ce que vous désirez d'elle. Si votre désir est de ceux que puisse exaucer une sainte et profonde amitié, Marie de Stauffenbach tient le comte Hermann en trop haute considération pour lui refuser sa demande.

HERMANN.

Marie, ce que je demande de vous, ce n'est pas votre cœur, c'est votre âme; ce que j'espère, ce n'est pas votre amour, c'est votre dévouement.

MARIE.

Fritz vous a-t-il rendu sa parole, comme mon frère vient de me rendre la sienne?

HERMANN.

Sur mon honneur, Marie; et trois fois je lui ai fait me renouveler l'offre d'un sacrifice auquel je refusais de croire.

MARIE.

Voici ma main, monsieur le comte : Dieu sait que je vous la donne pure et vous la garderai pure.

(Hermann prend la main de Marie, la baise et va à la Bible.)

MARIE.

Que faites-vous?

HERMANN.

N'avez-vous pas dit que vous inscriviez sur cette Bible tout ce qui vous arrivait d'heureux?

MARIE.

Oui.

HERMANN.

Permettez-moi donc de suivre votre exemple et celui de vos parents, à moi qui vais être de la famille. (Il écrit au-dessus des lignes tracées par Marie.) « Aujourd'hui, 7 juin 1839, Marie de Stauffenbach a consenti à prendre pour époux le comte Hermann de Schawembourg; et, sur ce livre saint, le comte Hermann de Schawembourg a juré de consacrer son existence au bonheur de Marie de Stauffenbach, et de tout sacrifier à ce bonheur, même sa vie... Dieu soit avec l'époux, comme il est avec l'épouse! » (Pendant ce temps, Marie s'est laissée glisser à genoux.) Prenez cet anneau, Marie; c'est celui de ma mère. J'ai vécu trente-huit ans sans croire qu'il pût exister autre part qu'aux cieux une créature digne de le porter après elle! Cet anneau, il est à vous, Marie!

SCÈNE XVII

Les Mêmes, FRANTZ et FRITZ, qui sont entrés pendant la fin de la scène précédente.

HERMANN, les apercevant.

Sturler! Frantz! mon ami! mon frère! Oh! réjouissez-vous, car vous avez fait de moi un homme bien heureux. (Pensant tout à coup à son neveu.) Et lui, lui, mon enfant, moi qui l'oubliais!

MARIE.

Qui, lui?

HERMANN.

Qu'un de mes coureurs monte à cheval à l'instant et ramène du château de Schawembourg mon neveu Karl de Florsheim.

MARIE, à part.

Karl de Florsheim! c'était son neveu!

HERMANN.

Marie, chère Marie, c'est le seul parent que j'aie au monde. Tu l'aimeras, un peu, n'est-ce pas?

MARIE.

Hélas!...

FRANTZ, bas, à Fritz.

Et mes trois cent mille livres?

FRITZ.

Oh! tu attendras bien jusqu'à demain, que diable! maintenant que le comte est mon endosseur.

ACTE TROISIÈME

Une chambre du château de Schawembourg.

SCÈNE PREMIÈRE

FRITZ, seul.

Il est assis devant une table et tient un volume de Schiller ouvert devant lui; il lit tout haut.

« FRANÇOIS MOOR, seul. Il tarde bien à mourir!... et cependant le docteur prétend que cela ne peut aller longtemps ainsi. C'est incroyable quelle éternité peut durer une agonie! Et quand je pense que ma route est libre dès qu'a disparu ce triste assemblage de muscles, de chair et d'os qui, pareil au dragon magique des contes de fées, m'empêche d'arriver à la caverne où sont enfouis mes trésors!... Mes plans, si bien combinés, doivent-ils se laisser retarder en assujettissant leur marche à la marche lente de cette matière que le néant appelle, et qui se débat pour ne pas rentrer dans le néant? Une lampe près de s'éteindre et qui n'a plus qu'une goutte d'huile. Voilà tout... Soufflerai-je dessus par impatience, et l'éteindrai-je avant l'heure? Non! pour tous les biens de la terre, non! Mais je puis agir dans le sens inverse du médecin habile. Au lieu de barrer le chemin à la nature, je puis l'abandonner à sa propre pente... Ainsi, je ne tue pas. Je laisse mourir, voilà tout. » (Posant le livre.) C'est écrit.

SCÈNE II

KARL, FRITZ.

KARL.

Que faisais-tu là?

FRITZ.

Je lisais une scène des *Bandits* de Schiller. Savez-vous, monsieur Karl, que c'est non-seulement un grand poëte, mais encore un grand philosophe que Schiller?

KARL.

Oui, certes. — Je te cherchais, Fritz.

FRITZ.

Moi?

KARL.

Oui.

FRITZ, se levant.

Que désirez-vous de moi? Je suis à vos ordres, monsieur le baron.

KARL.

Fritz, je voudrais que tu me ménageasses une entrevue avec mon oncle.

FRITZ.

Avec votre oncle? Vous, le neveu bien-aimé, vous avez besoin que je vous ménage une entrevue avec M. le comte! Vous plaisantez, n'est-ce pas?

KARL.

Non, pas le moins du monde. Mon oncle a toujours maintenant quelqu'un près de lui, — sa femme, — elle ne le quitte pas un instant.

FRITZ.

Oh! quant à cela, c'est vrai. La comtesse est un modèle de vertus conjugales; et certes, si les soins les plus assidus, si l'amour le plus réel pouvaient quelque chose sur les décisions du destin, la comtesse obtiendrait de lui ce que nul autre n'eût obtenu.

KARL.

En attendant, Fritz, je désire parler à mon oncle, lui parler aujourd'hui même; et cette présence éternelle de la comtesse m'ôte toute chance de voir mon désir se réaliser, si tu ne viens à mon aide.

FRITZ.

Ainsi, vous dites que vous voulez parler à votre oncle?

KARL.

Oui.

FRITZ.

Et quand cela?

KARL.

Aujourd'hui.

FRITZ.

A quelle heure?

KARL.

Tout de suite, s'il est possible.

FRITZ.

C'est bien.

KARL.

Merci, Fritz.

FRITZ, revenant.

Pardonnez-moi, monsieur le baron.

KARL.

Moi? que veux-tu que je te pardonne?

FRITZ.

Le tort que j'ai eu envers vous... Vous comprendrez, cela, vous chez qui le cœur est tout. Dans ma reconnaissance profonde pour votre oncle, croyant voir dans les soins assidus d'une épouse une chance de succès, j'ai, sans consulter vos intérêts, introduit une étrangère au foyer de la maison. Je le regrette d'autant plus maintenant que j'ai peur que le secours que j'en attendais ne soit bien peu efficace.

KARL.

Tu as bien fait, Fritz. Qui songe à te faire un reproche de tout cela? Mais tu ne peux empêcher, n'est-ce pas, un neveu d'être jaloux de l'affection de son oncle, un fils de regretter l'amour de son père? Je sais qu'il serait mieux que cela fût autrement; mais, que veux-tu! je n'ai pas le courage de supporter la position que m'a faite, comme tu dis, l'introduction d'une étrangère dans la maison; c'est pour cela que je veux partir.

FRITZ.

Partir! vous voulez partir?

KARL.

Fritz, mon ami, je t'en prie, rends-moi le service que je te demande : que je voie mon oncle, que je puisse lui parler sans témoins.

FRITZ.

Attendez ici. (Il remonte la scène, se retourne et dit.) Attendez.

SCÈNE III

KARL, seul.

Ils croient tous que je la hais ; ils croient qu'une basse cupidité me la rend odieuse ; ils croient que je suis jaloux de cet ange du ciel qui veille sur lui, qui ne le quitte pas, qui verse sa jeunesse et son amour, goutte à goutte, comme un baume sur ses douleurs. Oh ! qu'ils croient cela : que le terrible secret à qui je donne mon cœur à dévorer ne jaillisse jamais de mes yeux dans un regard, ne s'échappe jamais de ma poitrine dans un soupir... Oh ! qu'elle... elle surtout si pure, si chaste, qu'elle ignore à quel point j'ai pu m'oublier et surtout à quel point je m'oublierais, si je ne me hâtais d'employer le seul remède qui me reste... l'éloignement... la séparation... la distance... Ah ! voici le comte, avec elle encore !... avec elle toujours !...

SCÈNE IV

KARL, LE COMTE HERMANN, MARIE, FRITZ.

HERMANN, très-affaibli et très-pâle.

Il est là, dis-tu, Fritz ?

FRITZ.

Le voici.

HERMANN.

Ah ! te voilà, mon cher Karl... La chasse te laisse donc quelques instants à me donner ?... Merci.

KARL.

Mon oncle...

HERMANN.

Tu deviens bien rare !... tu as tort, Karl... Tu sais que, lorsque tu n'es pas là, il manque un pendant à ce que j'aime, et que mon cœur prend le deuil du côté où tu n'es pas.

KARL.

Cher oncle, vous êtes bon.

FRITZ, à Marie.

Laissez-les seuls : il veut lui parler.

MARIE.

Lui parler! et savez-vous pourquoi?

FRITZ.

Je crois qu'il désire lui demander son agrément pour un voyage.

MARIE.

Il part?... Oh! tant mieux!

KARL.

On vous a dit que je désirais vous parler, mon oncle?

HERMANN.

Oui, et je suis venu. (A Marie.) Prends un instant le bras de Fritz, Marie, et va me choisir une place à ce beau soleil d'automne.

MARIE, lui donnant son front à baiser.

Vous allez venir me rejoindre, n'est-ce pas?

HERMANN.

Fais mieux : viens me reprendre ici.

MARIE, saluant.

Monsieur...

KARL.

Madame...

(Marie sort, au bras de Fritz.)

SCÈNE V

LE COMTE HERMANN, KARL

HERMANN.

Regarde-moi donc, Karl. Comme tu es pâle et comme tu sembles fatigué! Serais-tu malade aussi? Tu aurais tort. C'est un vilain métier, va!

KARL.

Mon oncle, vous vous trompez. Je me porte très-bien, au contraire; et la preuve de ma bonne santé est justement dans la demande que je vais vous faire.

HERMANN.

Parle.

KARL.

Votre état de malaise presque continuel fait que vous ne pouvez guère vous occuper de vos affaires, et... vos intérêts en souffrent.

HERMANN.

C'est pour me parler de mes affaires, c'est pour soigner mes intérêts que tu me fais demander un entretien particulier, mon cher Karl? Bien! c'est non-seulement d'un bon neveu, cela, mais encore d'un excellent économe.

KARL.

Vous riez?

HERMANN.

Sans doute. Je ris de trouver tant de sagesse et de prévoyance dans une tête de vingt-cinq ans. Eh bien, voyons, mon cher Karl, en quoi tes soins peuvent-ils améliorer mes affaires? Parle, je t'écoute.

KARL.

Tenez, par exemple, vous avez à Madras une immense factorerie, n'est-ce pas?

HERMANN.

Oui, je crois.

KARL.

Un établissement qui vaut au moins deux millions.

HERMANN.

Eh bien?

KARL.

Vous savez que la Compagnie anglaise désire acheter cet établissement?

HERMANN.

N'avons-nous pas reçu une lettre de Londres à ce sujet?

KARL.

Le désir de la Compagnie est si grand, que je suis sûr qu'un mandataire habile tirerait d'elle quatre millions.

HERMANN.

Je le crois aussi.

KARL.

Eh bien, mon oncle, chargez-moi de cette négociation.

HERMANN.

Volontiers. Je te donne tout pouvoir. Écris.

KARL.

Écrire? On ne fait rien de bon par correspondance.

HERMANN.

Eh bien, mais que faire à cela?

KARL.

Autorisez-moi à partir.

HERMANN.

Pour Londres?

KARL.

Pour Madras.

HERMANN.

Tu veux partir pour l'Inde, Karl? mettre quatre mille lieues entre nous? Songes-tu à ce que tu dis, mon enfant?

KARL.

Je vous suis inutile ici, mon oncle, et je veux essayer de vous rendre ailleurs les services qu'il est en mon pouvoir de vous rendre.

HERMANN.

Les services qu'il est en ton pouvoir de me rendre? Eh! qui te demande, bon Dieu! de me rendre des services? Tu veux soigner mes intérêts au détriment de mes affections, faire fructifier mon argent aux dépens de mon cœur. Songe donc dans quel moment tu me quittes, dans quel état tu m'abandonnes! Regarde-moi, mon cher Karl: est-ce que tu penses que je m'abuse sur ma situation, que je crois aux promesses de Fritz, aux sourires de Marie, aux fausses espérances de mes amis? Non, Karl, je n'ai pas de ces illusions-là; je sens, chaque jour, le progrès du mal dans ma poitrine. Chaque jour, je suis sa marche sur mon visage. Je combats, c'est vrai; mais, d'avance, je suis vaincu, et, si je prolonge la lutte, c'est moins, crois-moi, pour ce qui vit de moi en moi-même, que pour ce qui vit de moi dans les cœurs où j'ai mis une portion de mon cœur. N'as-tu pas senti, lorsque mourait près de toi une personne aimée, qu'il mourait en même temps quelque chose d'elle en toi? Tu m'es inutile, dis-tu, toi qui, en restant, m'aideras à mourir? Karl, Karl, crois-tu donc que ce soit trop des deux bras sur lesquels je m'appuie pour me soutenir dans ce terrible voyage qu'on appelle l'agonie? Non, Karl, ne pars pas; reste, mon ami, je ne te l'ordonne pas, je t'en prie...

KARL.

Mon oncle!... mon père!...

HERMANN.

Eh bien, oui, ton père... Crois-tu donc que ce soit une action pieuse à l'enfant que d'abandonner le père au moment de sa mort? De deux choses l'une, Karl : au delà de la tombe, ou l'aurore d'un autre avenir avec les gens que nous aimons, ou le néant triste, solitaire, glacé. Si Dieu, dans sa miséricorde, nous a donné l'autre vie, conduisez-moi tous deux, vous les seuls êtres que j'aime, jusqu'au seuil resplendissant de cette existence éternelle. Si Dieu, dans sa colère, nous a voués au néant, plus encore j'ai besoin de vous voir, Marie et toi, jusqu'à ma dernière heure; plus encore j'ai besoin de vous serrer sur mon cœur jusqu'au moment suprême, puisque le moment suprême nous séparera pour jamais. Reste, mon Karl, reste!

KARL.

Oh! cependant... cependant, si vous saviez!

HERMANN.

Je ne sais rien, je ne veux rien savoir. On devient avare quand, d'un trésor immense, on s'aperçoit qu'il ne reste plus que quelques pauvres pièces d'argent. Moi, du trésor de mes années, il ne me reste plus que quelques jours. Il dépend de vous de me faire ces jours tristes ou joyeux... Faites-les-mo joyeux. Tu resteras, n'est-ce pas, Karl?

KARL.

Je vous obéirai, mon oncle.

HERMANN.

J'ai ta parole?

KARL.

Vous l'avez.

HERMANN.

Tu ne reviendras pas sur cette résolution? tu ne t'éloigneras pas sans me le dire?

KARL.

J'attendrai vos ordres, mon oncle, pour rester ou partir.

(Il s'éloigne.)

HERMANN.

Où vas-tu?

KARL.

Voici la comtesse qui vient vous chercher. Je vous laisse

HERMANN.

Va, mon enfant, va. (A part, tandis que Karl sort.) Il l'aime!

SCÈNE VI

LE COMTE HERMANN, MARIE.

MARIE.

Suis-je venue trop tôt, mon ami?

HERMANN.

Trop tôt? Jamais, Marie!

MARIE.

Vous étiez avec votre neveu; il avait quelque chose d'important à vous dire, et je craignais de ne point lui avoir laissé tout le temps de vous faire ses confidences.

HERMANN.

Ses confidences, Marie, veux-tu que je te les dise?

MARIE.

A moi, Hermann? Les secrets du baron de Florsheim ne sont pas les miens.

HERMANN.

Oh! il y a des secrets qui, par leur peu d'importance, appartiennent à tout le monde. Karl me demandait ma permission pour entreprendre un voyage.

MARIE, vivement.

Il veut partir?

HERMANN.

Oui.

MARIE.

Et quelle est la raison qu'il donne à son départ? Excusez-moi si je vous interroge, mon ami, mais vous me dites qu'il n'y a pas de secret.

HERMANN.

Comment! la raison de ce départ? Des intérêts très-graves que j'ai à régler dans un pays où se trouve occupée une partie de ma fortune.

MARIE.

Et ce pays est-il bien éloigné?

HERMANN.

Ce pays, c'est l'Inde... Que me conseilles-tu, Marie

MARIE.

Vous avez là-bas de graves intérêts, dites-vous?

HERMANN.

Oui.

MARIE.

Eh bien, il faut le laisser partir

HERMANN

C'est ton avis?

MARIE.

Mon Dieu, ai-je donné mon avis sans que vous me le demandiez? Pardonnez-moi, alors.

HERMANN.

Oh! à toi, au contraire, de me pardonner, Marie.

MARIE.

Et pourquoi cela?

HERMANN.

Parce que j'ai été d'une opinion contraire à la tienne.

MARIE.

Vous gardez le baron?

HERMANN.

Oui.

MARIE.

Ici?

HERMANN.

Ici.

MARIE.

Ah!

HERMANN.

Écoute, Marie. Je sais tout ce qu'il y a en toi de dévouement et de volonté; mais, crois-moi, bientôt les forces te manqueront...

MARIE.

Oh! non, jamais! Soyez tranquille.

HERMANN.

Près du malade, tu suffis encore, Marie; mais, près du mourant, il faudra quelqu'un qui te supplée.

MARIE.

Oh! quelque chose que Dieu ait ordonné de vous, et j'espère que ce n'est pas votre mort, je ne veux pas vous quitter une heure.

HERMANN.

Qui te soutiendra, alors?

MARIE.

Seule... seule près de vous, mon ami. Je veux être seule.

15.

HERMANN, se levant.

Regarde comme je suis ingrat, comme je suis égoïste : j'ai besoin de vous deux, Marie. Karl restera.

MARIE, à part.

Mon Dieu! vous voyez que j'ai fait tout ce que j'ai pu pour l'éloigner... Il reste, ayez pitié de moi!

SCÈNE VII

Les Mêmes, HUBERT.

HUBERT.

M. le baron Frantz vient d'arriver au château.

HERMANN.

Bon! le baron Frantz sait que, chez moi, il est chez lui. S'il veut nous rejoindre, nous sommes au jardin. (A lui-même.) Elle l'aime!... (Haut.) Viens, Marie... J'ai besoin d'air et de soleil.

(Ils sortent.)

SCÈNE VIII

HUBERT, FRANTZ, entrant.

FRANTZ.

Eh! non, non! ne dérange personne, Hubert; je viens voir ma sœur, je viens voir le comte; mais j'ai le temps de les voir, que diable! Je viens surtout voir Fritz.

HUBERT.

M. Sturler est dans son cabinet. Je vais le prévenir.

SCÈNE IX

Les Mêmes, FRITZ

FRITZ.

Inutile, Hubert; j'ai vu le baron descendre de cheval, j'ai deviné qu'il avait affaire à moi, et me voici. Va, mon ami, va!

(Hubert sort.)

SCÈNE X

FRITZ, FRANTZ.

FRANTZ.

Eh bien, où en sommes-nous ici, Sturler?

FRITZ, lui montrant le Comte par la fenêtre.

Regarde.

FRANTZ.

Pauvre comte !

FRITZ.

Il a fait son testament.

FRANTZ.

Et...?

FRITZ.

Il partage ses biens entre son neveu et sa femme... Cela fait sept à huit millions, à peu près, qu'il laisse à chacun d'eux.

FRANTZ.

Et à toi, que te laisse-t-il?

FRITZ.

A moi?... Il me laissait cinq cent mille francs; mais j'ai fait rayer l'article.

FRANTZ.

Tant pis !

FRITZ.

Pourquoi ?

FRANTZ.

Parce que c'était déjà la moitié du million que tu m'avais promis.

FRITZ.

Et l'autre moitié, où l'eussé-je prise?

FRANTZ.

Et où prendras-tu le tout ?

FRITZ.

Comprends-tu les apologues, Frantz?

FRANTZ.

Mais oui, quand ils ne sont pas trop inintelligibles.

FRITZ.

Eh bien, écoute... Cela commence comme un conte de fée :

Il y avait une fois... un médecin très-savant qui était amoureux à la fois de la femme et de la fortune de son ami...

FRANTZ.

Je comprends.

FRITZ.

Pendant que cet ami causait... un matin ou un soir, peu importe, avec lui, dans un endroit écarté du jardin, où nul ne savait qu'ils fussent ensemble, cet ami tomba tout à coup frappé d'une apoplexie foudroyante. Dix minutes après cet accident, le docteur sonnait à la porte du château, disant qu'il avait une nouvelle très-importante à annoncer à son ami. On se mit aussitôt à la recherche du maître de la maison, que l'on trouva expirant... Le docteur tira sa lancette et le saigna; mais il était trop tard : le sang ne vint point. « Quelle fatalité! s'écria le docteur; si j'eusse été là quand l'accident est arrivé, je le sauvais... » L'ami mourut. Le docteur, un an après, épousa la veuve et ses huit millions... Mariage qui le mit à même d'acquitter une dette qu'il avait contractée avec le frère de cette veuve, lequel, de son côté, dans l'espoir de ce million, aida au mariage de tout son pouvoir.

FRANTZ, reculant.

Fritz, Fritz, sur mon honneur, on a pendu des gens qui le méritaient moins que toi.

FRITZ.

Tu te trompes, Frantz : ce sont les assassins et les meurtriers que l'on pend, les niais qui tuent; mais dans aucun code il n'y a de peine pour le médecin qui laisse mourir.

FRANTZ.

Et... et, la main sur la conscience, en supposant que tu aies une conscience, tu le guérirais si tu voulais?

FRITZ.

Pardieu!

FRANTZ.

Adieu, Sturler. Sur mon honneur, si je restais ici...

FRITZ.

Eh bien, qu'arriverait-il?

FRANTZ.

Il arriverait que je lui conterais tout.

FRITZ.

Et ce serait une grande sottise que tu ferais; car il ne te

croirait pas, et tu y perdrais un million. Mais tu étais venu ici pour quelque chose?

FRANTZ.

Oui.

FRITZ.

Pour me dire qu'il ne te restait pas un sou de tes trois cent mille livres?

FRANTZ.

Justement.

FRITZ, se levant et prenant une clef dans sa poche.

Voici la clef de la caisse du comte... Prends dix mille francs et pars... Je me charge de justifier de l'emploi de cette somme.

FRANTZ.

N'importe, Sturler, tu n'es pas moins un infâme brigand.

FRITZ.

Le jour où je te compterai ton million, tu me tiendras pour le plus honnête homme de la terre. Va!

(Frantz sort.)

SCÈNE XI

FRITZ, seul.

J'ai peut-être eu tort. Le drôle n'aurait qu'à avoir un remords de conscience. Mais j'ai besoin de lui près de sa sœur, et je suis plus sûr d'un complice que d'un ami.

SCÈNE XII

FRITZ, LE COMTE HERMANN.

HERMANN.

Fritz!

FRITZ, tressaillant.

Plaît-il? Ah! c'est vous, comte?

HERMANN.

Tu es seul?

FRITZ.

Vous voyez.

HERMANN.

Je croyais M. de Stauffenbach avec toi?

FRITZ.

Il venait pour emprunter dix mille francs à M. le comte; j'ai pensé que M. le comte ne les lui refuserait pas : je les lui ai donnés, et il est parti en me chargeant de tous ses remercîments pour son beau-frère et de toutes ses tendresses pour sa sœur.

HERMANN.

Tant mieux ! Je suis bien aise que nous soyons seuls... Fritz, je veux te parler.

FRITZ.

A moi, monsieur le comte? Me voici.

HERMANN.

Veille à ce que personne ne nous dérange.

FRITZ.

Personne ne nous dérangera. (A lui-même.) Que veut-il me dire?

HERMANN.

Fritz, réponds-moi à la fois en ami et en médecin. La maladie dont je suis atteint est mortelle, n'est-ce pas?

FRITZ.

Monsieur le comte...

HERMANN.

Je suis homme... Au nom du ciel, Fritz, parle-moi donc, non pas comme tu parlerais à une femme ou à un enfant, mais comme tu parlerais à un homme.

FRITZ.

Ainsi, vous voulez la vérité?

HERMANN.

Toute la vérité. Je suis condamné, n'est-ce pas?

FRITZ.

Par la science humaine, oui; mais pas encore peut-être par la toute-puissance de Dieu.

HERMANN.

C'est-à-dire qu'il ne faudrait pas moins qu'un miracle pour me sauver. Maintenant, Fritz, si Dieu ne fait le miracle, et il est probable qu'il ne le fera pas, combien crois-tu qu'il me reste de mois à vivre?... Tu te tais. Allons! je suis trop exigeant, je le vois bien. De semaines?... (Fritz ne répond pas.) De jours?...

FRITZ.

Donnez-moi votre main, comte. (Il lui tâte le pouls.) Vous voulez la vérité?

HERMANN.

Je la veux.

FRITZ.

Vous savez que nul ne peut fixer un terme positif à la vie humaine?

HERMANN.

Positif, non... mais approximatif, oui.

FRITZ.

Eh bien, comte, si les accidents vont toujours se rapprochant, comme ils font depuis un mois, vous pouvez compter sur huit ou dix jours encore... quoique, d'un moment à l'autre, une crise plus forte...

HERMANN.

Puisse m'emporter, n'est-ce pas? Eh bien, tu vois qu'il était temps que je te fisse cette question, mon cher Fritz.

FRITZ.

Avec des ménagements, néanmoins...

HERMANN.

Merci, Fritz... Fais appeler Karl et Marie... Je veux leur parler à l'instant même.

FRITZ.

Vous voulez...?

HERMANN.

Fais ce que je désire, Fritz.

FRITZ.

Hubert, prévenez la comtesse et le baron que M. le comte les attend ici. (Revenant.) Je me retire, monsieur le comte.

HERMANN.

Non, non, mon cher Fritz. Tes soins et ton dévouement t'ont fait de la famille. Reste, mon ami, reste.

FRITZ, à part.

Oh! que va-t-il donc se passer?

SCÈNE XIII

Les Mêmes, MARIE.

MARIE.

Vous m'avez fait demander, mon ami. J'étais là. Je ne vous avais quitté que pour un moment. J'attendais.

HERMANN.

Viens, la bien-aimée de mon âme!... viens!

SCÈNE XIV

Les Mêmes, KARL.

KARL.

Mon oncle, vous m'avez appelé? Oh! pardon...

MARIE, à elle-même.

Karl!

KARL, de même.

Marie!

(Il veut se retirer.)

HERMANN.

Non, non; viens ici... C'est moi qui t'ai fait demander. Approche-toi... Toi aussi, Marie, approche... Je veux vous parler à tous deux.

KARL et MARIE.

A tous deux?...

(Ils se regardent.)

FRITZ, au fond.

Oh!

HERMANN.

A tous deux, oui. Il y a un instant, mes enfants, j'étais dans le jardin; la tête appuyée sur l'épaule de Marie, je regardais se coucher le soleil; il semblait attirer tout à lui, pour emporter tout avec lui, vapeur des montagnes, chants des oiseaux, parfums des fleurs. Je suivis des yeux sa lente et splendide agonie, et, lorsqu'il mourut, avec lui toute la création sembla mourir. Alors, je me dis que lui qui renaissait le lendemain, plus jeune et plus brillant; que lui qui, en renaissant, rapportait chaque matin à la nature sa robe de fiancée; que lui, il avait le droit d'accepter ce deuil d'un instant, cette nuit momentanée, ce trépas éphémère; mais qu'un homme qui ferait ainsi quand sa mort à lui est éternelle, que cet homme ressemblerait à ces rois d'Orient qui font égorger sur leur bûcher leurs plus proches parents et leurs plus chers esclaves. Je n'ai donc pas voulu qu'il en fût ainsi de moi et de vous. Après moi, je ne veux pas laisser le deuil, je veux laisser la joie; je ne veux pas laisser la nuit, je veux laisser la lumière; je ne veux pas laisser le trépas, je veux laisser la vie. Marie, tu aimes Karl! Karl, tu aimes Marie!

MARIE.

Grand Dieu!

KARL

Que dites-vous?

FRITZ.

Oh!

HERMANN.

Ne rougissez pas, fronts chastes! ne vous détournez pas, regards loyaux!

MARIE.

Je vous jure...

HERMANN.

Ne jurez pas. Ce serait un saint et pieux parjure, je le sais; mais n'importe, ne jurez pas. Oh! je sais bien que non-seulement vous vous êtes caché cet amour l'un à l'autre, mais encore que vous eussiez voulu vous le cacher à vous-mêmes, que vous eussiez voulu le cacher à Dieu; mais, moi, moi, avec cet œil avide et jaloux d'un mourant, j'ai tout vu: vos luttes, vos combats, vos angoisses.

KARL.

Mon Dieu! mon Dieu!

HERMANN, à Karl.

C'est parce que tu l'aimes, mon enfant, que tu voulais partir aujourd'hui, t'exiler, me quitter. (A Marie.) C'est parce que tu l'aimes, ma fille, que tu voulais, toi, qu'il partît.

KARL.

Mais je n'ai rien dit, je n'ai rien fait... Comment avez-vous pu savoir que je l'aimais?

HERMANN.

Tes absences, ta pâleur, ton inquiétude l'ont dit pour toi.

MARIE.

Mais moi! moi!

HERMANN.

Toi, ma fille? Avant-hier, accablée de fatigue, tu t'es endormie près de moi. Alors, un rêve est venu visiter ton front brûlant, soulever ta poitrine haletante. Ta chasteté d'ange, pauvre enfant, n'était plus là pour veiller sur ton cœur. Tes lèvres alors se sont ouvertes, et, dans ton sommeil, le secret de ton amour s'est échappé.

MARIE, tombant à genoux.

Oh! pardon, mon père; mais nous sommes moins coupables que vous ne le croyez. Oh! nous avons besoin d'excuse tous deux. Écoutez-nous, écoutez-moi. Avant de vous voir, je l'avais vu; avant de vous connaître, je le connaissais.

HERMANN.

C'est vrai, cela?

KARL.

Oui, oui.

MARIE.

Cette inconnue dont il avait pris la défense, cette jeune fille pour laquelle il s'est battu, c'était moi. Un quart d'heure avant que vous arrivassiez au château avec Fritz, il y était venu, lui. Oh! si vous aviez vu ma pâleur, quand vous avez nommé Karl de Florsheim devant moi, alors vous eussiez tout deviné, tout compris, mon père. Sans le savoir, je l'aimais déjà.

FRITZ.

Oh!

HERMANN.

Tu vois bien, Marie, que Dieu lui-même est dans tout ceci. Dieu vous a conduits l'un vers l'autre. Et moi qui devais vous réunir, je vous ai séparés. J'étais un obstacle au bonheur que Dieu vous réservait. Dieu m'appelle à lui. Ce que Dieu fait est bien fait.

KARL et MARIE, sanglotant.

Oh! oh! oh!

HERMANN.

Karl, tu avais raison. Tu vas partir, tu vas quitter l'Allemagne. Il faut qu'entre vous tout soit pur et chaste comme vos cœurs; va où tu voulais aller; veille sur cette fortune qui maintenant est la vôtre. Pars, Karl! Mais, avant de partir, attends. Marie! Marie! donne-moi ta main.

(Il tire l'alliance de son doigt.)

MARIE.

Que faites-vous?

HERMANN.

Prends cet anneau, Karl. Je le tire du doigt de la veuve du comte Hermann; dans un an, tu le rapporteras à ta femme.

KARL.

Jamais! jamais!

HERMANN.

Ta main, Karl!

KARL, sanglotant.

Oh!

(Hermann joint la main de Karl à celle de Marie.)

MARIE.

Oh!

HERMANN.

Mon Dieu, puis-je faire davantage? Dites-le-moi, et je le ferai. (Les deux jeunes gens se jettent dans les bras d'Hermann.) Mes enfants, mes enfants! oh! c'est trop, vous me tuerez... Laissez-moi, laissez-moi. Allez, allez. Au nom du ciel, allez! (Karl et Marie fuient chacun par une porte.) Mon Dieu! Seigneur!

SCÈNE XV

LE COMTE HERMANN, FRITZ.

HERMANN, retombant évanoui sur son fauteuil.

Oh!

FRITZ, venant lentement du fond et lui posant le bout du doigt sur le front.

C'est bien! tu vivras!

ACTE QUATRIÈME

Même décoration qu'au deuxième acte.

SCÈNE PREMIÈRE

MARIE, WILDMANN, FRITZ.

MARIE.

Courez, Fritz!... courez, mon ami! il paraît que M. de Falk, le conseiller aulique, est blessé.

WILDMANN.

Rien!... Eh! je vous dis que ce n'est rien... Le sanglier lui a décousu son pantalon, et, en le décousant, il a pris un peu de doublure avec, voilà tout.

MARIE.

N'importe, courez!

FRITZ.

Où les trouverai-je?

WILDMANN.

A cent pas d'ici, aux trois chemins: près du Regard.

FRITZ.

J'y vais.

SCÈNE II

MARIE, WILDMANN.

MARIE.

Mais enfin, mon bon Wildmann, comment cela est-il arrivé?

WILDMANN.

Ça est arrivé, voyez-vous, madame la comtesse, parce que les sangliers et les conseillers auliques, ça ne se connaît pas. Heureusement qu'il tire bien, M. le comte... Ah! mais je ne savais pas qu'il tirât comme cela, moi... je ne voulais pas lui donner mon fusil... Je lui disais : « Non, non!... laissez-moi donc faire... » Il lui a, ma foi, mis la balle là... juste au défaut de l'épaule.

MARIE.

Ah! mon Dieu!... à M. de Falk?

WILDMANN.

Non, au sanglier.

MARIE.

Enfin, mon ami, voyons, dis-moi...

WILDMANN.

Je vous le dis, il tenait aux chiens... Il était... comme cela, appuyé contre une cépée, un vieux solitaire... quinze ans au moins!... un gaillard qui pèse plus de trois cent cinquante... Vous verrez, des défenses longues comme cela! pires que les dents du maître d'école... Ravageot le tenait par une oreille... Oh! mais, c'est que, quand il tient, Ravageot, il tient bien... Louchonneau le tenait par l'autre. Voyez-vous, madame la comtesse, je l'appelle Louchonneau parce qu'il a comme ça du poil qui lui tire l'œil... De sorte qu'il était coiffé à la chinoise... Il avait éventré Hariadan et Carmagnole... Oh! c'est fini... eux, ils sont morts, morts au champ d'honneur... Il faut que M. le comte en fasse son deuil... Il en avait vingt-cinq autres autour de lui... toute la meute... qui a chassé, voyez-vous, madame la comtesse... on les aurait tous couverts avec une nappe! Tout ça piaillait... A toi, à moi! ouah! ouah!... Le conseiller, il était là sur son cheval... arrivé le premier comme un lion. Seulement, ce n'était pas lui qui avait conduit son cheval, c'était son cheval qui l'avait conduit... Moi, je sonnais l'hallali tant que j'avais de poumons... Nous n'étions que nous deux... Le conseiller disait, à chaque chien que le sanglier faisait sauter en l'air : « Ah! c'est étonnant! ah! c'est extraordinaire!... » Il paraît que c'était la première fois qu'il voyait cela. Il s'en souviendra, je vous en réponds... De sorte que, pour mieux voir, voilà qu'il pousse son cheval... Dame, quand le sanglier l'aperçoit avec son lorgnon, vous comprenez, cet animal, qui était déjà enragé de ce que Ravageot lui dévorait l'oreille, ça l'offusque... Il ne fait ni une ni deux... V'lan! il s'élance, passe entre les jambes du cheval... Le cheval se cabre et envoie mon conseiller aulique à dix pas... Le sanglier dit : « Bon! c'est cela que je demandais, moi. » Il revient sur lui, et... zing! zing! zing! voilà

qu'il commence à découdre le pantalon de Son Excellence...
Je crie : « Ne bougez pas!... » J'empoigne mon fusil... Tout à
coup, je sens qu'on me le tire des mains... C'était M. le comte.
Je ne voulais pas le lui donner; mais il me le prend de force...
Il vous ajuste mon solitaire, comme s'il n'avait pas eu un
conseiller sous la dent... et, paf! un véritable manchon...
brrrou!... Ah! c'est un joli coup, celui-là! (Il aperçoit le Comte.)
Ah! oui, monsieur le comte, je le disais en arrière de vous,
je le dis devant vous... Ah! l'on m'avait raconté que vous tiriez bien; mais, non, non, non... je ne savais pas que vous
tiriez comme cela.

SCÈNE III

Les Mêmes, LE COMTE HERMANN.

MARIE.
Oh! cher Hermann, vous êtes donc aussi adroit que brave?
HERMANN, très-gaiement.
Vous voyez Méléagre en personne, chère amie, et le san-
glier de Calydon n'était qu'un marcassin, à côté de celui que
nous venons de mettre à mort.
MARIE.
Et M. de Falk?
HERMANN.
Beaucoup plus de peur que de mal, heureusement... Main-
tenant, vous qui êtes restée à la maison, ma belle ménagère,
vous êtes-vous occupée...?
MARIE.
De tout... Chacun de ces messieurs a sa chambre, son feu,
son bain, et, en sortant de sa chambre, le dîner prêt au pa-
villon.
HERMANN.
Bravo!... voilà de l'hospitalité arabe!... Maintenant, vou-
lez-vous permettre que je sonne la curée pour rappeler tout
notre monde?
MARIE.
Vous ne craignez pas...?
HERMANN.
Quoi?

MARIE.

De vous fatiguer la poitrine.

HERMANN.

Allons donc! je suis de fer maintenant, et il faudra me tuer pour que je meure.

MARIE.

Faites, mon ami.

(Hermann passe sur le balcon et sonne la curée.)

SCÈNE IV

MARIE, MARTHE, LE COMTE HERMANN, sur le balcon.

MARTHE.

Es-tu seule?

MARIE.

Oui.

MARTHE.

Une lettre.

MARIE.

Une lettre?

MARTHE.

Pour toi seule... pressée... et qui, depuis deux jours, attendait au château de Schawembourg. Quand il a vu que vous ne reveniez pas, Blum l'a apportée.

MARIE.

Oh! mon Dieu!...

MARTHE.

Quoi?

MARIE.

Il me semble...

MARTHE.

Que c'est son écriture, n'est-ce pas? (Marie fait un mouvement vers le balcon.) Que fais-tu?

MARIE.

Je vais remettre cette lettre à Hermann.

MARTHE.

Vois d'abord ce qu'elle dit, puisqu'elle est adressée à toi.

MARIE.

Oui, tu as raison, Marthe... D'ailleurs, le moment serait mal choisi. (Elle met la lettre dans sa poitrine.) Je la lirai.

HERMANN.

Allons, messieurs, à la curée!... à la curée!... (Il rentre.) Viens-tu, Marie?

MARIE.

Merci, mon ami; vous savez que je suis peu curieuse de ces sortes de spectacles; mais vous reverrai-je un peu seul avant le dîner?

HERMANN.

Sans doute! tant que tu voudras, chère enfant... As-tu quelque chose à me dire?

MARIE.

Peut-être.

HERMANN, sortant, à Marthe.

Qu'a-t-elle donc?

MARTHE.

Je ne sais pas.

SCÈNE V

MARIE, seule.

Oh! c'est bien de lui! et je ne m'étais pas trompée... Datée de Toulon... Est-il donc en France, malgré les deux lettres qu'Hermann lui a écrites? (Elle lit.) « L'année d'épreuve est écoulée ou va l'être... J'ai rigoureusement accompli les volontés dernières de notre bien-aimé Hermann : j'ai augmenté votre fortune de deux millions... Je suis revenu par Aden, Suez et Alexandrie, pour abréger le chemin... En trente-deux jours, j'ai franchi la distance qui existe entre Madras et Toulon, et, dans sept ou huit jours, en traversant le Dauphiné et la Suisse, j'espère être près de vous... C'est merveilleux, n'est-ce pas?... Mais aussi, la science et l'industrie se sont faites les serviteurs de mes désirs... O Marie! Marie! m'aimes-tu toujours comme je t'aime?... Marie, songe qu'après cette année d'amour et d'espérance, je deviendrais fou s'il me fallait renoncer à toi! Marie, je te rapporte notre bague, bague précieuse, que je presse sur mon cœur, que j'appuie contre mes lèvres!... J'arrive! j'arrive! j'arrive!... Ton KARL. » Oh! le malheureux!... le malheureux!... il n'a pas reçu les lettres que son oncle lui a écrites, et il revient, croyant que je suis libre.

MARTHE.

Le comte !

MARIE.

Oh ! un verre d'eau, Marthe.

(Elle boit ; Marthe sort sur un signe.)

SCÈNE VI

MARIE, LE COMTE HERMANN.

HERMANN.

Me voilà, Marie... Tous nos hôtes sont à leur toilette, et moi, avant de me mettre à la mienne, je suis venu, comme tu le désirais... Tu as quelque chose à me dire, mon enfant?... (Appelant.) De la lumière !

MARIE, vivement.

Non, c'est inutile.

HERMANN.

Parle.

MARIE.

Je n'ai rien de beaucoup plus important à vous dire aujourd'hui qu'hier ; cependant...

HERMANN.

Cependant?...

MARIE.

Excusez-moi, mon ami, mais j'éprouve toujours quelque embarras à vous parler du passé.

HERMANN.

J'écoute.

MARIE.

Il y a un an bientôt, cher Hermann, que l'heureuse audace de Fritz vous a sauvé la vie par une heureuse opération qui, sous la main de tout autre, eût peut-être été mortelle... La veille de cette opération, votre neveu Karl était parti pour Madras... croyant... comme nous tous... comme vous-même... à votre mort prochaine.

HERMANN, souriant.

Allez-vous m'en vouloir de ne pas avoir tenu ma parole, Marie ?

MARIE.

Oh! Hermann!... seulement, je veux vous rappeler que vous ne songez peut-être pas assez à celui qui est là-bas.

HERMANN.

Je ne vous comprends pas, Marie... J'ai écrit deux fois à Karl; je lui ai raconté le miracle que Dieu avait fait en ma faveur... Par la seconde de ces lettres, je lui donnais en toute propriété cette factorerie de Madras qu'il était allé vendre; puis je l'invitais, m'en rapportant pour cela à son honneur, à ne revenir en France que lorsqu'il pourrait vous voir sans danger... Karl est un cœur loyal et sur lequel je puis compter, du moins je l'espère... et... pourquoi voulez-vous que je pense plus souvent à lui, Marie... puisque, vous... vous y pensez pour nous deux?

MARIE.

Hermann!...

HERMANN.

Oh! ne prends pas cela pour un reproche, ma douce enfant; ton amitié de femme et ton dévouement d'ange ne se sont pas démentis un seul instant... Ni ta veille, ni ton sommeil... et je te demande pardon d'avoir plus d'une fois interrogé l'un et l'autre : ils n'ont pas exprimé un seul regret... Crois donc, que je te suis reconnaissant de cette force sur toi-même... Merci, Marie.

MARIE.

Mon ami, il y a de ces hasards étranges qui ressemblent à une fatalité. Supposons... vous me permettez cette supposition, n'est-ce pas?... supposons que ces lettres que vous avez chargé Fritz de faire passer dans l'Inde...

HERMANN.

Eh bien?

MARIE.

Supposons que ces lettres ne soient pas parvenues.

HERMANN.

Qui peut vous faire croire cela?

MARIE.

Mon Dieu!... je vous ai dit de me permettre de supposer, Hermann.

HERMANN.

C'est vrai; supposez donc, chère amie.

MARIE.

Eh bien, si ces lettres, par hasard, n'étaient pas parvenues.

HERMANN.

Après?

MARIE.

Ces lettres interceptées ou perdues... Karl n'est point prévenu, et, alors...

HERMANN.

Alors?

MARIE.

Sans avoir l'intention de vous désobéir, Karl...

HERMANN.

Peut revenir en Allemagne... C'est ce que vous voulez dire, n'est-ce pas, Marie?

MARIE.

Dans la crainte que quelque chose ne trouble votre tranquillité... Vous comprenez, je suppose tout, mon ami.

HERMANN.

Et pourquoi ma tranquillité serait-elle troublée par le retour de Karl? Dites.

MARIE.

Mais parce que...

HERMANN.

Oh! j'ai meilleure opinion de vous que vous-même, Marie; vous m'avez dit à cette même place, ici, près de cette Bible... et côte à côte comme nous sommes... vous m'avez dit : « Voici ma main, monsieur le comte; Dieu sait que je vous la donne pure et que je vous la garderai pure. » Cette promesse me suffit... Que Karl revienne ou ne revienne pas, dès que j'ai cette promesse, ma tranquillité ne peut être troublée... Soyez donc aussi calme que moi, Marie, et attendez les événements avec toute confiance en nous-mêmes et en Dieu... Allons, allons, chassons ces folles idées, mon enfant, et n'oublions pas que, dans un instant, nos convives seront prêts.

(Il embrasse Marie et sort. A peine est-il sorti, que Marie s'affaisse sur une chaise.)

SCÈNE VII

MARIE, MARTHE.

MARIE.

Marthe! Marthe!

MARTHE.

Me voici.

MARIE.

Blum est toujours là?

MARTHE.

Oui.

MARIE.

Le comte ne l'a pas vu?

MARTHE.

Non.

MARIE.

Il faut qu'il parte, il faut qu'il aille attendre Karl... Karl arrive... Comprends-tu, Marthe?... il n'a pas reçu les lettres que le comte lui a écrites, il ne sait rien... Il faut que Blum attende Karl à Schawembourg... Heureusement, c'est là qu'il va d'abord, croyant que j'y suis... Il lui remettra une lettre que je vais écrire... Tu donneras cette bourse à Blum... Il ne faut pas que Karl me revoie.

MARTHE.

Mais il m'a semblé cependant que le comte...

MARIE.

Marthe, le comte est jaloux.

MARTHE.

Jaloux! tu es sûre?

MARIE.

Je te dis qu'il l'est... J'entendais sa respiration oppressée tandis qu'il faisait un effort pour me parler tranquillement, et, quand il m'a appuyée contre sa poitrine, j'ai senti bondir son cœur!

MARTHE.

Oh! je suis bien sûre que, malgré sa jalousie... quand il reverra son neveu qu'il aime tant...

MARIE.

Oui; mais, moi, Marthe, puis-je répondre de moi?... Rien

qu'à cette idée de revoir Karl, je sens ma vie qui s'en va. Si, après une pareille absence, il m'apparaissait tout à coup, oh! je crois que je mourrais! Une plume, de l'encre, du papier, Marthe, il faut que j'écrive.

MARTHE.

Mais ne vaudrait-il pas mieux tout dire à ton mari?

MARIE.

Que lui dirai-je? Voyons, veux-tu que je lui dise que je l'aime! Eh! mon Dieu, il ne le sait déjà que trop, puisqu'il a lu ce secret dans le fond de mon cœur, quand j'essayais de le cacher encore à moi-même... Veux-tu que je lui remette cette lettre que je viens de recevoir, cette lettre dans laquelle le pauvre insensé ne parle que de son retour, de son bonheur?... Veux-tu que je lui dise que cette année qui s'est écoulée, loin de l'éteindre, a soufflé sur le feu de notre cœur: chez moi par la bouche du désespoir, chez lui par celle de l'espérance?... Veux-tu que je lui dise qu'il revient, m'aimant plus que lorsqu'il est parti... et moi, que je l'attends, l'aimant davantage encore que lorsque je l'ai quitté?... Non, non, Marthe, crois-moi, mieux vaut que le comte ignore tout, mieux vaut que Karl apprenne tout... Je vais lui écrire, je vais le supplier, je vais le conjurer, au nom du ciel... Je lui dirai que me revoir, c'est me tuer!... Une plume, de l'encre, du papier, Marthe.

MARTHE.

Tiens, voilà, pauvre enfant.

MARIE.

Bien!... mets-toi là sur le chemin du comte; veille à ce qu'il ne me surprenne pas... Moi, pendant ce temps, je... je... O mon Dieu! mon Dieu!

MARTHE.

Marie, un peu de force.

MARIE.

Oui, oui; tant qu'il ne sera pas là, j'en aurai... Va, va, laisse-moi.

SCÈNE VIII

MARIE, seule, écrivant.

« Karl, au nom du ciel.., en recevant cette lettre, quittez

l'Allemagne, quittez l'Europe, retournez d'où vous venez... Dieu a conservé l'homme... le meilleur qui soit au monde... » (S'arrêtant.) Je n'y vois plus... « Le meilleur qui soit au monde. Votre oncle vit : un miracle l'a sauvé... Je l'aime... je suis... heureuse... » (Jetant un cri.) Ah

SCÈNE IX

MARIE, KARL, puis MARTHE.

KARL, entrant.

Marie !

MARIE.

Ah !

(Elle tombe évanouie.)

KARL.

Marie, Marie !... J'allais droit à Schawembourg, quand cette inspiration m'est venue de me détourner pour revoir Stauffenbach, où je vous avais vue pour la première fois... De loin, j'ai aperçu cette lumière tremblante... et je me suis dit que peut-être elle vous éclairait ; j'ai repris pas à pas cette route que j'avais déjà suivie... et me voilà... Marie, Marie... O mon Dieu ! évanouie ! évanouie !... Du secours ! (A Marthe, qui entre.) Du secours !

MARTHE.

Mon Dieu, mon enfant !

KARL.

Un flacon ! des sels !... Courez !... Marie ! Marie ! Marie !... Mais c'est moi, entends donc ma voix... Marie, c'est Karl... ton Karl bien-aimé... qui va mourir... si tu ne lui réponds pas... Oh ! oh !

(Il laisse tomber sa tête sur les genoux de Marie et sanglote.)

SCÈNE X

LES MÊMES, LE COMTE HERMANN.

Hermann descend lentement l'escalier, et vient poser sa main sur l'épaule de Karl.

KARL, levant la tête.

Mon oncle !... (Il recule épouvanté.) Oh ! (Il reste un instant immobile, se tâte pour savoir s'il rêve ou s'il veille, puis prenant à son doigt l'anneau.) Tenez, mon oncle, je vous rends ce qui est à vous... Vous vivez, vous vivez! peu importe le reste.

(Il se jette dans les bras d'Hermann, où il reste presque évanoui, tandis que Marie revient à elle. Elle trouve le regard du Comte fixé sur elle, saisit la lettre de Karl, celle qu'elle écrivait, et les présente toutes deux au Comte.)

MARIE.

Oh! lisez! lisez...

HERMANN, prenant les lettres et les froissant.

Oui, je sais qu'il n'y a de votre faute ni à l'un ni à l'autre; je sais que c'est la fatalité qui a tout fait... Eh bien, nous verrons (regardant Karl) si la loyauté d'un homme (regardant Marie) et si la vertu d'une femme peuvent lutter contre la fatalité.

SCÈNE XI

Les Mêmes, WILDMANN.

WILDMANN, entrant.

Les convives de M. le comte attendent M. le comte au pavillon... Tiens, M. Karl!

HERMANN.

Oui, mon cher Wildmann, Dieu vient de nous le renvoyer à l'instant même... et la fête sera complète. Annonce à ces messieurs cette bonne nouvelle, et préviens-les qu'il faudra doubler les toasts; que, par conséquent, il en coûtera la raison à quelques-uns... (Wildmann sort.) Karl, tu as entendu, nous sommes des hommes, c'est-à-dire que nous devons avoir toute puissance sur nous-mêmes... Viens donc... Vous, Marie, c'est autre chose... vous êtes une femme, restez; j'excuserai votre absence. Viens, Karl, viens.

(Ils sortent.)

SCÈNE XII

MARIE, MARTHE.

MARIE.

Je te le disais bien, qu'il était jaloux.

MARTHE.

Que faire?

MARIE.

Rien. Attendre... attendre ce qu'il plaira à Dieu d'ordonner de nous. Il y a certaines situations dans la vie, vois-tu, Marthe, où l'on ne dépend plus de soi-même ; on est dans la main de la destinée, et l'on respire ou l'on étouffe, selon qu'elle ouvre ou serre la main... Nous sommes tous perdus, Marthe ! je sens cela !... (Elle met la main sur son cœur.) Là, là, tiens ! (Puis lentement elle gagne les premières marches de l'escalier en disant.) Karl de Florsheim !

SCÈNE XIII

Les Mêmes, FRITZ.

MARTHE, allant à Fritz.

Oh ! monsieur Fritz, ma pauvre Marie souffre bien...

FRITZ, appelant.

Marie !

MARIE.

C'est vous, Fritz ?

FRITZ, à Marthe.

Laissez-nous.

MARTHE.

Vous êtes bien savant, monsieur Fritz ; mais il y a des maladies dont on ne guérit pas.

(Elle sort.)

SCÈNE XIV

FRITZ, MARIE.

FRITZ.

Venez, Marie, venez un instant.

MARIE.

Vous savez qu'il est revenu, n'est-ce pas ?

FRITZ.

Oui.

MARIE.

Eh bien, que pouvez-vous me dire, vous qui étiez là quand il nous a forcés de tout avouer ?

FRITZ.

Je ne devais cependant pas laisser mourir mon bienfaiteur,

, n'est-ce pas, Marie, puisque la science m'offrait une dernière ressource ?

MARIE.

Oh ! qui vous dit cela ?... Soyez béni pour l'avoir sauvé, Fritz !... C'est le meilleur de nous tous, et il est bien juste que ce soit celui-là qui vive.

FRITZ.

Voulez-vous voir Karl avant son départ ?

MARIE.

Il part donc ?

FRITZ.

Oui, ce soir pour Schawembourg... Il m'a dit de l'attendre ici ; il veut me parler avant de quitter Stauffenbach.

MARIE.

Merci, Fritz... mieux vaut que je ne le voie pas... Je ne l'ai déjà que trop vu, mon Dieu ! pour notre tranquillité à tous.

FRITZ.

Alors...

MARIE, écoutant un bruit de pas.

C'est lui qui vient !...

FRITZ.

Oui.

MARIE.

Comment a-t-il quitté la table ?

FRITZ.

Il devait prétexter la fatigue de la route, et, au lieu de se retirer dans sa chambre, partir pour Schawembourg. Le comte a, devant moi, donné l'ordre de seller un cheval... Que lui dirai-je de votre part ?

MARIE.

Rien, hélas !... Nous n'avons pas besoin de paroles, nous, pour savoir ce que nous pensons... Au revoir, Fritz... Moi aussi, peut-être, aurai-je à causer avec vous.

(Elle sort.)

SCÈNE XV

FRITZ, KARL.

KARL, regardant la tapisserie qui tremble encore.

C'est elle qui était là avec toi, n'est-ce pas ?

FRITZ.

Oui.

KARL.

Et elle est partie, sachant que je venais ?

FRITZ.

Oui.

KARL.

Elle a raison... Et cependant, une fois encore, il faudra que je la revoie, Fritz.

FRITZ.

Vous avez désiré me parler, baron ?

KARL.

Tu n'es pas un homme comme les autres, Sturler : tu es un philosophe, toi... un penseur, un stoïque... Tu ne dois pas comprendre tes devoirs de médecin à la façon du vulgaire... Si un homme était condamné à une mort douloureuse ou infamante, et qu'on te le donnât mourant, ce n'est pas toi qui aurais la cruauté de le rendre à la vie pour que la justice des hommes eût la satisfaction de le tuer.

FRITZ.

Où voulez-vous en venir ?

KARL.

Oh! je te dis cela comme je te dirais autre chose... D'ailleurs, c'est de moi que je veux te parler.

FRITZ.

Eh bien, je vous écoute... Voyons, plaignez-vous; cela fait du bien, de se plaindre.

KARL.

Oui, Fritz, tu as raison... Écoute donc mes plaintes, comme tu dis, et, après, tu jugeras toi-même... Depuis un an, vois-tu, depuis un an que j'ai quitté l'Allemagne, depuis un an que j'habite l'Inde et qu'aucune lettre, aucune nouvelle n'est venue détruire l'espoir que j'y emportais... depuis un an, cet espoir est devenu ma vie... Une seule pensée a circulé dans mes veines, avec mon sang, et a fait battre mon cœur!... Cette pensée, c'est que Marie était destinée à devenir ma femme, et que rien au monde ne pouvait empêcher que cela ne fût... Au commencement de mon séjour dans l'Inde, j'ai compté par mois, puis par semaines, puis par jours... Alors, je suis parti, et j'ai compté par heures, et, au fur et à mesure que j'approchais, ce n'était plus par heures, c'était par minutes, par secondes... Enfin, je suis arrivé, je l'ai revue, j'ai cru toucher au bonheur... Un spectre, un spectre bien-aimé! est venu se dresser entre elle et moi et m'a dit : « Karl, tout cela était un rêve ! il faut renoncer au bonheur vers lequel tu tendais les bras, que tu touchais de la main... Il faut... il faut... » Moi, j'ai cessé d'écouter, et je me suis dit : « Il faut mourir. »

FRITZ.

Mourir !

KARL.

Et que veux-tu que je fasse?... Voyons, dis... L'oublier?... Je repartirais pour l'Inde, j'irais jusqu'au bout du monde, que je ne l'oublierais pas... Ce qui aurait fait ma vie fera ma mort, voilà tout... Non, je ne veux pas m'en aller, je veux rester, rester et mourir près d'elle... C'est bien le moins qu'on m'accorde ce bonheur... ou, si on ne me l'accorde pas, que je me le donne. J'ai compté sur toi, Fritz, comme on compte sur un frère et sur un ami dans le malheur, comme on compte sur un témoin dans un duel.

FRITZ.

Mais un témoin, dans un duel, a pour mission, au contraire, d'empêcher la mort, au lieu de la donner.

KARL.

Oui, dans les conditions ordinaires du combat, quand on joue sa vie sur une frivolité... Mais, si celui qui va combattre, au contraire, veut mourir; s'il regarde la mort comme un bienfait, si sa mort... si sa mort peut seule assurer la tranquillité de deux êtres qu'il respecte et qu'il aime... si, en mourant, il meurt pur, honorable, regretté... si, en vivant, au contraire, il risque de devenir traître, parjure, infâme... s'il prend ce témoin, cet ami, ce frère entre ses bras, comme je te prends, Fritz... s'il lui dit la main sur le cœur : « Au nom de ce que l'amitié a de plus saint, laisse-moi mourir!... » est-ce que ce ne serait pas une cruauté, une impiété, un sacrilège, que de le forcer de vivre?... Dis, sur ton âme et conscience, Fritz, dis !

FRITZ.

Karl, je te comprends... Seulement, ce n'est pas à l'ami, ce n'est pas au frère, ce n'est pas au témoin que tu t'adresses à cette heure : c'est au médecin, au chimiste, n'est-ce pas?

KARL.

C'est à tous ceux que tu viens de nommer... Écoute : quand je saurai que j'ai la mort là, sous ma main, quand je saurai que je n'ai qu'à vouloir pour mourir, eh bien, peut-être redeviendrai-je fort, peut-être alors guérirai-je à la fois et de la douleur et de l'amour! Tu sais, dans nos excursions en Amérique, au milieu des dangers de toute espèce que nous avons courus, et que, toi surtout, tu affrontais sans pâlir, tu sais que tu me disais : « Je n'ai pas de mérite à n'avoir pas peur, Karl... J'ai là, — et tu tirais de ta poitrine un flacon contenant une liqueur rouge comme du sang, — j'ai là une mort douce, rapide, presque instantanée; pourquoi veux-tu que j'aie peur?... » C'était du poison, n'est-ce pas?... et plus d'une fois tu m'as dit qu'au besoin la moitié de ce poison m'appartiendrait... Alors, moi aussi, j'ai cessé de craindre, j'ai dit : « Fritz est là, c'est un ami qui ne me laissera pas souffrir... Je suis tranquille : au jour venu, je lui tendrai la main et je lui dirai : « Fritz, rappelle-toi ta promesse... » Le jour est venu, Fritz... Fritz, par tout ce que tu as de plus cher au monde, ne me refuse pas... Fritz, donne-moi ce poison, ou, si tu ne veux pas me le donner, laisse-le-moi prendre.

FRITZ.

Karl, c'est bien sincèrement, bien profondément que tu me dis cela?

KARL.

Oh! du plus sincère et du plus profond de mon cœur.

FRITZ.

Karl, ce n'est pas le désespoir d'un instant qui te pousse à me faire cette fatale demande?

KARL.

C'est le désespoir de toute ma vie.

FRITZ.

Prends garde, Karl! ce poison est rapide, il n'a pas d'antidote... Quelques gouttes suffisent pour donner la mort.

KARL.

Il est tel que je le désire... Donne, donne!

FRITZ.

Karl, crains l'exaltation du premier moment, crains le repentir impossible, qui se change en imprécations et en blasphèmes!

KARL.

Donne! et fixe un terme avant lequel je n'en pourrai pas faire usage... Demain... après-demain...

FRITZ.

Huit jours.

KARL.

Huit jours, soit... Sur l'honneur, je ne ferai rien avant huit jours... Donne, donne!

FRITZ.

Tu le veux?

KARL.

Fritz, mon ami, je te supplie..

FRITZ.

Tiens donc!

KARL.

Embrasse-moi, Fritz... A huit jours, à huit jours!

(Il s'élance hors de la chambre.)

SCÈNE XVI

FRITZ, MARIE.

MARIE, sortant de derrière la tapisserie où elle a tout entendu, et tombant à genoux les mains étendues vers Fritz.

Fritz! Fritz! n'est-ce pas que tu m'en donneras aussi, à moi?

FRITZ, à lui-même.

L'un et l'autre!... l'un par l'autre!... Décidément, j'ai bien fait de supprimer les lettres!

ACTE CINQUIÈME

Même décoration.

SCÈNE PREMIÈRE

LE COMTE HERMANN, GEORGES.

HERMANN, entrant, trouve Georges en scène.

Ah! c'est toi, mon brave Georges... On me dit que tu as une lettre à me remettre de la part de M. Sturler?

GEORGES.

Oui, monsieur le comte.

HERMANN.

Donne.

GEORGES.

La voici.

HERMANN, décachetant la lettre.

Tout le monde se porte bien, là-bas?

GEORGES.

Grâce au ciel, oui, monsieur le comte.

HERMANN, lisant.

« Excellence, je crois de mon devoir de vous prévenir qu'aujourd'hui, au jeu, M. le baron de Stauffenbach, sur un coup qui lui a paru douteux, s'est pris de querelle avec un officier étranger; des provocations ont été échangées, et une rencontre doit avoir lieu demain, près de Wilbad. En votre qualité de beau-frère du baron de Stauffenbach, j'ai cru devoir vous prévenir de l'incident survenu, et j'ajoute que votre présence à Baden-Baden empêcherait peut-être cet incident d'avoir des suites. Si vous désirez d'autres détails, Georges vous les donnera de vive voix. J'ai l'honneur d'être, avec respect, etc., etc. » Et la querelle a eu lieu aujourd'hui?

GEORGES.

Vers deux heures, oui, monsieur le comte.

HERMANN.

Au jeu public, ou dans un jeu particulier?

GEORGES.

A une bouillotte.

HERMANN.

Tu n'as pas entendu les propos échangés entre ces messieurs?

GEORGES.

Je crois que M. de Stauffenbach a reproché à l'officier d'avoir trop de bonheur les cartes à la main... J'ai même entendu dire qu'il avait ajouté qu'il ne serait pas si sûr de son coup d'épée ou de pistolet qu'il l'était au brelan.

HERMANN.

Alors, comme dit Sturler, c'est grave!... Descends à l'office, mon brave Georges, dis à Marthe de ne te laisser manquer de rien, et ordonne à Hubert, de ma part, de seller deux chevaux.

SCÈNE II

Les Mêmes, MARIE.

MARIE, qui entre sur les derniers mots, au Comte.

Vous quittez Stauffenbach, Hermann?

HERMANN.

Ah! vous avez entendu...?

MARIE.

Sans le vouloir; j'entrais... Oui, j'ai entendu que vous donniez l'ordre de seller deux chevaux.

HERMANN.

Une affaire pressée m'appelle à Baden... Je ne reviendrai probablement que fort avant dans la nuit, si toutefois je reviens dans la nuit. (Marie fait un mouvement. Hermann, bas, à Georges.) N'oublie pas que le baron de Stauffenbach est le frère de la comtesse... Tu comprends, pas un mot qui puisse l'inquiéter.

GEORGES.

Oh! soyez tranquille, monsieur le comte.

HERMANN.

Va.

SCÈNE III

LE COMTE HERMANN, MARIE.

HERMANN.

Savez-vous où est Fritz, Marie?

MARIE.

Je crois l'avoir vu sortir à cheval, mon ami.

HERMANN.

Avez-vous quelque idée de l'endroit où il est allé?

MARIE.

Non.

HERMANN sonne; un Domestique entre.

M. Fritz est-il rentré?

LE DOMESTIQUE.

Il rentre à l'instant même, et le vo à qui monte.

(Hermann fait signe au Domestique de sortir.)

SCÈNE IV

LES MÊMES, FRITZ.

HERMANN.

Vous étiez sorti, Fritz?

FRITZ.

Oui; quelqu'un qui avait à me parler m'avait donné rendez-vous aux Étangs. (Bas, à Marie.) J'ai une lettre pour vous.

(Marie tressaille.)

HERMANN.

Aux Étangs?... Très-bien!... Marie, vous m'excuserez, n'est-ce pas?... j'ai quelques mots à dire à Fritz à l'occasion de ce petit voyage.

MARIE.

Je vous laisse, Hermann. (A part.) Une lettre!... En effet, c'est le huitième jour.

(Elle sort.)

SCÈNE V

LE COMTE HERMANN, FRITZ.

HERMANN, agité.

C'est Karl qui t'attendait aux Étangs, n'est-ce pas?

FRITZ.

Oui.

HERMANN.

Que faisait-il donc là?... Ne peut-il se tenir à Schawembourg?

FRITZ.

Il eût desiré vous voir.

HERMANN.

Est-ce bien moi qu'il désire voir?

FRITZ.

Oui.

HERMANN.

Et quand désire-t-il me voir?

FRITZ.

Aujourd'hui, si c'est possible.

HERMANN, riant.

Ici, sans doute?

FRITZ.

Ici... ou ailleurs.

HERMANN.

Et tu ignores pour quoi il désire me voir?

FRITZ.

Je le crois sur le point de prendre une grande résolution.

HERMANN.

Et cette grande résolution, ne peut-il la prendre d'abord et m'en faire part après?

FRITZ, regardant le Comte.

Comte, le médecin a fait près de vous une belle étude sur la blessure du corps; mais, en vérité, le philosophe a encore une belle étude à faire sur celle de l'âme.

HERMANN.

Je ne comprends pas ce que tu veux dire, Fritz.

FRITZ.

Je veux dire que vous êtes injuste, comte.

HERMANN.

Injuste ! moi ?

FRITZ.

Oui.

HERMANN.

Et envers qui, je te prie ?

FRITZ.

Vous êtes un de ces grands esprits faits pour entendre toutes les vérités... Vous êtes injuste envers Karl et envers Marie, comte.

HERMANN.

Et toi aussi, Fritz !

FRITZ.

Qui donc est coupable, d'eux ou de vous ? Dites !... Qui donc, pauvres jeunes gens, quand ils renfermaient leur secret fatal au plus profond de leur cœur, qui donc les a forcés, ici, dans cette chambre même, d'avouer l'un à l'autre ce secret ? quand, vis-à-vis d'eux-mêmes, ils ne voulaient pas convenir qu'ils s'aimaient, qui donc leur a dit : « Vous vous aimez ?... » quand tout espoir était éteint dans leur cœur, qui leur a dit :
Espérez, je le veux ? »

HERMANN.

Oui, tu as raison, tu as raison pour cette fois-là... Mais pourquoi est-il revenu ?

FRITZ.

Parce que vous lui aviez dit de revenir.

HERMANN.

Ne lui avais-je pas écrit de rester ?

FRITZ.

S'il n'a pas reçu vos lettres, comment vouliez-vous qu'il obéît aux ordres qu'elles contenaient ?

HERMANN.

Oui, s'il ne les a pas reçues.

FRITZ.

Il y a un an, comte, vous n'eussiez pas douté de la parole votre neveu.

HERMANN.

Tu as raison, Fritz ; oui, cette fois encore, tu as raison, je suis injuste... Oh ! mais que veux-tu ! avec les forces sont revenues les passions, et, avec les passions, les mauvaises pensées... A mesure que mes pieds ont repris racine à la terre, je suis redevenu homme, et toutes les misères de l'humanité sont rentrées dans mon pauvre cœur, un instant épuré par le chemin qu'il avait déjà fait vers Dieu... Oh! plains-moi, Fritz, plains-moi, mais ne m'accuse pas.

(Pause d'un instant.)

FRITZ.

Vous avez renvoyé madame la comtesse en disant que vous aviez affaire à moi, comte.

HERMANN.

Oui, c'est vrai, j'avais oublié... Son frère Frantz a pris une querelle au jeu et se bat demain... Ton père m'écrit que la chose est grave, et qu'il croit ma présence nécessaire à Baden-Baden.

FRITZ.

Et vous allez partir?

HERMANN.

C'est-à-dire que nous allons partir : moi pour arranger l'affaire si elle est arrangeable ; toi, pour le suivre sur le terrain s'il se bat.

FRITZ, à part.

Bien! ils auront le temps de faire ici, pendant notre absence, tout ce qu'ils ont à faire.

HERMANN.

Nous irons à cheval, si tu n'es pas trop fatigué... J'ai besoin de mouvement, de grand air... La fraîcheur de la nuit me fera du bien.

FRITZ.

Nous irons comme il vous plaira, comte.

HERMANN.

Alors, descends et vois si l'on s'occupe des chevaux.

FRITZ.

Je descends. (Bas.) Décidément, si je n'ai pas Satan contre moi, demain je suis le seul héritier du comte.

(Il sort.)

SCÈNE VI

LE COMTE HERMANN, seul.

Oui, il a raison, je suis injuste; oui, j'en suis arrivé à douter de tout : de l'honneur, de la loyauté, du serment!...

et, comme il le disait, le terrible anatomiste, le pis de tout cela, c'est que je suis le seul coupable et que je ne puis accuser que moi... Allons, allons, Hermann, reprends ta raison... Parce que tu es changé, toi, pourquoi supposer que ceux qui t'entourent ont subi le même changement? Parce que tu es devenu soupçonneux, inquiet, défiant, pourquoi vouloir que les autres soient devenus traîtres, parjures et déloyaux?... Non, non, Hermann, Karl est toujours ton dévoué Karl... Marie est toujours ta chaste Marie... Il m'a semblé que, lorsqu'il a dit qu'il venait des Étangs, elle a tressailli... Il m'a semblé qu'avant qu'il partît, il lui a parlé bas... Il venait de voir Karl... Peut-être avait-il quelque lettre à lui remettre de la part de Karl... J'aurais dû le suivre. (Il va vers l'escalier.) Je devrais... (Il va vers la fenêtre.) Oh!... (Il prend sa tête entre ses mains.) En vérité, je m'épouvante... Je suis donc coupable de soupçonner mon neveu! de suivre ma femme! d'épier mon ami!... Me voilà donc descendu à la jalousie vulgaire, à la basse suspicion... Non, non, je ne m'épouvante pas, je me fais honte!...

(Il tombe dans un fauteuil.

SCÈNE VII

LE COMTE HERMANN, WILDMANN

Wildmann entre mystérieusement par la porte de côté, regarde si le Comte est bien seul, puis s'approche de lui sans être vu.

WILDMANN.

Pardon, monsieur le comte; mais, voyez-vous, c'est que je me suis dit : « C'est à M. le comte qu'il faut que je parle de cela, attendu que c'est M. le comte que cela regarde. »

HERMANN, relevant la tête.

Ah! c'est toi, Wildmann!

WILDMANN.

Dans un endroit ouvert ou même entouré de fossés, ça passe encore, parce qu'on est libre... et même entouré de fossés, on est déjà répréhensible... Mais, dans un parc clos de murs, c'est un délit.

HERMANN.

Que dis-tu là, mon ami?

WILDMANN.

Je dis, monsieur le comte, que j'ai reconnu des passées.

HERMANN.

Où cela ?

WILDMANN.

Dans le parc, du côté du Regard.

HERMANN.

C'est bien, mon cher Wildmann; mais je ne suis pas en train de chasser... Plus tard... un autre jour... nous verrons.

WILDMANN.

Ce ne sont pas des passées de bête fauve, monsieur le comte; ce sont des passées d'homme.

HERMANN.

Hein! que dis-tu là?... Tu as reconnu des traces d'homme dans le parc?

WILDMANN.

Depuis cinq ou six jours, quand je me levais le matin pour faire ma tournée, je me disais : « Voilà des pas! voilà des pas! Hum! »

HERMANN.

Oh! des pas de braconnier, sans doute.

WILDMANN.

Des braconniers avec des bottes vernies! des braconniers avec des pieds comme cela! (Tirant deux pailles de son carnier.) Tenez, voilà la longueur des pieds, et puis voilà leur largeur.

HERMANN.

Ah! ah!

WILDMANN.

Seulement, il y avait un moment où je les perdais, ces satanés pas... c'est sur la grande pelouse... parce que, vous comprenez, la rosée du matin, ça redresse l'herbe... Alors, je me suis dit : « Attention, Wildmann! tu es garde du parc, et tout ce qui se passe dans le parc, le jour comme la nuit, tu en réponds au comte. »

HERMANN.

Eh bien ?

WILDMANN.

Eh bien, j'ai pris Louchonneau, je lui ai mis une bonne laisse au cou, et je l'ai lâché sur la piste... Oh! lui, il n'a fait ni une ni deux, il est allé tout droit au massif.

17.

HERMANN.

Au massif! sous les fenêtres de la comtesse?

WILDMANN.

Tiens, oui, justement, c'est sous les fenêtres de madame la comtesse! Je n'y avais pas fait attention... C'est, ma foi, sous les fenêtres de madame la comtesse... Là, j'en ai revu; il y avait même des brisées... Tenez (il fouille dans son carnier), voilà une branche d'acacia de la nuit dernière... Voyez-vous, voilà ce qui passe... Il attache son cheval derrière le mur, à vingt pas, du chêne de l'empereur Maximilien. Là, on peut voir... la terre est toute piétinée. Un vrai marché aux chevaux! Puis il franchit le mur... Voilà un petit morceau de plâtre de l'avant dernière nuit..., il vient droit jusqu'au Regard... Arrivé là, il suit l'allée de tilleuls... Au troisième tilleul, il prend la pelouse et pique droit au massif... C'est là son repaire... Maintenant, que faut-il faire, monsieur le comte? Il y a trois moyens...

HERMANN.

Lesquels?

WILDMANN.

On peut planter des verres cassés sur la crête du mur, et il s'éventrera. On peut tendre un piége au pied du mur, et il se prendra. On peut se mettre à l'affût, et...

HERMANN.

Rien de tout cela, Wildmann.

WILDMANN.

Ah!

HERMANN.

Non. (A lui-même.) Oh! c'est lui!... c'est lui qui franchit le mur du parc comme un voleur, qui vient jusque sous les fenêtres de la comtesse... et peut-être jusque... (Haut.) Wildmann, pas un mot de cela à qui que soit au monde.

WILDMANN.

Pardieu! c'est M. le comte seul que cela regarde : c'est à lui le parc... Du temps que le parc était à M. Frantz, c'est à M. Frantz que j'aurais fait mon rapport, et c'est M. Frantz que ça aurait regardé... Je ne connais que mon devoir, moi.

HERMANN.

Oui, c'est vrai, tu es un fidèle serviteur... Tu m'attendras chez toi, Wildmann... Ne sors pas cette nuit, entends-tu? ne mets pas le pied dans le parc, et enchaîne les chiens.

WILDMANN.
Bon! alors, j'attendrai M. le comte?

HERMANN.
Oui, va, et, en descendant, dis à Fritz de partir devant avec Hubert... Je les rejoindrai sur la route de Baden.

WILDMANN.
Bon! M. le comte les rejoindra?

HERMANN.
Oui.

WILDMANN.
Alors, il ne faut pas que je bouge?

HERMANN.
Non, va, va.

WILDMANN.
Je ne bougerai pas. (Apercevant Frantz.) Tiens, voilà M. Frantz.

HERMANN.
Frantz!

SCÈNE VIII

Les Memes, FRANTZ.

FRANTZ.
Oui, c'est moi, comte... J'ai à vous parler.

HERMANN.
Et moi, baron j'étais sur le point de partir pour vous aller trouver à Baden.

FRANTZ.
Vous?

HERMANN.
Oui. Sturler m'a écrit ce qui vous était arrivé aujourd'hui, et j'allais vous offrir mes services.

FRANTZ.
Eh! c'est justement à propos de cela que je viens...

HERMANN.
J'allais envoyer Fritz devant... Vous voilà, il est inutile qu'il parte.

FRANTZ.
Vous alliez envoyer Fritz à Baden?

HERMANN.
Oui.

FRANTZ, après un silence.

Laissez-le partir.

HERMANN.

Que je laisse partir Fritz?...

FRANTZ.

Oui, demain, vous le rappellerez... si vous désirez encore le revoir.

HERMANN.

Vous me dites cela d'un singulier ton, Frantz.

FRANTZ.

Laissez-le partir.

HERMANN.

C'est bien! Descends, Wildmann... (A Frantz.) Il est inutile qu'il dise à Fritz qu'il vous a vu, n'est-ce pas?

FRANTZ.

Inutile! il resterait... et, je vous l'ai dit, il ne faut pas qu'il reste.

HERMANN.

Vous n'avez pas vu M. le baron Frantz, Wildmann.

WILDMANN.

C'est dit, je ne l'ai pas vu... (A demi-voix.) Et j'attendrai toujours M. le comte cette nuit?

HERMANN.

Toujours. Va.

SCÈNE IX

FRANTZ, LE COMTE HERMANN.

HERMANN.

Nous voilà seuls, baron. Vous avez quelque chose à me dire; parlez.

FRANTZ.

Oui... Ainsi, vous savez ce qui s'est passé là-bas?

HERMANN.

Je le sais.

FRANTZ.

Une querelle de jeu... Bref, je me bats demain.

HERMANN.

C'est chose arrêtée?

FRANTZ.

Oui; mais comprenez-vous, comte, ce que c'est qu'une mauvaise disposition... Voilà dix affaires que j'ai peut-être ; les autres fois, je n'y songeais pas, tandis qu'aujourd'hui...

HERMANN.

Eh bien, aujourd'hui ?...

FRANTZ.

J'ai là quelque chose qui me tracasse, quelque chose comme un pressentiment.

HERMANN.

Un pressentiment ?

FRANTZ.

Oui, qu'il m'arrivera malheur...

HERMANN.

Ah bah !

FRANTZ.

Je ne sais pas si c'est parce que je crois que j'ai insulté légèrement un galant homme ; mais enfin, tant il y a, que je n'ai pas voulu aller demain sur le terrain sans vous voir... J'ai des torts envers vous, comte, des torts graves.

HERMANN.

Vous, baron ?

FRANTZ.

Oui... De compte à demi avec un autre, c'est vrai... Mais, pour ma part, ces torts...

HERMANN.

Ces torts ?

FRANTZ.

Ces torts me pèsent... Si, par hasard, j'étais tué demain, ce qui peut parfaitement arriver, je ne veux pas mourir la conscience chargée d'un crime. Je suis dissipé, joueur ; je suis tout ce qu'on voudra ; mais je ne suis pas un brigand comme Fritz.

HERMANN.

Comme Fritz ?

FRANTZ.

Oui, comme Fritz.

HERMANN.

Faites attention à ce que vous dites, baron ; vous parlez de mon meilleur ami.

FRANTZ.

Comte, je parle de votre plus cruel ennemi.

HERMANN.

Frantz !

FRANTZ.

Tenez, voici une petite enveloppe ; elle renferme ma confession tout entière... J'ai mieux aimé écrire que de raconter ; c'est moins embarrassant... Puis, en cas de besoin, un écrit signé fait foi... Demain, de deux choses l'une, ou je serai mort, ou je serai vivant... Si je suis tué, on ne dément pas les morts, car les morts n'ont pas d'intérêt à mentir... Si je suis vivant, je me fais fort de répéter tout haut, et en face de qui voudra l'entendre, ce qui est écrit là... Où est ma sœur, comte ?

HERMANN.

Votre sœur ?...

FRANTZ.

Oui ; je ne serais pas fâché, à elle aussi, de lui dire adieu... Si j'étais tué, comte, vous causeriez de tout cela avec elle, n'est-ce pas ?... vous la prieriez de me pardonner ; vous lui diriez qu'au fond il en est d'elle comme de ma pauvre mère, que j'aimais tant et à qui j'ai fait tant de peine... Vous reverrai-je avant que je parte, comte ?

HERMANN.

Non ; je quitte moi-même Stauffenbach ce soir pour toute la nuit.

FRANTZ.

Eh bien, comte, bon voyage, quelque part que vous alliez... et au revoir, demain ou après-demain, s'il plaît à Dieu !

HERMANN.

Au revoir, baron.

FRANTZ.

Vous ne voulez pas me donner la main ?

HERMANN.

Si fait, et de grand cœur, au contraire.

FRANTZ.

Ah ! par ma foi ! je respire plus à mon aise, maintenant que j'ai la conscience libre... Au revoir, comte, au revoir !

(Il entre chez Marie.)

SCÈNE X

LE COMTE HERMANN, seul.

Que se passe-t-il donc ce soir, mon Dieu?... Il y a des jours où les événements qui suffiraient à toute une vie s'entassent et se précipitent pour venir tomber sur nous en quelques heures... Fritz, mon ennemi! Fritz, un brigand!... Qu'est-ce encore qui me menace de nouveau?... et n'ai-je point assez de mes anciennes douleurs?... En vérité, il me semble que je tiens là, dans cette main, quelque chose d'infâme, quelque chose d'odieux, quelque chose de mortel... Oh! livre fatal de la vie, dont chaque crépuscule tourne un feuillet, je croyais cependant bien en être à la plus terrible page. (Il ouvre la lettre et lit, puis relève lentement la tête.) Horreur!... horreur!... horreur!... il ne me tuait pas, il me laissait mourir... Il voulait épouser à la fois ma veuve et ma fortune... Ma guérison elle-même est une vengeance... Oh! si c'était de moi que tu voulais te venger, Fritz... oh! oh! comme tu as réussi!... Pourquoi Dieu égare-t-il donc la science humaine aux mains d'un pareil démon?... (Lisant.) C'est lui qui a supprimé les lettres... C'est lui qui est cause que Karl est revenu... C'est lui qui les a ramenés en face l'un de l'autre, eux que je croyais séparés pour toujours... C'est lui enfin qui me fait la torture que je souffre en ce moment... Oh! le misérable, le misérable!... moins misérable pourtant que ceux qui me trompent... Lui, lui n'a jamais fait semblant de m'aimer; lui n'attiédissait pas pour moi sa main glacée; lui n'a jamais adouci pour moi son œil d'hyène; lui n'a jamais donné une bouche humaine à son baiser de serpent!... Oh! ce n'est pas sur lui que tombera ma vengeance... Pourquoi le punirais-je?... Je ne l'aime pas!... Qu'il apprenne que je sais tout, que je lui pardonne tout, et que ce soit sa seule punition. (Il prend une plume et écrit au-dessous de la confession de Frantz.) « J'ai lu, je crois et je pardonne... » Maintenant, comme je dois une récompense à ses soins; comme, après tout, il m'a sauvé la vie; comme il refuserait probablement une pareille bagatelle, après l'espoir qu'il a eu de tout posséder, eh bien, ce que je voulais lui laisser, à lui, je le laisserai à son père. (Il écrit.) « Bon pour deux cent mille florins, que je prie M. Heckeren de payer à M. Sturler père, à titre de rémunération des soins que m'a donnés son fils, soins pour lesquels Fritz a eu la délicatesse de ne rien vouloir accepter. » (Il met les papiers dans deux enveloppes et écrit les deux adresses.) Sturler père... Sturler fils... On monte... Ah! c'est lui... J'espérais ne pas le revoir... De la force, mon Dieu!... Je suis le comte Hermann, et lui est un misérable.

SCÈNE XI

FRITZ, LE COMTE HERMANN.

FRITZ.

On me dit que je dois partir sans vous attendre, comte, et que vous me rejoindrez.

HERMANN, sans le regarder.

Oui... Rendez-moi un service, Fritz.

FRITZ.

Lequel, monsieur le comte?

HERMANN.

Cette lettre est pour votre père; remettez-la-lui vous-même.

FRITZ.

Je la lui remettrai... Est-ce tout ce que M. le comte avait à me dire?

HERMANN.

Tout.

(Il sonne.)

FRITZ.

Que désirez-vous?

HERMANN.

Dire un dernier mot à Georges, le messager de votre père.

FRITZ, par l'escalier.

Montez, Georges... M. le comte n'a rien autre chose à me recommander avant que je parte?

(Georges entre.)

HERMANN.

Rien.

FRITZ, à lui-même.

Oh! oh! resterait-il au lieu de me rejoindre?... Voilà qui pourrait bien changer le dénoûment que j'attendais.

(Il sort.)

SCÈNE XII

LE COMTE HERMANN, GEORGES.

HERMANN, suivant des yeux Fritz, puis quand il a disparu.

Bien!... Tiens, Georges, prends cette lettre et porte-la à M. Sturler père... Il la donnera à son fils en échange de celle que son fils va lui remettre.

GEORGES.

M. le comte remarquera que la lettre est à l'adresse de M. Fritz.

HERMANN.

Oui, Georges ; mais je désire que M. Fritz la reçoive des mains de son père... et pas avant, tu comprends bien, Georges, pas avant qu'il ait remis lui-même à son père la lettre dont il est porteur... C'est la réponse.

GEORGES.

C'est bien, monsieur le comte!

HERMANN, lui donnant sa bourse.

Tiens, mon bon Georges, voilà pour toi... pour la peine que tu as prise et pour celle que je te donne.

GEORGES.

Oh! monsieur le comte!...

HERMANN.

Prends et va.

(Il lui serre la main.)

GEORGES.

M. le comte me fait l'honneur...

HERMANN.

La main d'un honnête homme est si rare, mon pauvre Georges, qu'il est bon de la serrer partout où on la rencontre... Va, va, va!...

SCÈNE XIII

LE COMTE HERMANN, seul.

Et maintenant, il ne reste plus ici que Frantz... et, quand Frantz va être parti, tout se dénouera entre nous trois... Ah! voilà les chiens de Wildmann qui hurlent; sans doute, il franchit le mur du parc... Oh! quelque signal lui aura bien appris que je ne serais pas au château cette nuit et qu'il pouvait venir en toute liberté....Oh! s'ils me trompent.... s'ils ont menti... s'ils sont parjures... malheur à eux!.... Bon! voilà Frantz qui s'en va... Il est temps que je parte.

(Il sort.)

SCÈNE XIV

FRANTZ, MARIE.

FRANTZ.

Regarde un peu comme cela tombe, pauvre sœur; moi qui venais chercher un peu de gaieté auprès de toi, voilà que tu me renvoies plus triste que je n'étais venu.

MARIE.

Que veux-tu, Frantz! il y a des jours marqués d'avance d'une raie sombre... Nous sommes tous dans un de ces jours-là.

FRANTZ.

Est-ce que notre beau-frère, le comte Hermann, n'est plus le même, par hasard?

MARIE.

Chut! Frantz, ne parlons du comte qu'avec vénération et respect.

FRANTZ.

A la bonne heure! cela me tranquillise pour toi, du moins. C'est que, vois-tu, comme il avait l'air fort triste de son côté... comme tu es fort triste du tien... comme il est parti sans te dire adieu, à ce qu'il m'a paru...

MARIE, tressaillant.

C'est vrai, il est parti sans me dire adieu.

FRANTZ.

Moi, je n'en ferai pas autant; j'aurais peur que cela ne me

portât malheur... Au revoir, Marie, au revoir, ma petite
sœur!... et si tu trouves une place dans tes prières pour y
fourrer le nom de Frantz, ne l'oublie pas, hein, ce pauvre
Frantz !... on ne sait pas ce qui peut arriver.

MARIE.

Oui, Frantz, sois tranquille, je prierai ce soir pour toi...
pour moi... pour tout le monde. (Appelant.) Marthe ! ma bonne
Marthe !... Éclaire Frantz, et reste en bas... Je désire être
seule... tu entends, seule... Adieu, Frantz !

FRANTZ.

Dis donc, Marie, il ne t'est pas égal de dire au revoir ?

MARIE.

Adieu !

FRANTZ.

Diable ! mauvais augure... Enfin !...

MARIE.

Bonsoir, Marthe !

MARTHE.

N'as-tu pas besoin de moi, que tu me dis bonsoir ?

MARIE.

Non... Embrasse-moi... Bonsoir. (D'une voix étouffée.) Éclaire
Frantz.

MARTHE.

Venez, baron.

(Elle sort avec Frantz.)

SCÈNE XV

MARIE, seule.

Le comte est parti sans me dire adieu... Cela vaut peut-
être mieux ainsi... Qui sait si j'eusse été maîtresse de moi,
si, en quittant cet homme si bon, si grand, avec cette idée
que c'est pour toujours... peut-être... qui sait si le terrible
secret ne se fût pas échappé de mon cœur ?... (Elle tire de sa
poitrine le billet de Karl.) « Marie... ma résolution est prise, je
pars; seulement, avant de partir, je veux vous voir une fois,
une fois encore... C'est un voyage de séparation que celui que
je vais faire... long, certainement... éternel peut-être... »
(Parlant.) Éternel, oui ! (Lisant.) « Venez, je vous en supplie, ô
ma sœur, me rejoindre dans le petit pavillon de chasse dont

j'ai la clef... Si vous êtes libre, si le comte est absent, si vous voulez me recevoir au château, ouvrez la fenêtre, paraissez sur le balcon et faites flotter une écharpe... Je saurai ce que cela veut dire. Demandez au Seigneur, qui est avec vous, Marie, sa puissante miséricorde pour moi. — KARL. »

(Marie se lève lentement, va à la fenêtre, l'ouvre, s'avance sur le balcon et fait flotter son écharpe.)

SCÈNE XVI

MARIE, au balcon; LE COMTE HERMANN, au haut de l'escalier.

HERMANN.

Je ne m'étais pas trompé; elle l'attend.

(Il passe dans la chambre du fond.)

MARIE.

Il était là... comme les autres nuits... seulement, les autres nuits, il ne savait pas que je le voyais.

(Elle s'assied près de la table, laisse pendre sa main droite et appuie sa tête sur sa main gauche.)

SCÈNE XVII

MARIE, KARL.

Karl ouvre la porte placée près de la fenêtre, regarde, voit que Marie est seule, s'approche lentement d'elle, et, sans la toucher, met un genou en terre.

KARL.

Marie!

MARIE.

Vous avez voulu me dire adieu, Karl; je ne pouvais vous refuser cette dernière demande.

KARL.

Merci; vous comprenez cela, n'est-ce pas, vous?... Je ne pouvais pas partir, quitter la terre qui vous porte, l'air que vous respirez... je ne pouvais pas mettre le temps et la distance entre nous... sans vous dire une dernière fois que je vous aimais, sans vous entendre dire que, si ce n'est cette destinée fatale, vous aussi, vous m'eussiez aimé.

MARIE.

Hélas! non-seulement je vous eusse aimé, Karl, mais je

vous aime... Seulement, laissez-moi vous faire un reproche... Pourquoi me demander une dernière entrevue?... et, quand je vous l'accorde, pourquoi essayer de me tromper?

KARL.

Moi, essayer de vous tromper?

MARIE.

Oui, Karl; ce n'est pas le temps et la distance que vous allez mettre entre nous : c'est l'éternité.

KARL.

Mon Dieu! mon Dieu! que dites-vous là?

MARIE, montrant la porte de sa chambre.

Karl, j'étais là il y a huit jours... là, derrière cette tapisserie, quand vous avez demandé du poison à Fritz, et quand Fritz vous en a donné.

KARL, tombant à genoux.

Oh! pardonnez-moi, pardonnez-moi!... mais je ne puis me faire à cette idée de vous perdre à tout jamais en réalité, après vous avoir possédée si longtemps en espérance... Marie, Marie, mourir pendant de longues années, ce ne serait point vivre... Marie, Marie, laissez-moi mourir.

MARIE, tirant un flacon de sa poitrine.

Regardez, Karl.

KARL, se retirant vivement.

Du poison!

MARIE.

Pareil au vôtre... Est-ce que, sans cela, j'eusse consenti à vous revoir!

KARL.

Marie! Marie! que dites-vous là? que faites-vous là?... Mais je ne veux pas que vous mouriez, moi!

MARIE.

Et pourquoi cela? Vous mourez bien, vous!

KARL.

Mais lui, Marie, lui!... vous allez donc l'abandonner? vous allez donc le laisser seul au monde?... Ah! mon Dieu! je m'épouvantais déjà à l'idée du mal que j'allais lui faire... Marie, pour lui, qui me maudirait, par grâce, ne mourez pas!...

MARIE.

Le comte est un noble cœur qui sait aimer les gens comme

il convient à leur bonheur... Il m'aimera mieux morte que désespérée.

KARL.

Marie, ne mourez pas! oh! je vous le demande en son nom à genoux!... à genoux!

MARIE.

Et si, à force de vous regretter, vous... oh! le cœur est injuste parfois!... si, à force de vous regretter, j'allais arriver à le haïr?

KARL.

Oh! alors, oui... vous avez raison... oui, Marie, mieux vaut que vous mouriez l'aimant, le bénissant, comme je l'aime et comme je le bénis... Nous serons deux là-haut, deux êtres purs, deux créatures chastes, n'ayant jamais eu une mauvaise pensée... nous serons deux qui prierons Dieu pour lui... Tu as raison, Marie, mourons ensemble!... mourons... ma main dans ta main!... mourons en nous disant que nous nous aimons, en nous le répétant encore des yeux... quand nous ne pourrons plus le dire avec les lèvres!... mourons... ta poitrine contre la mienne... afin que Dieu n'envoie qu'un ange pour toi et pour moi, afin que cet ange puisse prendre nos deux âmes dans sa main et les déposer comme deux blanches colombes aux pieds du Seigneur!...

MARIE.

Non, non, Karl, ne nous donnons pas cette joie... car, mourant ensemble... mourant l'un près de l'autre... on calomnierait notre mort... Il faut que le comte, quand il mettra son épouse dans le tombeau de ses pères, soit encore fier de son épouse, sachant qu'il l'y met chaste comme elle lui a promis d'y descendre... Non, Karl, vous allez me quitter, vous allez regagner ce pavillon... puis, dans cinq minutes, quand l'heure sonnera... vous disant : « Marie, je t'aime!... » moi disant : « Karl, je t'aime!... » nous dirons adieu à ce monde que nous quittons si jeunes et si malheureux!

KARL.

O Marie! vous le voulez?...

MARIE.

Oui, il faut que cela soit ainsi.

KARL.

Mais, si d'ici là quelque obstacle imprévu... si... la force vous manquait... oh! rappelez-moi, Marie... je vous en prie, je vous en supplie !

MARIE.

Si quelque obstacle survenait, s'il me manquait la force, je prendrais cette lumière, et je l'élèverais ainsi. (Elle prend la bougie et l'élève.) Maintenant, partez, Karl... Adieu! adieu!

KARL.

Oh! vous quitter ainsi, sans un baiser, sans une caresse !

MARIE.

Karl, c'est justement cela qui nous réunira au ciel.

KARL.

Vous êtes un ange... Adieu, Marie, adieu !

MARIE.

Adieu, Karl !

(Karl sort.)

SCÈNE XVIII

MARIE, seule, puis LE COMTE HERMANN.

Elle verse le poison dans le verre d'eau, le regarde un instant, puis va tomber à genoux devant le prie-Dieu en disant.

N'est-ce pas, mon Dieu, que vous me pardonnez? (Hermann ouvre les rideaux du fond, apparaît très-pâle ; puis, sans dire une parole, d'un pas ferme, s'approche de la table, prend le verre, le vide d'un trait, et, prenant la lumière, l'élève au ciel. — Marie se retournant.) Ah!...

SCÈNE XIX

LES MÊMES, KARL.

KARL, se précipitant.

Marie! Marie! qu'y a-t-il?... Le comte !

MARIE.

Karl... Karl... il était là !

HERMANN, allant à la Bible, et l'ouvrant.

« Aujourd'hui, 7 juin 1839, Marie de Stauffenbach a consenti à prendre pour époux le comte Hermann, et, sur ce livre saint, le comte Hermann a juré de consacrer son existence au bonheur de Marie de Stauffenbach... et de tout sacrifier à ce bonheur, même sa vie. » Ai-je tenu parole, Marie?

(Il tombe mort.)

KARL et MARIE, tombant à genoux.

Oh!...

ÉPILOGUE

Une chambre de docteur et de chimiste.

SCÈNE UNIQUE

FRITZ, seul.

Il a devant lui une table. Sur cette table sont deux verres : l'un contient une liqueur d'un rouge épais, l'autre une liqueur brune.

Quand un homme comme moi a vu s'évanouir une espérance nourrie trois ans, et, avec cette espérance évanouie, échouer un projet qui eût changé la face de sa vie, cet homme ne fait pas un second essai, ne tente pas une seconde expérience, — cet homme meurt...

D'ailleurs, à quoi bon vivre, et qu'est-ce que le temps que l'homme vit? Un éclair dans l'éternité. — Supposons que l'éclair qui représente ma vie a commencé de luire il y a soixante ans et s'est éteint aujourd'hui, ne sera-ce pas exactement la même chose que si, ayant commencé de luire aujourd'hui, cet éclair s'éteignait dans soixante ans? Il eût éclairé d'autres événements et d'autres hommes, voilà tout. Ces événements eussent-ils été plus curieux que ceux que j'ai vus s'accomplir? Ces hommes eussent-ils été meilleurs ou pires que ceux que j'ai connus? C'est ce dont je doute. Depuis trois mille ans que nous lisons au livre du passé, la somme du bon et du mauvais, en augmentant ou en diminuant, a-t-elle changé l'équilibre du bien et du mal? Non : depuis le jour où Socrate est mort par la ciguë jusqu'au jour où Lavoisier est mort par la guillotine; d'Annibal s'empoisonnant chez

Prusias, à Napoléon mourant d'un cancer à Sainte-Hélène, je ne vois d'autre progrès dans l'ordre moral que la substitution d'un Dieu à des dieux, d'un Ciel à un Olympe?

Le ciel est-il autre chose que l'éther insaisissable, transparent, infini? Dieu est-il autre chose que le mot qui me sert à nommer cet être inconnu que je cherche et que je ne trouverai pas... pas plus que ne l'ont trouvé ces milliards de générations qui ont précédé la nôtre et qui la suivront?

« Je crois en Dieu, » dit la foi. « Je crois au néant, » dit la science. (Il se promène.) Au néant, d'où je suis sorti, — au néant, où je vais rentrer. — Pourquoi, puisque rien n'existait avant moi, pourquoi quelque chose de moi existerait-il après moi?

Mon âme est ou n'est pas. Si elle est, elle est de toute éternité... et sera de toute éternité.

Comment, alors, n'ai-je pas même un souvenir vague, une perception confuse du passé? L'âme de Pythagore se souvenait des corps qu'elle avait animés, des siècles pendant lesquels elle avait vécu.

Pythagore mentait comme tout chef de secte. Étrange chose! qui veut être cru doit mentir.

Au reste, dans un quart d'heure, ce mystère, si je le veux, n'en sera plus un pour moi. Pourquoi ne voudrais-je pas? Cela vaut bien la peine de vouloir, ce me semble.

Mais aussi, dans un quart d'heure, j'aurai cessé d'exister...

Qu'importe si, en cessant d'exister, je lègue à la science un nom plus éclatant que mon nom ne le deviendra jamais en continuant de vivre?

Rien de plus facile. Au lieu de mourir à mon profit, mourons au profit de la science.

D'ailleurs, s'il me plaît de ne pas mourir, je dirai à la mort, mon esclave : « Assez! » Et la mort rentrera dans l'abîme. (Montrant la liqueur rouge.) Voici dans ce verre le poison. (Montrant la liqueur brune.) Voici le contre-poison.

O homme, créature orgueilleuse, vante donc ton admirable machine, animée, éclairée, mue par ton âme immortelle!

Trente grains d'opium dans une once de vin, voilà qui peut te donner la mort!

Trente gouttes de citron dans une once de café, voilà qui peut te rendre à la vie!

A un moment donné, si je me repens de ce que j'ai fait, je

puis détruire ce que j'ai fait. Ne suis-je pas Dieu comme Dieu, — plus Dieu que Dieu, — puisque je puis reprendre et redonner la vie, faire naître la mort et tuer la mort?

(Il tire sa montre et la pose sur la table.)

A la cent trentième pulsation, nous verrons ce que nous aurons à faire.

(Il s'assied, prend une plume et écrit.)

« Ce 10 octobre 1840, — moi, Fritz Sturler, docteur de l'université d'Heidelberg, désireux de laisser au monde une grande étude, ambitieux de faire pour la science ce que personne n'a fait encore, je me suis décidé à me donner la mort avec le laudanum de Sydenham, et à écrire, les unes après les autres, toutes les sensations qui seraient le résultat de ce poison... depuis le moment où ma main aura reposé sur la table le verre vide jusqu'à celui où elle laissera échapper la plume impuissante.

» J'ai choisi le laudanum de Sydenham, parce qu'il contient deux principes opposés, encore mal définis dans les effets qu'ils produisent: la narcotine qui excite, la morphine qui stupéfie.

» Quels sont les coups que la mort frappe avec la première, quels sont les coups que la mort frappe avec la seconde de ces deux substances?

» Quels sont les effets primitifs? quels sont les effets secondaires?

» C'est ce qu'il s'agit de constater. »

(Il relit ce qu'il vient d'écrire.)

C'est cela. Ainsi, au moment où je prends cette résolution de mourir, ma pensée et mon corps sont calmes.

Ma pensée a dicté sans trouble; ma main a écrit sans tremblement.

Je suis donc entièrement maître de moi... Je n'éprouve ni orgueil ni faiblesse. Je prends le verre d'une main ferme, je le porte à ma bouche d'une main ferme (il vide le verre d'un seul trait, puis le pose sur la table), et je le repose d'une main ferme.

(Il regarde la montre, reprend la plume et continue d'écrire.)

« A onze heures dix minutes, j'ai tenté l'expérience en

buvant sans hésitation une once de vin de Malaga dans laquelle j'ai fait dissoudre trente grains d'opium.

(Moment de silence.)

» Onze heures douze minutes. — Rien encore.

» Onze heures un quart. — Rien.

» Onze heures vingt minutes. — Rien. Je suis fâché de n'avoir pas mis quarante grains au lieu de trente.

» Onze heures et demie. — J'éprouve les premières atteintes du poison.

» Le pouls monte de soixante-huit à soixante-douze pulsations, et je sens battre mon cœur, que je ne sentais pas tout à l'heure.

» C'est donc la narcotine, c'est-à-dire le principe excitant, qui agit le premier.

» Midi moins un quart. — Le pouls a monté de soixante-douze à quatre-vingt-dix pulsations. Je ressens de légers vertiges, comme ceux qui précèdent l'ivresse. J'éprouve des étourdissements, des pesanteurs et des embarras dans la tête, un certain besoin de me coucher auquel je résiste en marchant...

» De temps en temps, les idées affluent ; elles sont tantôt gaies, et alors touchent à la folie ; tantôt profondes, et alors pourraient devenir sublimes.

» Jusqu'à présent, tout ce que je ressens me semble appartenir au premier principe, au principe excitant, c'est-à-dire à la narcotine.

» Je ne me repens pas, et ne trouve dans mon esprit ni dans mon cœur l'apparence de la moindre idée religieuse.

» Midi. — Le pouls s'accélère de plus en plus ; je compte cent vingt pulsations à la minute ; mon imagination semble bondir comme un cheval qui a désarçonné son cavalier ; mon sang se précipite vers le cerveau. Le pouls s'accélère de plus en plus. A midi cinq minutes, il bat cent trente fois ; à midi huit minutes, cent quarante.

» J'ai ma connaissance pleine et entière, mais avec une sensation de chaleur dans les yeux et avec un besoin presque irrésistible de les fermer.

» La narcotine a accompli son œuvre ; sans doute la morphine va commencer la sienne.

» Si je veux vivre, je n'ai pas un instant à perdre ; le contre-poison peut encore agir, le café peut encore neutraliser l'opium ; mais, dans cinq minutes, il ne sera plus temps. »

(Il porte la main au verre qui contient le contre-poison. — Moment de silence pendant lequel la figure de Fritz reste impassible. Toute sa vie est passée dans son regard fixe et brillant. On dirait que, par la force de sa volonté, il suspend l'effet du poison. Enfin il pose le verre sur la table et se remet à écrire.)

« J'ai tenu le contre-poison dans ma main pendant quatre minutes. Deux fois, j'ai été tenté de m'en servir. Une fois je l'ai porté jusqu'à mes lèvres ; mais le dédain de la vie l'a emporté...

» Si je croyais à quelque chose au delà de ce monde, j'eusse bu et j'étais sauvé... Je ne crois à rien et me décide à mourir !...

» A midi un quart, le pouls diminue ; les yeux sont convulsés, à demi ouverts, hagards ; la vue s'obscurcit ; les paupières retombent ; les pupilles sont dilatées et immobiles... Le principe stupéfiant se substitue au principe excitant.

» Dans quelques instants, je ne verrai plus les heures sur le cadran de ma montre.

» Je ne puis mesurer le temps, mais je puis encore décrire mes sensations ; il y a à peu près une heure et demie que je suis empoisonné.

» Dans cette avant-dernière période, voici ce qu'on éprouve :

» Symptômes de sommeil ; commencement de torpeur ; froid aux extrémités ; doutes.

» On a le teint pâle, terreux, le visage hâve, qui, par moments, devient rouge et brûlant ; on ressent une grande laxité dans tous les muscles de la face, des tressaillements dans les coins de la bouche.

» On a la respiration brûlante, on éprouve une grande sécheresse de langue et de gorge, une soif ardente vous brûle, le pouls devient misérable, la face bleue ; on fait de violents efforts pour tousser, la peau se crispe et pâlit, la plume échappe à la main... »

(La plume s'échappe, en effet, de la main de Fritz ; mais il continue de parler.)

On tressaille par secousse, on se sent défaillir ; c'est la troisième, la dernière période : on comprend que, dans dix minutes, le corps sera cadavre... On sent la mort s'approcher, on la voit venir; alors, on recule, on craint, on s'épouvante; et, comme on comprend que tout est fini en ce monde, qu'on n'a plus que quelques paroles à dire, après lesquelles la parole sera éteinte pour jamais, on rassemble toutes ses forces, on tend ses bras vers le ciel, et on crie à Dieu :

« Mon Dieu ! Seigneur ! pardonnez-moi !... »

(Il tombe, se roule et meurt.)

UN DERNIER MOT A MES LECTEURS

Ce dernier mot est adressé à mes lecteurs, car mes lecteurs ont compris que c'était pour eux seuls que l'épilogue — ce monologue philosophico-toxicologique — était écrit.

En effet, au point de vue dramatique, le drame est complet à la mort du comte Hermann; mais, au point de vue philosophique, il n'en est point ainsi.

Que devient Fritz, — cet assassin pardonné par la justice humaine, mais non point pardonné par la justice divine; ce matérialiste qui, n'ayant jamais disséqué que des cadavres, a cherché inutilement l'âme dans les muscles inertes, dans les nerfs distendus, dans les viscères glacés?

Fritz pouvait-il, voyant tous ses projets anéantis, toutes ses espérances éteintes, Fritz pouvait-il vivre de la vie des autres hommes? pouvait-il, quoique le comte Hermann eût emporté son secret dans la tombe, Fritz pouvait-il être encore — citoyen, — époux, — père?

Non; Fritz est une de ces exceptions monstrueuses comme en produit parfois la nature. La société, dans laquelle Dieu ne leur a pas fait de place, les détruit presque toujours, et, quand la société ne les détruit pas, elles se détruisent elles-mêmes, comme ces scorpions qui, enfermés dans un cercle de feu, se tuent avec leur propre dard, s'empoisonnent avec leur propre venin.

Un critique, qui ignorait ce que devait contenir l'épilogue, a attaqué le caractère de Fritz.

« Il n'y a point d'athée, » a-t-il dit.

Il se trompe. Il aurait dû dire : « Il n'y a pas d'athée absolu. »

Supposez qu'au lieu de mourir seul, dans une chambre où personne ne le voit; supposez qu'au lieu de mourir face à face avec Dieu, Fritz meure sur l'échafaud, face à face avec le peuple, Fritz verra se dresser son orgueil entre lui et le repentir, Fritz mourra matérialiste et athée; car, aux yeux de la foule ignorante, le retour de Fritz vers Dieu ne sera point le repentir, ce sera la faiblesse.

Mais, nous qui avons écrit à la fois cet ouvrage, et comme une œuvre d'art et comme un enseignement social, nous n'avons pas voulu qu'il en fût ainsi. Nous avons mis l'orgueil aux prises avec l'agonie, nous avons isolé les combattants, et, quand l'orgueil a plié enfin sous l'étreinte de ce rude lutteur qu'on appelle la mort, nous avons laissé s'échapper de la poitrine haletante de Fritz ce dernier cri de terreur auquel Dieu, sous le nom de *contrition parfaite,* a promis sa miséricorde infinie.

Voilà pour la pièce, voilà pour l'œuvre, voilà pour le théâtre enfin.

Mais après cet épilogue, qui ramène dans le silence et l'isolement une âme rebelle à Dieu, les législateurs ne verront-ils pas pénétrer un rayon de lumière jusqu'au fond de cet abîme légal qu'on appelle la PEINE DE MORT?

La peine de mort, telle qu'elle est appliquée aujourd'hui, a déjà subi une grande modification, non pas dans son résultat, mais dans les détails qui précèdent le dernier moment du condamné.

Il y a vingt ans, la peine de mort s'appliquait encore au centre de Paris, à l'heure la plus vivante de la journée, devant le plus grand nombre de spectateurs possible.

Ainsi, on donnait au condamné des forces contre sa propre faiblesse : on ne faisait pas du patient un coupable repentant, on en faisait une espèce de triomphateur, qui, au lieu de confesser Dieu sur l'échafaud, attestait l'insuffisance de la justice humaine, laquelle pouvait bien tuer le criminel, mais était impuissante à tuer le crime.

Aujourd'hui, il n'en est déjà plus ainsi : on a fait un pas vers l'abolition de la peine de mort, en transportant l'instrument du supplice jusque hors de l'enceinte de la ville, en choisissant l'heure qui, pour la majorité des habitants, de Paris, est encore l'heure du sommeil, en donnant aux derniers moments du coupable les rares témoins que le hasard ou une excessive curiosité attire autour de l'échafaud.

Ce serait aux prêtres qui se vouent au salut des condamnés de nous dire s'ils trouvent autant de cœurs endurcis dans le trajet qui conduit de la Conciergerie à la barrière Saint-Jacques, qu'ils en ont trouvé dans celui qui menait de la Conciergerie à la place de Grève; et s'il y a plus de larmes répandues sur les pieds du crucifix, aujourd'hui à quatre heures du matin, qu'il n'y en avait autrefois à quatre heures du soir.

Nous le croyons fermement : oui, il y aura plus de repentirs dans le silence et l'isolement, qu'il n'y en a jamais eu dans le tumulte et dans la foule.

Et supposons que l'exécution, soustraite aux regards avides du peuple, qu'elle ne corrige pas, qu'elle n'instruit pas, qu'elle endurcit à la mort, voilà tout; supposons que l'exécution ait lieu dans la prison, ayant pour seuls témoins le prêtre et le bourreau; pour tout agent, au lieu de la guillotine, qui, au dire du docteur Guillotin, n'occasionne qu'une légère fraîcheur sur le cou, mais qui, au dire du docteur Sue, cause une douleur terrible; supposons, dis-je, que l'exécution ait pour tout agent, ou l'électricité qui tue comme la foudre, ou bien un de ces poisons stupéfiants qui agissent comme le sommeil; croit-on que le cœur du condamné ne s'amollira pas plus encore dans cette nuit, dans ce silence, dans cette solitude, qu'il ne le fera en plein air, fût-ce à quatre heures du matin, fût-ce en présence des rares témoins qui assisteront au supplice, mais qui, si rares qu'ils soient, n'en iront pas moins dire à ses compagnons de crime, à ses amis de bagne : *Un tel est bien mort,* c'est-à-dire un tel est mort sans se repentir et en repoussant le crucifix?

Voilà donc notre réponse au critique qui nous a dit : « Il n'y a plus d'athées. »

Il est vrai que nous eussions pu nous contenter de prononcer le nom de *Lacenaire,* et que tout était dit.

Mais ce n'était pas assez pour nous que d'avoir raison par le fait, nous voulons encore avoir raison par le raisonnement.

Maintenant, deux autres critiques ont dit, l'un, que la pièce était traduite, l'autre, que la pièce était imitée d'un drame allemand.

Nous les défions, non-seulement de nommer ce drame, mais encore de trouver la moindre analogie entre une pièce allemande, quelle qu'elle soit, et *le Comte Hermann.*

ALEX. DUMAS.

1er décembre 1849.

FIN DU COMTE HERMANN

TROIS ENTR'ACTES
POUR
L'AMOUR MÉDECIN

Théâtre-Français. — 15 janvier 1850

(Jour anniversaire de la naissance de Molière)

DISTRIBUTION

LE CHEVALIER.............................	MM.	Leroux.
LE MARQUIS................................		Mirecour.
LE GENTILHOMME........................		Maubant.
L'ABBÉ.......................................		Delaunay.
LA TRUFFARDIÈRE.......................		Got.
SUBTIL, allumeur........................		Raphael Félix.
LAGRANGE.................................		Bouchet.
SAMUEL, financier......................		Micheau.
CHANTOURNÉ, charpentier-décorateur.........		Louis Monrose.
LA DUPARC................................	Mlles	Augustine Brohan.
LA DUCROISY.............................		Judith.

PREMIER ENTR'ACTE

(précédant la pièce)

Au lever du rideau, le théâtre est plongé dans la plus complète obscurité. Il représente une place publique. D'un côté sont les fauteuils des Seigneurs ; de l'autre, le banc des Violons. A droite et à gauche, deux maisons parallèles avec balcon.

SCÈNE PREMIÈRE

SUBTIL, CHANTOURNÉ, puis LA DUCROISY.

Subtil entre avec sa lanterne, sans voir Chantourné, qui est appuyé à la maison de droite.

SUBTIL, se heurtant aux fauteuils.

Bon ! voilà que je me casse les jambes, moi !

CHANTOURNÉ.

Pourquoi n'allumes-tu pas avant d'entrer, imbécile? Tu ne viendrais pas déranger toute la mise en scène de M. Molière.

SUBTIL, levant sa lanterne à la hauteur du visage de Chantourné.

Tiens! c'est toi, Chantourné?

CHANTOURNÉ.

Sans doute, c'est moi.

SUBTIL.

Que fais-tu là?

CHANTOURNÉ.

Je suis à mon poste.

SUBTIL.

Un quart d'heure avant qu'on commence? Allons donc!

CHANTOURNÉ.

Pourquoi pas? Ce n'est pas comme toi, fainéant, qui es toujours en retard!

SUBTIL.

En retard!... en retard! Avec ça que c'est amusant, quand on a été comédien, comme les autres... qu'on a débuté, comme les autres... qu'on a joué, comme les autres... et qu'on a été...

CHANTOURNÉ.

Sifflé, comme les autres.

SUBTIL.

Hein?

CHANTOURNÉ.

Rien; c'est l'écho!... Mais de quoi diable te plains-tu, je te le demande? N'es-tu pas le personnage le plus important de la troupe? Il me semble que c'est toi qui fais la nuit et le jour.

SUBTIL.

Le fait est que je suis le soleil de la maison. Seulement, si le soleil ne flambe pas à heure fixe, Apollon est mis à l'amende et Phébus ne soupe pas. (Allumant.) Tâchons de souper ce soir.

LA DUCROISY, ouvrant sa fenêtre.

Chantourné!... P'st!

CHANTOURNÉ.

Ah! c'est vous, mademoiselle Ducroisy?

LA DUCROISY.
As-tu quelque chose pour moi?
CHANTOURNÉ.
Oui... Attendez!
SUBTIL, se retournant.
Qu'est-ce?
CHANTOURNÉ.
Rien.
(Il tire un mât à la portée du balcon et monte dessus.)
SUBTIL.
Que fais-tu donc là?
CHANTOURNÉ.
Je m'assure que le balcon, côté cour, est solide.
LA DUCROISY.
As-tu vu mon financier?
CHANTOURNÉ.
Oui.
LA DUCROISY.
Et il ne t'a rien remis pour moi?
CHANTOURNÉ.
Si fait : ce billet.
LA DUCROISY.
Voilà tout?
CHANTOURNÉ.
Et cet écrin.
LA DUCROISY.
A la bonne heure!... Tiens, voilà pour toi.
CHANTOURNÉ.
Merci.
(La Ducroisy rentre.)
SUBTIL.
C'est drôle! Je croyais que la maison de Sganarelle était du côté jardin.
CHANTOURNÉ.
Oui, quand c'est mademoiselle Duparc qui joue, mais non pas quand c'est mademoiselle Ducroisy. Tu sais bien qu'elles ne veulent absolument rien faire l'une comme l'autre.
SUBTIL.
Je crois bien : elles se haïssent! Deux jolies femmes, c'est bien naturel. C'est à qui des deux volera à l'autre, aujour-

d'hui son rôle, demain son amant!... quelquefois tous les deux le même jour. Mais comment se fait-il que, pour une première représentation, mademoiselle Duparc, qui est chef d'emploi, cède son rôle à la Ducroisy?

CHANTOURNÉ.

Bah! première!... première à la ville. Elle a créé le rôle a la cour, c'est tout ce qu'elle voulait.

LA DUPARC, à la fenêtre, côté jardin.

Chantourné!... P'st!

CHANTOURNÉ.

Oh! mon Dieu! qu'est-ce que je vois?

LA DUPARC.

P'st!

(Chantourné traverse le théâtre.)

SUBTIL.

Tiens! que fais-tu donc par là, toi?

CHANTOURNÉ.

Je m'assure si le balcon du côté jardin ne tombera point.

LA DUPARC.

As-tu facilité de faire remettre ce billet au chevalier?

CHANTOURNÉ.

Certainement. Je le lui rendrai moi-même, si cela vous est agréable.

LA DUPARC.

Tu peux lui dire en même temps, s'il t'interroge, que ses poursuites sont parfaitement inutiles; et que, lorsqu'il aura quelque chose à me dire, je l'invite à prendre de l'encre de M. Samuel.

CHANTOURNÉ.

Ah! de l'amant de la Ducroisy?

LA DUPARC.

Qui demain sera le mien, si je veux.

CHANTOURNÉ.

C'est bien, on lui dira cela. Il n'y a rien pour le porteur?

LA DUPARC.

Demande au chevalier.

CHANTOURNÉ.

Ah! bon! le chevalier, je n'ai qu'à compter sur lui! Il doit jusqu'aux talons peints qu'il porte à ses souliers. C'est égal, il n'en aura pas moins le billet. — A propos, comment êtes-vous ici? C'est donc vous qui jouez le rôle de Lisette?

LA DUPARC.

Oui.

CHANTOURNÉ.

Mais la Ducroisy... elle est là, dans la maison en face.

LA DUPARC.

Je le sais bien.

CHANTOURNÉ.

Alors?

LA DUPARC.

Chut!

(Elle disparaît.)

CHANTOURNÉ.

Bon! cela va être curieux! (A Subtil.) Eh bien, as-tu fini?

SUBTIL.

Je voudrais bien te voir allumer quarante-huit chandelles, toi, et les moucher surtout! Le jour où j'ai débuté dans l'emploi, j'en ai éteint quinze. (Passant devant le trou du Souffleur.) Ah! vous voilà déjà dans votre trou, monsieur Félix? Vous n'avez pas un emploi désagréable, vous, à regarder comme cela l'humanité de bas en haut... *Felix qui potuit rerum...*

CHANTOURNÉ.

Tu sais donc le grec, toi?

SUBTIL.

Oui, je sais le grec... Boileau le sait bien! — Au revoir, Chantourné... Voilà ma besogne finie, à moi; la tienne va commencer.

(Il sort.)

SCÈNE II

CHANTOURNÉ, LA DUPARC, LA DUCROISY.

CHANTOURNÉ.

Oh! elle est déjà commencée depuis une demi-heure... et la voilà même qui continue.

LA DUCROISY, à sa fenêtre.

Chantourné!

CHANTOURNÉ.

Voilà.

LA DUCROISY.

Chut! Un billet.

CHANTOURNÉ.

Pour M. Samuel?

LA DUCROISY.

Non, pour le chevalier.

CHANTOURNÉ.

Ah! bon! c'est M. Samuel qui vous écrit, et c'est au chevalier que vous répondez.

LA DUCROISY.

Tu lui remettras la lettre à lui-même.

CHANTOURNÉ.

A lui-même!

LA DUCROISY.

Crois-tu qu'il soit vrai qu'il fasse sa cour à la Duparc?

CHANTOURNÉ.

Bon! je suis sûr qu'il n'y pense même pas.

LA DUCROISY.

Merci, Chantourné! Tu es un honnête garçon.

(Elle ferme sa fenêtre.)

CHANTOURNÉ.

Eh bien, au moins, le pauvre chevalier, s'il est maltraité du côté jardin, il pourra se consoler du côté cour.

LA DUPARC, ouvrant sa fenêtre.

Chantourné!

CHANTOURNÉ.

Voilà.

LA DUPARC.

Tout bien réfléchi, tu ne remettras pas mon billet au chevalier.

CHANTOURNÉ.

Non, n'est-ce pas? Cela lui ferait trop de peine.

LA DUPARC.

Tu as raison; rends-le-moi.

CHANTOURNÉ.

Attendez... Le voilà.

LA DUPARC.

Et tu ne lui diras rien non plus de mes sévérités. Pauvre garçon! il ne faut pas le désespérer.

CHANTOURNÉ, à part.

Bon! elle en est amoureuse!

LA DUPARC, *lui donnant un écu.*
Tiens, prends! c'est pour la peine que je t'ai donnée.

CHANTOURNÉ.
Merci.

LA DUPARC.
Ah! dis donc!

CHANTOURNÉ.
Quoi?

LA DUPARC.
As-tu jamais entendu dire que le chevalier fût bien avec la Ducroisy?

CHANTOURNÉ.
Moi? Jamais!

LA DUPARC.
A la bonne heure! Tu es un brave garçon, Chantourné.

(Elle ferme sa fenêtre.)

SCÈNE III

CHANTOURNÉ, SAMUEL, SUBTIL.

SUBTIL, *à Samuel.*
Vous demandez M. Chantourné, n'est-ce pas?

SAMUEL.
Je demande un décorateur qui s'est chargé de remettre un billet pour moi à celle dont *les yeux d'amour mourir me font.*

CHANTOURNÉ, *à part.*
Tiens, je donnerai celle-là à M. Molière.

SUBTIL.
Ah! Chantourné, mon ami, voilà donc le commerce que tu fais? Ça ne m'étonne plus que tu sois ici de si bonne heure.

SAMUEL, *à Chantourné.*
Lui as-tu remis mon billet?

CHANTOURNÉ.
Je crois bien!

SAMUEL.
Et mon écrin?

CHANTOURNÉ.
Pardieu!

SAMUEL.

A-t-elle paru satisfaite?

CHANTOURNÉ.

Elle a jeté des cris...

SAMUEL.

Des cris... de quoi?

CHANTOURNÉ.

D'admiration!

SAMUEL.

Oh!... Et elle ne t'a rien remis?

CHANTOURNÉ.

Si fait.

SAMUEL.

Ah! Que t'a-t-elle remis?

CHANTOURNÉ.

Un billet.

SAMUEL.

Un billet! Donne.

CHANTOURNÉ.

Ce n'est pas pour vous.

SAMUEL.

Pour qui donc?

CHANTOURNÉ

Pour le chevalier.

SAMUEL.

Pour ce muguet!... Elle t'a donné un billet pour lui?

CHANTOURNÉ.

Son congé, monsieur Samuel, son congé.

SAMUEL.

Cependant, si tu te trompais?

CHANTOURNÉ.

Vous allez voir comme il va être triste.

SAMUEL.

Je regarde... et, s'il est triste, tu seras content, toi!

CHANTOURNÉ, à part.

Bon! s'il n'y a pas un louis là-dessous, je suis dévalisé.

SCÈNE IV

Les Mêmes, LE CHEVALIER.

LE CHEVALIER.

Chantourné!

CHANTOURNÉ.

Monsieur le chevalier?

LE CHEVALIER.

Tu n'as rien pour moi?

CHANTOURNÉ.

De qui?

LE CHEVALIER.

De l'une ou de l'autre de nos Lisettes; car je suis comme notre financier... aux finances près : je chasse deux belles à la fois.

CHANTOURNÉ.

Eh bien, vous avez fait coup double : j'ai réponse de toutes deux.

LE CHEVALIER.

Ah!

CHANTOURNÉ.

Un billet de la Ducroisy, d'abord.

LE CHEVALIER.

Donne, mon ami, donne! (Il lit.) « Mon cher chevalier, on ne demande pas mieux que de vous écouter, bien qu'on en écoute autant d'un financier. » C'est charmant!

SAMUEL, à Chantourné.

Il n'a pas l'air triste du tout... au contraire!

CHANTOURNÉ.

Attendez donc qu'il ait lu le post-scriptum.

LE CHEVALIER, lisant.

«*Post-Scriptum.*—Voilà ce qu'on aurait pu répondre à ce que vous dites, si vous n'en disiez autant à la Duparc... » Le post-scriptum fait semblant de déchirer la lettre ; mais la lettre est entière... et nous sommes à la comédie.

SAMUEL, à Chantourné.

Eh bien, mais, il résiste au post-scriptum.

CHANTOURNÉ.

Il est de dure constitution. Heureusement, vous allez voir.

(Au Chevalier.) Pour ce qui est de la Duparc, j'ai d'elle, à votre adresse, des paroles et un billet. « Donne cette lettre au chevalier, m'a-t-elle dit, et invite-le de vive voix à m'écrire de l'encre dont se sert Samuel pour écrire à la Ducroisy. »

LE CHEVALIER.

Et de quelle encre se sert-il donc?

CHANTOURNÉ.

D'encre noire comme la vôtre, je présume; seulement, il la fait sécher avec de la poudre d'or. (Le Chevalier pousse un gros soupir. A Samuel.) Vous entendez?

SAMUEL.

J'entends! (Lui donnant une pièce de monnaie.) Tiens!

CHANTOURNÉ, regardant la pièce.

Rien qu'un petit écu?... Attends! attends!

LE CHEVALIER, à Chantourné.

N'importe! Donne-moi sa lettre.

CHANTOURNÉ.

Eh! je ne l'ai plus! Elle me l'a reprise, et elle a rouvert cette fenêtre pour me recommander de ne rien vous dire du tout.

LE CHEVALIER.

Et sais-tu pourquoi?

CHANTOURNÉ.

Parbleu!... parce qu'elle vous aime.

LE CHEVALIER.

Comment, elle m'aime?... Ah! mon bon ami! mon bon ami!

SAMUEL, tirant Chantourné à part.

Mais, dis donc, Chantourné, il redevient très-gai.

CHANTOURNÉ, sèchement.

Je l'espère bien!... Un petit écu! Ah! vous voulez qu'on soit triste pour un petit écu, vous? C'est votre présent qui était triste... Un petit écu!

SAMUEL.

Ce pauvre Chantourné! Je croyais t'avoir donné un louis. Tiens!

CHANTOURNÉ.

A la bonne heure!... Regardez maintenant. (Au Chevalier.) Vous avez une petite maison quelque part?

LE CHEVALIER.

Ma foi, non!

CHANTOURNÉ.

Non?... Enfin, vous avez en bas votre carrosse?

LE CHEVALIER.

Non plus, hélas!

CHANTOURNÉ.

Vous avez bien sur vous votre bourse?

LE CHEVALIER.

Pas un sol.

CHANTOURNÉ.

Ah bien, si vous n'avez ni petite maison, ni carrosse, ni bourse, je n'ai rien à vous dire; et soyez sûr que la Duparc n'a rien à vous dire non plus.

LE CHEVALIER, frappant du pied.

C'est désespérant!

CHANTOURNÉ, à Samuel.

Monsieur Samuel, voilà votre homme lugubre pour plus de mille livres.

SCÈNE V

Les Mêmes, LE MARQUIS, LE GENTILHOMME.

Le Gentilhomme entre le premier, d'un air morose.

LE MARQUIS.

Vous n'avez point vu ceci à Versailles? Voulez-vous que je je vous raconte la pièce?

LE GENTILHOMME.

Non.

LE MARQUIS.

C'est fort drôle, en vérité; ce Molière a quelque esprit.

LE GENTILHOMME.

Non.

LE MARQUIS.

Mais vous venez à Molière pour vous divertir?

LE GENTILHOMME.

Non.

LE MARQUIS.

Pourquoi y venez-vous?

LE GENTILHOMME.

Je ne sais où aller.

LE MARQUIS, à part.
Voyons où il va s'asseoir, car j'irai m'asseoir ailleurs.

SCÈNE VI

LES MÊMES, L'ABBÉ et LA TRUFFARDIÈRE; puis UNE ACTRICE, représentant la Comédie; LAGRANGE.

L'ABBÉ.
Mon cher monsieur de la Truffardière, vous m'avez demandé de venir à la comédie avec nos seigneurs à la mode... Nous y voilà... Maintenant, tirez-vous de là comme vous pourrez.

LE MARQUIS.
Quel diable d'homme nous amènes-tu donc là, l'abbé?

L'ABBÉ.
Ce n'est pas un homme : c'est un provincial.

LA TRUFFARDIÈRE, allant toucher la toile des décorations.
Tiens! ce ne sont pas de vraies maisons. (A l'Abbé, en lui montrant la Comédie.) Qu'est-ce que c'est que cette marionnette? Est-ce que c'est peint comme les maisons?

L'ABBÉ.
Assurez-vous-en, mon cher.

LE CHEVALIER, bas, à la Comédie.
Ne bougez pas!

LA TRUFFARDIÈRE, allant toucher la Comédie, qui lui donne un soufflet.
Ah!... c'est une vraie femme!... Que disiez-vous donc, l'abbé, que c'était peint?

L'ABBÉ.
C'est peint... mais pas sur toile.

LAGRANGE, entrant.
Allons, mesdames la Musique, le Ballet, la Comédie, dans la gloire!

LA TRUFFARDIÈRE, à l'Abbé.
Dites donc, on nous a fait payer en entrant, et, si nous ne sommes pas contents à la fin?... Peste! six violons!

L'ABBÉ.
Vous n'êtes pas malheureux : vous tombez sur un jour de grande symphonie.

LA TRUFFARDIÈRE.
Et combien donne-t-on à ces racleurs?

L'ABBÉ.

Quinze sous d'habitude ; mais, comme vous êtes là, il y aura peut-être des ritournelles.

LA TRUFFARDIÈRE.

Et quand il y a des ritournelles ?

L'ABBÉ.

C'est trente sous.

LA TRUFFARDIÈRE.

Oh ! oh !... Moi, quand j'ai des violons, je paye cinq sous par archet.

VOIX DU PARTERRE.

Silence donc, messieurs !

LA TRUFFARDIÈRE.

Tiens ! il y a du monde là-bas !

VOIX DU PARTERRE.

A vos places ! vous nous empêchez de voir. Nous ne sommes pas venus pour vous voir.

LE CHEVALIER.

En vérité, ils sont charmants ! quand ils ne verraient pas, le beau malheur !... Est-ce que c'est pour eux qu'on joue la comédie ?

VOIX DU PARTERRE.

Chut ! chut ! chut !

(Les Violons jouent la symphonie ; tous les Seigneurs prennent leurs places.

PROLOGUE

DE L'AMOUR MÉDECIN

—

SCÈNE PREMIÈRE

Les Mêmes, la Comédie, la Musique, le Ballet.

LA COMÉDIE.

Quittons, quittons notre vaine querelle ;
Ne nous disputons point nos talents tour à tour,
Et d'une gloire plus belle
Piquons-nous en ce jour :

Unissons-nous tous trois d'une ardeur sans seconde,
Pour donner du plaisir au plus grand roi du monde.

TOUS TROIS ENSEMBLE.

Unissons-nous tous trois d'une ardeur sans seconde,
Pour donner du plaisir au plus grand roi du monde.

LA MUSIQUE.

De ses travaux, plus grands qu'on ne peut croire,
Il se vient quelquefois délasser parmi nous.

LE BALLET.

Est-il plus grande gloire?
Est-il bonheur plus doux?

TOUS TROIS ENSEMBLE.

Unissons-nous tous trois d'une ardeur sans seconde,
Pour donner du plaisir au plus grand roi du monde.

(Les trois Personnages se retirent.)

SCÈNE II

LE CHEVALIER, LE GENTILHOMME, SAMUEL, L'ABBÉ, LE MARQUIS, LA TRUFFARDIÈRE.

LE CHEVALIER.

Ah! vivat! la Comédie, vivat!

LE GENTILHOMME.

Oui, elle est belle!

L'ABBÉ.

Tiens! voilà déjà M. de la Truffardière qui est endormi.

LE CHEVALIER.

Il a payé sa place?

L'ABBÉ.

Oui.

LE CHEVALIER.

Eh bien, laissez-le dormir.

(On voit le rideau d'avant-scène se baisser.)

SAMUEL.

Mais prenez donc garde, chevalier!

LE CHEVALIER.

A quoi?

SAMUEL.

Au rideau.

(Le rideau tombe; le Chevalier et Samuel se trouvent en avant.)

SCÈNE III

LE CHEVALIER, SAMUEL.

LE CHEVALIER.

Cela tombe à merveille ! je désirais vous entretenir en tête-à-tête, cinq minutes, mon cher Samuel.

SAMUEL.

Moi ? (A part.) Je le vois venir... Il va m'emprunter de l'argent.

LE CHEVALIER, regardant le chapeau de Samuel.

Ah ! mon cher, quelle plume ! ce n'est pas une plume d'autruche, ceci : c'est une plume de phœnix ! Où diable ces financiers vont-ils chercher les oiseaux qu'ils plument ? (Il met le chapeau sur sa tête.) Quand on est coiffé de la sorte, c'est fini ; on n'a plus besoin d'avoir de l'esprit, on n'a plus besoin d'avoir de la tournure, on est... on est coiffé !

SAMUEL.

En vérité, chevalier, vous me rendez confus !

LE CHEVALIER.

Je vous disais donc que j'avais un service à vous demander. Oui, vous avez une fortune de prince, mon cher Samuel, un carrosse de cardinal, et une petite maison... en vérité, une petite maison de marquis. — Oh ! qu'est-ce que j'aperçois là ! et quel prodigieux nœud d'épée ! D'honneur, cette petite vie est de la meilleure faiseuse. Laissez-moi donc voir. (Il essaye de tirer du fourreau l'épée de Samuel.) Ouais ! qu'y a-t-il donc à votre épée ?

SAMUEL.

C'est inutile.

LE CHEVALIER.

Comment, c'est inutile ?

SAMUEL.

La poignée ne fait qu'un avec le fourreau.

LE CHEVALIER.

Ah ! vraiment ?

SAMUEL.

Oui... Vous comprenez, je connais ma mauvaise tête et je m'en défie. J'ai la main malheureuse ! Pour une bagatelle, je mets flamberge au vent... et les duels sont sévèrement défendus.

LE CHEVALIER.

Oui ; et, pour ne pas désobéir au roi, vous avez fait faire une épée inamovible, comme dit mon procureur. — Je vous disais donc, mon cher Samuel, qu'il faut absolument que vous me prêtiez pour ce soir...

SAMUEL.

Quoi? ma bourse, mon carrosse ou ma petite maison?

LE CHEVALIER.

Tous les trois, mon cher Samuel. Il faut vous dire que je suis sur le point d'être du dernier mieux avec une femme de la cour.

SAMUEL.

Mon cher chevalier, vous ne m'en donnerez pas à garder. Vous ne m'empruntez pas ma bourse, mon carrosse et ma petite maison pour celle que vous dites.

LE CHEVALIER.

Et pour qui donc?

SAMUEL.

C'est pour vous divertir avec la Duparc, ou avec la Ducroisy.

LE CHEVALIER.

Eh bien, mon cher monsieur Samuel, quand cela serait? Vous ne pouvez pas les prendre toutes deux, que diable !

SAMUEL.

Pourquoi pas? Je suis assez riche.

LE CHEVALIER.

Soit; usez de vos écus, j'userai de mon mérite, et nous verrons qui l'emportera.

SAMUEL.

Soit; usez de vos mérites; mais vous n'userez pas de mes écus.

LE CHEVALIER.

En conséquence?...

SAMUEL.

En conséquence, je garde ma clef, mon carrosse et ma bourse.

LE CHEVALIER.

Gardez, mon cher, gardez; il viendra une heure où vous m'offrirez tout cela.

SAMUEL.

Et vous refuserez?

LE CHEVALIER.

Non, ou j'accepterai. Je n'ai pas de rancune, moi.

(Le rideau se relève.)

SAMUEL, en le lui montrant.

En attendant, chevalier...

LE CHEVALIER.

Oui, c'est vrai; voilà la comédie qui recommence.

(Ils reprennent leurs places.)

L'AMOUR MÉDECIN

ACTE PREMIER

SCÈNE PREMIÈRE

AMINTE, LUCRÈCE, SGANARELLE, M. GUILLAUME, M. JOSSE.

(On joue la scène entière.)

SCÈNE II

SGANARELLE, LUCINDE.

(On joue la scène entière.)

SCÈNE III

LISETTE-DUPARC, LISETTE-DUCROISY, LUCINDE, SGANARELLE, puis LAGRANGE.

LES DEUX LISETTE, ensemble.

Eh bien, monsieur, vous venez d'entretenir votre fille..

SCANARELLE, les apercevant.

Ah! mon Dieu!

LUCINDE, de même.

Ah! mon Dieu!

LA DUCROISY, à la Duparc.

Pardon, mademoiselle, pardon!

LA DUPARC.

De quoi me demandez-vous pardon, mademoiselle?

LA DUCROISY.

Mais de vous interrompre.

LA DUPARC.

Ah! vous êtes bien libre de m'interrompre; mais, moi, je suis libre de continuer. (A Sganarelle.) *Eh bien, monsieur, vous venez d'entretenir votre fille...*

LA DUCROISY, après la Duparc.

Eh bien, monsieur, vous venez d'entretenir votre fille...

LAGRANGE, intervenant.

Mesdemoiselles, Sganarelle ne peut cependant pas avoir deux Lisette.

CRIS, au parterre et sur les fauteuils des Seigneurs.

La Ducroisy! La Duparc! — La Ducroisy! La Duparc!

LAGRANGE, au Public.

Messieurs, un peu de patience, je vous prie!

CRIS, au parterre.

Silence! silence!

LAGRANGE.

Messieurs, en l'absence de M. de Molière, j'ai l'honneur d'être le premier orateur de la troupe. (Au Public.) Ces dames sont en rivalité de rôle, en rivalité de talent, et surtout en rivalité de désir d'avoir l'honneur de jouer devant vous. Si jamais interruption fut excusable, c'est donc celle-ci.

CRIS, au parterre.

Vivat! vivat! vivat!

LAGRANGE.

Mais je vais en deux mots terminer ce petit différend. — Allons, mesdemoiselles, faisons vite.

LA DUPARC.

Ayant créé le rôle à Versailles, j'ai le droit de le reprendre quand je veux, je suis chef d'emploi.

LA DUCROISY.

Et moi, ayant reçu mon avertissement pour ce soir, j'ai le droit de le jouer ce soir.

LA DUPARC.

Je suis chef d'emploi.

LA DUCROISY.

Oui, vous avez le droit de créer les rôles ; mais vous n'avez pas le talent de les jouer.

LA DUPARC.

Je suis chef d'emploi.

LAGRANGE.

Mademoiselle Ducroisy, vos raisons sont excellentes...

LA DUCROISY.

Ah !

LAGRANGE.

Mais celle que fait valoir mademoiselle Duparc est meilleure encore.

LA DUPARC.

Ah !

LA DUCROISY.

Comment, meilleure ?

LAGRANGE.

Ainsi donc, mademoiselle Ducroisy, vous êtes invitée à rendre le rôle.

LA DUCROISY.

Abomination des abominations !

LAGRANGE.

Et vous, mademoiselle Duparc, à continuer.

LA DUPARC.

C'est le jugement de Salomon.

LA DUCROISY, enrageant.

Ah !...

LAGRANGE, au Public.

Messieurs, nous vous présentons nos très-humbles excuses pour ce qui vient de se passer. Il y a eu, comme vous voyez, un petit malentendu entre ces dames ; mais tout est éclairci, et la représentation va continuer sans être désormais interrompue.

LA DUCROISY, en sortant.

Oui, compte là-dessus !

(Lagrange sort. — On reprend la scène III de *l'Amour médecin*, et l'on continue jusqu'à la fin du premier acte.)

DEUXIÈME ENTR'ACTE

(après le divertissement, et avant de commencer le deuxième acte.)

SCÈNE PREMIÈRE

LE CHEVALIER, LE MARQUIS, L'ABBÉ, LA TRUFFARDIÈRE,
LE GENTILHOMME, SAMUEL.

LE CHEVALIER.

Eh bien, marquis, que dis-tu de ce premier acte ?

LE MARQUIS.

Que le sieur de Molière se gâte et va de mal en pis. Il a cependant des exemples sous les yeux, que diable ! M. Scarron, M. Jodelle, M. Cyrano de Bergerac... Et puis avez-vous remarqué comme c'est écrit ? Est-ce que Sganarelle ne dit pas trivialement : « Vous êtes orfèvre, monsieur Josse ! »

L'ABBÉ.

Eh bien, vous verrez que cette bêtise-là passera en proverbe, comme *tarte à la crème*.

LE CHEVALIER.

Et quand on pense que le roi trouve cela admirable !

LE MARQUIS.

Ce sont les épicuriens de M. Fouquet qui ont perverti le goût de Sa Majesté.

L'ABBÉ.

Votre avis, la Truffardière ? (La Truffardière ronfle.) Eh bien, vous le voyez, messieurs, pour un provincial, il n'est pas si bête ! (Appelant.) La Truffardière ! la Truffardière !

LA TRUFFARDIÈRE.

Quoi?

L'ABBÉ.

Vous pouvez vous réveiller, mon cher, l'acte est fini.

LA TRUFFARDIÈRE.

Ah! l'acte est fini? J'en suis fort aise. S'est-on bien amusé?

L'ABBÉ.

Beaucoup.

LA TRUFFARDIÈRE.

Oui, des phrases! Moi, j'y perds mon latin. D'honneur, je ne sais pourquoi ce M. Molière est si goûté à Paris, et même en province. Je n'y ai jamais rien compris.

L'ABBÉ.

Dame, mon cher, vous avez une si curieuse manière d'écouter.

LA TRUFFARDIÈRE, à part.

Pédant! (Haut.) Moi, je ne me complais pas à toutes ces recherches de la grammaire. Mon vocabulaire n'a que deux maximes: Aller à la chasse sur mes terres, aller à l'amour sur les terres des autres.

L'ABBÉ.

Comment avez-vous dit, la Truffardière? C'est assez recherché, ce qui vient de vous échapper là.

LA TRUFFARDIÈRE.

Mais oui, n'est-ce pas? Je ne sais pas comment cela se fait, il y a des gens qui sont toujours sur le point de dire une bêtise; moi, je suis toujours sur le point d'avoir de l'esprit.

(Il éternue.)

L'ABBÉ.

Alors, mon cher, vous espérez que l'esprit est comme la fortune, et qu'il vous viendra en dormant? Est-ce pour cela que vous fréquentez la comédie?

LA TRUFFARDIÈRE.

Non, c'est pour les violons... Et puis je ne suis pas fâché de dire dans ma province que j'ai vu la troupe de M. Molière.

L'ABBÉ.

Eh bien, qu'en dites-vous, de la troupe de M. Molière?

LA TRUFFARDIÈRE.

J'aime mieux *Geneviève de Brabant.*

LE CHEVALIER, au Gentilhomme morose.

Et vous?

LE GENTILHOMME.

Ce que j'aime dans Molière, c'est la statue du Commandeur.

LA TRUFFARDIÈRE.

A vous parler franc, votre M. Molière n'est point galant dans son langage. Il m'a été répété qu'il lâchait le mot *cocu*, comme si cela ne blessait personne; tandis qu'au contraire...

(Il s'étend dans son fauteuil.)

L'ABBÉ.

Eh bien, que faites-vous donc? vous vous rendormez?

LA TRUFFARDIÈRE.

Non, j'attendrai le commencement du deuxième acte. Vous m'avertirez, n'est-ce pas? A la comédie, voyez-vous, on rêve tout éveillé: comédie pour comédie, j'aime mieux, moi, rêver tout endormi.

LE CHEVALIER.

Mais c'est un la Rochefoucauld de province que tu nous as amené là, l'abbé?

L'ABBÉ, à la Truffardière.

Eh! mon cher, vous vous plaignez d'avoir payé votre place; vous n'avez payé que pour un fauteuil; on aurait dû vous faire payer pour un lit.

LA TRUFFARDIÈRE.

Aussi, je ne me plains plus.

(La Ducroisy passe.)

SCÈNE II

Les Mêmes, LA DUCROISY.

LE MARQUIS, arrêtant la Ducroisy.

Que veux-tu, Lisette?

LA DUCROISY.

Ce n'est pas vous.

L'ABBÉ.

Est-ce moi, la belle enfant?

LA DUCROISY.

Ce n'est pas vous non plus; c'est M. Samuel.

L'ABBÉ.

Holà, Midas! Crésus! Mondor! (Allant à Samuel et lui frappant sur l'épaule.). Comment! mon cher Samuel, je vous fais la politesse de vous donner tous vos noms de baptême, à vous qui n'êtes pas baptisé, et vous ne répondez pas?

SAMUEL.

Non, je faisais remarquer à ces messieurs une nouvelle impertinence du sieur Molière, à l'endroit de la noblesse...

L'ABBÉ.

Eh bien, en quoi cela vous touche-t-il, vous? Tenez, tournez l'œil par ici, et voyez ce qui vous attend.

SAMUEL, apercevant la Ducroisy.

Ah! c'est vous, mon petit bouchon?

LA DUCROISY.

Oui, c'est moi.

SAMUEL.

Et vous me demandez?

LA DUCROISY.

Je vous demande.

SAMUEL.

Serais-je assez heureux...?

LA DUCROISY.

Vous serez aussi heureux que vous voudrez.

SAMUEL.

Que voulez-vous pour cela? mon portefeuille, ma caisse, mes contrats de rente?...

LA DUCROISY.

C'est trop et trop peu; rien de ce que vous venez de dire.

SAMUEL.

Voyons, expliquez-vous et promptement. Ne voyez-vous pas que je brûle?

LA DUCROISY.

Il s'agit d'enlever la Duparc.

SAMUEL.

Comment, d'enlever la Duparc?

LA DUCROISY.

Oui.

SAMUEL.

Ah! vous voulez me tenter, friponne!

LA DUCROISY.

Vous tenter, moi?

SAMUEL.

Vous avez entendu dire que je m'occupais d'elle, et vous voulez savoir...

LA DUCROISY.

Oh! ma foi, non. Occupez-vous d'elle, ou ne vous en occupez pas, cela m'est bien égal.

SAMUEL.

Que désirez-vous donc, alors?

LA DUCROISY.

Je vous l'ai dit.

SAMUEL.

Et quelle sera ma récompense?

LA DUCROISY.

Vous la fixerez vous-même.

SAMUEL.

Je fixerai ma récompense?... Après le spectacle, la Duparc est une femme enlevée.

LA DUCROISY.

Ce n'est pas après le spectacle qu'il faut l'enlever, c'est tout de suite.

SAMUEL.

Comment, tout de suite?

LA DUCROISY.

Dans cinq minutes.

SAMUEL.

Mais, dans cinq minutes, elle va être en scène.

LA DUCROISY.

Eh bien, avant qu'elle soit en scène.

SAMUEL.

Oh! oh!

LA DUCROISY.

Vous ne voulez pas? Je vais m'adresser à un autre, et un autre aura la récompense.

SAMUEL.

Halte-là! Oh! je ne dis point que je ne veux pas. Entendons-nous seulement un peu sur cet enlèvement.

LA DUCROISY.

Eh! mon Dieu, ne dirait-on pas qu'un enlèvement est une affaire? En deux mots, voici mon traité : celui qui enlèvera la Duparc, avant le commencement du deuxième acte, sera le bienvenu à souper ce soir, chez moi, entre onze heures et minuit.

SAMUEL.

Foi de Ducroisy?

LA DUCROISY.

Foi de Lisette!

SAMUEL.

Allons, je me dévoue.

LA DUCROISY.

Plaignez-vous donc! une jolie femme vous en fait enlever une autre et vous promet à souper pour votre récompense. Vous êtes trop heureux!

SAMUEL.

Trouvez-vous?

(La Ducroisy sort en haussant les épaules.)

SCÈNE III

Les Mêmes, hors LA DUCROISY.

SAMUEL, à part.

Il y a quelque chose là-dessous... J'ai surpris un coup d'œil échangé entre elle et le chevalier. On veut m'éloigner sans doute. Ouais! Croit-on avoir affaire à l'un des Gérontes de M. Molière? On se trompe, alors. — Samuel, un Géronte!... Pas de ça, Lisette. Le tout est de trouver une idée... Hum!... hum!...— Ah! tiens!... mais c'est une idée, cela!... Si je proposais... Ah! c'en est une...Si je proposais au chevalier... Oh! mais... et une excellente!... Je l'éloignerais, tandis que, caché derrière quelque toile, grâce à mon ami Chantourné... (Il appelle.) Chevalier! chevalier!...

LE CHEVALIER.

Je vous préviens, mons Samuel, que, si vous ne m'appelez pas pour faire amende honorable, je ne me compromets pas à causer avec vous.

SAMUEL.

Eh bien, chevalier, c'est vrai, j'ai réfléchi.

LE CHEVALIER.

Vous avez réfléchi, vous? Impossible! C'est calculé que vous voulez dire.

SAMUEL.

Non, réfléchi!... J'ai réfléchi qu'à tout prendre, vous faisiez bien état de moi, en me choisissant pour vous obliger.

LE CHEVALIER.

Eh bien, voilà la première fois de votre vie, mon cher Samuel, que vous dites une chose qui ait le sens commun.

SAMUEL.

Je viens donc vous offrir...

LE CHEVALIER.

Quoi?

SAMUEL.

Ma bourse.

LE CHEVALIER.

Ah!

SAMUEL.

Mon carrosse.

LE CHEVALIER.

Ah! ah!

SAMUEL.

Et la clef de ma petite maison, libertin!

LE CHEVALIER.

Ah! ah! ah!

SAMUEL.

Mais à une condition.

LE CHEVALIER.

Voyons, de quoi s'agit-il?

SAMUEL.

Il s'agit tout bonnement d'enlever la Duparc.

LE CHEVALIER.

D'enlever la Duparc? Cela me va... Et quand faut-il l'enlever?

SAMUEL.

Tout de suite.

LE CHEVALIER.

Cela me va de mieux en mieux!

SAMUEL.

Avant que le deuxième acte commence.

LE CHEVALIER.

Très-bien, mon cher!... (Il fait un mouvement. — A part.) Moi qui allais l'embrasser!

SAMUEL.

En conséquence, voici ma bourse.

LE CHEVALIER, la soupesant.

Peuh !

SAMUEL.

Voici mon laquais. (Appelant.) Venez ici, grison, et obéissez à monsieur.

LE CHEVALIER.

Belle livrée !

SAMUEL.

Et voici la clef de ma petite maison.

(Il lui donne une clef de porte cochère.)

LE CHEVALIER.

La maison peut être petite, mais la clef !... où diable vais-je la mettre ? Ah ! je la ferai porter par le grison. — Portez cette clef, mon ami.

SAMUEL.

Ainsi, dans cinq minutes...?

LE CHEVALIER.

Soyez tranquille ; dans cinq minutes, Hélène sera enlevée.

(Il sort avec le grison.)

SAMUEL.

Ces diables de gentilshommes, cela ne doute de rien ! S'il m'avait fallu enlever la Duparc, j'en aurais eu pour deux jours, moi... sans compter les nuits. Ah ! voyons, où me cacher maintenant ? Que mon adorable Lisette me croie à l'œuvre.

SCÈNE IV

Les Mêmes, CHANTOURNÉ.

CHANTOURNÉ, entrant, à la cantonade.

Très-bien, monsieur le chevalier, très-bien, soyez tranquille. (A part.) Il m'a donné trois louis ; est-ce qu'il aurait hérité de l'empereur du Mogol, par hasard ? (Haut.) Pardon, monsieur Samuel, il faut que j'avance le manteau d'Arlequin.

SAMUEL.

Ah ! c'est toi, mon ami ? Je te cherchais

CHANTOURNÉ.

Du train dont vous y alliez, si je n'étais pas venu à vous, vous ne m'eussiez certainement pas trouvé.

SAMUEL.

Il s'agit de me rendre un service.

CHANTOURNÉ.

Un service, à vous? Deux, si vous voulez.

SUBTIL, qui est entré.

Pardon, voulez-vous me laisser moucher les chandelles, s'il vous plaît? (A part.) Voilà encore cet intrigant de Chantourné qui fait quelque changement à vue.

SAMUEL, à Chantourné.

Écoute : il faut que tu me caches dans un endroit.

CHANTOURNÉ.

Dans quel endroit?

SAMUEL.

Dans un endroit d'où je puisse tout voir sans être vu.

CHANTOURNÉ.

Eh! ce n'est pas facile... Le théâtre représente une place publique. Voulez-vous vous cacher dans la maison de Sganarelle, côté cour?

SAMUEL.

Ouiche! Et la Ducroisy?

CHANTOURNÉ.

Voulez-vous vous cacher dans la maison de Sganarelle, côté jardin?

SAMUEL.

Ouais! Et la Duparc!

CHANTOURNÉ.

Excepté ce que je vous offre, je ne vois pas... — Attendez donc!... si fait; j'ai votre affaire.

SAMUEL.

Ah! mon ami!

CHANTOURNÉ.

Une idée!

SAMUEL.

Tu as donc une idée aussi, toi? Mais tout le monde en a donc, des idées, ici?

CHANTOURNÉ.

Je vous mets avec les Jeux, les Ris et les Amours. J'espère que vous ne serez pas en mauvaise compagnie, hein?

SAMUEL.

Où cela me mets-tu?

CHANTOURNÉ.

Dans la gloire, parbleu!

SAMUEL, étonné.

Dans la gloire!... Qu'est-ce que c'est que ça?

CHANTOURNÉ.

Le nuage du dénoûment, parbleu!

SAMUEL.

Tiens, dans la gloire, et avec les Jeux, les Ris et les Amours... Diable!

CHANTOURNÉ.

Que dites-vous de cela?

SAMUEL.

Je dis que c'est affriolant. Mais peut-on s'y fier, à ta gloire? Moi, je n'aime pas quitter la terre. — N'importe! je me risque.

CHANTOURNÉ.

Vous savez que, lorsqu'on emménage, le premier terme se paye d'avance.

SAMUEL.

Volontiers!... Ah! mais le chevalier a ma bourse.

CHANTOURNÉ.

Tant pis! Pas d'argent, pas de... gloire.

SAMUEL.

Comment! tu me refuses crédit, Chantourné!

CHANTOURNÉ.

Faites-moi votre billet.

SAMUEL, lui donnant une bague.

Tiens, bourreau! voilà une bague.

CHANTOURNÉ, la mettant à son doigt.

Eh bien, si l'on t'avait dit, Chantourné, que tu porterais un diamant à ton petit doigt, ni plus ni moins qu'un marquis.

LE MARQUIS, mettant son petit doigt à côté de celui de Chantourné.

Avec cette différence, mon ami, que le tien est vrai, et que les nôtres sont faux.

SAMUEL.

Eh bien?

CHANTOURNÉ.

Me voilà! venez. — Allons, les Ris, les Jeux et les Amours,

rentrons dans notre machine. — Hein! monsieur Samuel, le joli petit troupeau dont je vous fais berger!

(Samuel entre dans la gloire, que l'on enlève tandis qu'on baisse le rideau. — On frappe les trois coups; chacun reprend sa place. — Le rideau se lève pour le deuxième acte.)

SCÈNE V

L'ABBÉ, LA TRUFFARDIÈRE, LAGRANGE, LE MARQUIS, CHANTOURNÉ.

L'ABBÉ, à la Truffardière.

Mon cher, je vous avertis que l'acte commence; vous pouvez vous coucher.

LA TRUFFARDIÈRE.

Ah! bonsoir, l'abbé.

LAGRANGE, entrant.

Eh bien, Lisette?... Je ne vois pas Lisette.

L'ABBÉ.

Elle était là tout à l'heure.

LAGRANGE, appelant.

Mademoiselle Duparc!

DANS LES COULISSES.

Mademoiselle Duparc! mademoiselle Duparc!

LES SEIGNEURS.

Que diable est-il donc arrivé?

LE MARQUIS.

Où est le chevalier?

L'ABBÉ.

Où est Samuel?

TOUS LES SEIGNEURS.

Où est la Duparc?

LAGRANGE.

Messieurs, il paraît qu'on ne la trouve pas; mais on la cherche. (Chantourné vient lui parler bas.) Que me dites-vous là, Chantourné?

CHANTOURNÉ, innocemment.

Oui, monsieur Lagrange, le bruit court qu'elle a marché sur une trappe, que la trappe n'était pas chevillée, et qu'elle a passé dans le dessous.

LAGRANGE.
Eh bien, a-t-on été voir dans le dessous?
CHANTOURNÉ.
J'y suis descendu en personne; mais j'ai eu beau la chercher, appeler, crier, elle n'y était pas.
LAGRANGE.
Que faire?
LES SEIGNEURS.
Eh bien, le second acte? Le second acte, allons!
CHANTOURNÉ.
Il y aurait bien un moyen...
LAGRANGE.
Lequel?
CHANTOURNÉ.
Si mademoiselle Ducroisy était encore là, et si elle voulait continuer...?
LAGRANGE.
Voyez vite. (Chantourné sort. — Lagrange s'adressant au public.) Messieurs, je ne sais comment vous annoncer cette singulière nouvelle; mais mademoiselle Duparc... mademoiselle Duparc... eh bien, mademoiselle Duparc a disparu. (Brouhaha parmi les Seigneurs.) Nous espérons néanmoins que la représentation ne sera pas interrompue, et, si l'on peut retrouver mademoiselle Ducroisy, qui était là tout à l'heure, nous sommes convaincus qu'elle se fera un honneur de reprendre le rôle.
LES SEIGNEURS.
Oui, oui, la Ducroisy! la Ducroisy!

(Chantourné rentre et parle bas à l'oreille de Lagrange.)

LAGRANGE, joyeux.
Messieurs, mademoiselle Ducroisy était heureusement dans sa loge, à moitié défaite; mais elle se rajuste, et, dans un instant, elle va pouvoir faire son entrée.
LES SEIGNEURS.
Vivat, vivat, la Ducroisy!
D'AUTRES.
Non, la Duparc! — La Ducroisy! — La Duparc!
LAGRANGE.
Il va sans dire, messieurs, que mademoiselle Ducroisy se recommande à l'indulgence du public.
LES SEIGNEURS.
La voilà! la voilà! — Vivat, La Ducroisy!

LA DUCROISY, suivie du Poudreur, saluant.

Messieurs... messieurs... (A elle-même.) Où est donc le chevalier?

LAGRANGE.

A vos places, s'il vous plaît, messieurs!

(On prend la première scène du deuxième acte de *l'Amour médecin*, et l'acte se joue en entier.)

TROISIÈME ENTR'ACTE

(pendant que plusieurs Trivelins et plusieurs Scaramouches se réjouissent en dansant.)

SCÈNE PREMIÈRE

SAMUEL, CHANTOURNÉ, LE MARQUIS, LES SEIGNEURS.

SAMUEL, dans la gloire.

Chantourné! Chantourné!

CHANTOURNÉ.

Plaît-il, monsieur?

SAMUEL.

Chantourné, je sais ce que je voulais savoir. Descends-moi, la tête me tourne.

CHANTOURNÉ.

Impossible avant la fin du spectacle, monsieur Samuel.

SAMUEL.

Comment, impossible?

CHANTOURNÉ.

Oui, prenez patience.

LE MARQUIS.

Silence donc, là-haut! on n'entend point le ballet.

L'intermède finit. — Le troisième acte de *l'Amour médecin* commence. — NOTA. La scène première du troisième acte est supprimée.)

ACTE TROISIÈME

SCÈNE II

FILERIN, TOMÈS, DESFONANDRÈS, LISETTE-DUCROISY, puis LISETTE-DUPARC.

LISETTE-DUCROISY.

Quoi! messieurs, vous voilà! et vous ne songez pas à réparer le tort que l'on vient de faire à la médecine?

TOMÈS.

Comment? qu'est-ce?

LISETTE-DUPARC, tout essoufflée.

Un insolent, qui a eu l'effronterie d'entreprendre sur votre métier, et qui, sans votre ordonnance, vient de tuer un homme d'un grand coup d'épée au travers du corps.

LA DUCROISY.

Ah çà! mademoiselle, je voudrais bien savoir d'où vous sortez.

LA DUPARC.

D'où je sors? Vous vous en doutez bien, vous qui venez de me faire enlever par votre amant.

LE SOUFFLEUR, soufflant.

Je vous permets de me tuer...

LA DUCROISY.

Moi! par mon amant? Est-ce que M. Samuel est mon amant, par hasard?

LA DUPARC.

Mais ce n'est pas M. Samuel qui vient de m'enlever, puisque c'est le chevalier.

LA DUCROISY.

Le chevalier?... le chevalier?... Ah! voilà donc pourquoi il n'était pas là! (Appelant.) *Monsieur Samuel! monsieur Samuel!*

SAMUEL, dans la gloire.

Oui, prends garde que je te réponde!

LE SOUFFLEUR, soufflant.

Je vous permets de me tuer...

LE MARQUIS, au Souffleur.

Mais taisez-vous donc, mon ami! vous m'empêchez d'entendre ce que disent ces dames.

LE GENTILHOMME.

Pardon... Nous sommes venus ici pour voir *l'Amour médecin*, pièce de M. Molière: nous désirons entendre la pièce de M. Molière, quoiqu'elle nous semble médiocre, et non les disputes de ces dames, à propos de leurs amants et de leurs rôles.

LE MARQUIS.

Plaît-il, monsieur, là-bas? qu'est-ce que vous dites?

LE GENTILHOMME.

Je dis ce qu'il me plaît.

LE MARQUIS.

Eh bien, vous plairait-il de faire un tour dans la rue?

LE GENTILHOMME.

Volontiers, monsieur; d'autant plus qu'il y a une lanterne à la porte.

LE MARQUIS.

Sortons!

LE GENTILHOMME.

Sortons.

(Ils sortent.)

SCÈNE III

LES MÊMES, hors LE MARQUIS et LE GENTILHOMME.

LA DUPARC.

Laissez-moi, chevalier; je veux parler au public.

LA DUCROISY.

Moi aussi.

LA DUPARC.

Je veux que l'on sache comme on me traite.

LA DUCROISY.

Je veux qu'on voie comme on me sacrifie.

TOUTES DEUX ENSEMBLE.

Messieurs, il faut d'abord que vous sachiez, avant toute chose...

LA DUPARC.

Monsieur Lagrange, comme chef d'emploi, je demande la parole; faites votre devoir.

LAGRANGE.,
Mademoiselle Ducroisy...
LA DUCROISY.
Non.
LAGRANGE.
Mademoiselle Ducroisy...
LA DUCROISY
Non, non.
LAGRANGE.
Mademoiselle Ducroisy...
LA DUCROISY.
Non, non, non! On m'a fait rhabiller malgré moi, on m'a fait rentrer en scène malgré moi; je jouerai malgré elle, malgré vous, malgré tout le monde!
LAGRANGE.
Mademoiselle, je vais être obligé de faire mon rapport à M. l'exempt, et gare au Châtelet!
LA DUCROISY, enrageant.
Ah!...
LA DUPARC, au Public.
Messieurs, pour avoir l'honneur de créer le rôle devant vous, j'ai quitté ce matin sur son lit de douleur une tante dont je suis l'unique héritière.
LA DUCROISY.
Ah! la menteuse!... Ce matin, elle était avec le marquis dans sa petite maison du faubourg Saint-Antoine! Est-ce vrai, l'abbé?
L'ABBÉ.
Chut!
LE PUBLIC.
Chut! chut! chut!
LA DUPARC, au Public.
Vous avez vu avec quelle insistance j'ai réclamé l'honneur de jouer devant vous.
LA DUCROISY.
Oui, c'est-à-dire devant le chevalier.
LA DUPARC.
Taisez-vous, pécore!
LA DUCROISY.
Oh! pécore!

LE PUBLIC.

Chut! chut! chut!

LA DUCROISY.

J'enrage!

LA DUPARC.

Justice m'a été faite, et le rôle m'a été rendu. Vous avez bien voulu, messieurs (elle fait la révérence), dans le premier acte, encourager par vos bravos mon faible talent.

LE PUBLIC.

Bravo !

(Brouhaha.)

LA DUCROISY.

Oh! si je savais siffler! Une clef! une clef! une clef!

LE CHEVALIER.

J'ai eu tort de laisser au grison la clef de la petite maison de Samuel. La belle occasion de l'utiliser!

LA DUPARC, au Public.

Encouragée par votre indulgence, je me préparais à entrer en scène pour le second acte, lorsqu'en marchant sur une trappe, je sens la trappe qui s'enfonce, et je passe dans le dessous. Là, trois hommes m'attendaient, trois infâmes ravisseurs, trois sbires soudoyés par ma rivale. Je veux crier, on m'emporte, on me jette dans un carrosse où je trouve... Chevalier, soyez mon témoin, et dites ce que je trouve dans le carrosse.

LE CHEVALIER.

Eh! vous me trouvez, moi!

LA DUPARC.

Aussitôt, l'ordre est donné au cocher de marcher; le cocher obéit; je me débats, je crie, je pleure... Chevalier, vous êtes témoin de la résistance que j'ai faite. Rendez témoignage.

LE CHEVALIER.

Une résistance... invraisemblable. C'est vrai, messieurs.

LA DUPARC.

Enfin, après dix minutes de résistance, le chevalier comprend ses torts, me fait ses excuses; je lui pardonne, à la condition qu'il me ramènera; il me ramène, et me voilà. — Est-ce vrai, chevalier?

LE CHEVALIER.

Parfaitement vrai. (A demi-voix.) Seulement, il me semble que vous avez oublié...

LA DUPARC.

Chut! (Au Public.) Voilà, messieurs, le récit parfaitement véridique de l'horrible événement qui m'a, pendant une heure, privée de vos applaudissements.

TOUS.

Vivat, la Duparc! la Duparc!

LAGRANGE, à Ducroisy.

Avez-vous quelque chose à répondre?

LA DUCROISY.

Si le chevalier prend son parti, rien; mais nous ne sommes pas à la fin de la soirée. Ah! mademoiselle Duparc... ah! monsieur Samuel... vous me payerez cela tous deux.

(Elle sort.)

SAMUEL, dans la gloire.

Je crois qu'elle a prononcé mon nom.

LAGRANGE.

Silence, messieurs, s'il vous plaît!

(On se remet en place pour la scène II de *l'Amour médecin*.)

LE SOUFFLEUR.

D'où reprenons-nous?

LAGRANGE.

Reprenez du commencement.

(Il sort. — On reprend *l'Amour médecin* à la scène II du troisième acte, et l'on continue jusqu'à la fin de la scène VII.)

LISETTE-DUPARC, aux Médecins.

Quoi! messieurs, vous voilà! et vous ne songez pas à réparer le tort que l'on vient de faire à la médecine?

TOMÈS.

Comment? qu'est-ce?

LISETTE-DUPARC.

Un insolent, qui a eu l'effronterie d'entreprendre sur votre métier, et qui, sans votre ordonnance, vient de tuer un homme d'un grand coup d'épée au travers du corps.

LE MARQUIS, rentrant.

Oui, j'ai tué ce hibou.

(Il reprend sa place.)

TOMÈS, à Lisette.

Écoutez, vous faites la railleuse, mais vous passerez par nos mains quelque jour.

Etc., etc., jusqu'à la réplique :

Dont je me sers tous les jours pour pacifier, avec leur harmonie et leurs danses, les troubles de l'esprit.

SAMUEL, criant dans la gloire.

Mademoiselle Duparc! mademoiselle Duparc!... Descendez moi donc, morbleu!

LE MARQUIS.

Ah! Samuel! Que diable fait-il là-haut?

SAMUEL.

Mademoiselle Duparc, voici mademoiselle Ducroisy qui vous enlève le chevalier, et voilà le chevalier qui m'enlève mademoiselle Ducroisy.

LA DUPARC.

Mademoiselle! mademoiselle!

LA DUCROISY, au bras du Chevalier.

Pardon... vous êtes chef d'emploi pour les rôles, mais pas pour les amants. C'est à choisir : le rôle ou le chevalier.

LA DUPARC.

Eh bien, je garde le rôle. — Mon amant, c'est le public.

LA DUCROISY, à part.

Je trouverai bien encore le moyen de lui enlever celui-là. (Haut.) Et moi, j'emmène le chevalier.

SAMUEL.

Et moi donc? et moi?

LE CHEVALIER.

Ne vous dérangez pas, Samuel. J'ai le carrosse et la clef; je vous les rendrai demain.

SAMUEL.

Morbleu! corbleu! palsambleu!

TOUS.

Taisez-vous donc là-haut! — Chut! chut! chut!

SAMUEL.

J'enrage!

SCÈNE IV

Les Mêmes, la Comédie, le Ballet, la Musique, Jeux, Ris, Plaisirs.

Divertissement. — Le divertissement fini, tout le monde se lève et sort. La Truffardière reste endormi dans son fauteuil.

SUBTIL, venant éteindre.

Monsieur l'abbé, vous oubliez votre ami.

L'ABBÉ.

Non, laissez-le : il sera le premier arrivé pour demain.

(Il sort.)

FIN DU TOME SEIZIÈME.

TABLE

	Pages
LA GUERRE DES FEMMES..	1
LE COMTE HERMANN.	197
TROIS ENTR'ACTES POUR L'AMOUR MÉDECIN..	321

D. Thiéry et Cⁱᵉ. — Imprimerie de Lagny.

www.ingramcontent.com/pod-product-compliance
Lightning Source LLC
Chambersburg PA
CBHW070904170426
43202CB00012B/2185